Confédération Générale du Travail

COMPTE RENDU

DE LA

Conférence

Extraordinaire

DES

Fédérations Nationales
- Bourses du Travail -
et Unions de Syndicats

Tenue à CLERMONT-FERRAND
les 23, 24, 25 décembre 1917

PARIS
MAISON DES SYNDICATS (Service de l'Imprimerie)
33, rue de la Grange-aux-Belles, 33

Confédération Générale du Travail

COMPTE RENDU

DE LA

Conférence

Extraordinaire

DES

Fédérations Nationales
- Bourses du Travail -
et Unions de Syndicats

Tenue à CLERMONT-FERRAND

les 23, 24, 25 décembre 1917

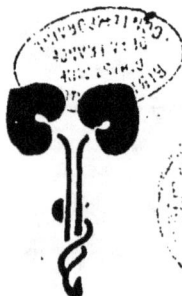

ORGANISATIONS REPRÉSENTÉES :

Fédérations de Métiers et d'Industrie représentées

Agricoles, Alimentation, Allumetiers, Ameublement, Bâtiment, Bijou-terie, Blanchisseurs, Céramique, Chapellerie, Chemins de fer, Coiffeurs, Cuirs et Peaux, Eclairage, Employés, Personnel civil de la Guerre, Habil-lement, Horticoles, Instituteurs, Lithographes, Livre, Magasins de la Guerre, Syndicats Maritimes, Métaux, Monnaies-Médailles, Ports et Docks, Poudreries-Raffineries, Préparateurs en Pharmacie, Produits Chimiques, Sciage Mécanique, Service de Santé, Sous-Agents des P. T. T., Spectacle, Sous-Sol, Textile, Tonneau, Transports, Travailleurs Municipaux, Voiture.

Unions Départementales représentées

Ain, Aube, Aude, Aveyron, Bouches-du-Rhône, Calvados, Cantal, Cha-rente, Charente-Inférieure, Cher, Corrèze, Côte-d'Or, Dordogne, Doubs, Drôme-Ardèche, Eure, Eure-et-Loir, Gard, Haute-Garonne, Gironde, Hé-rault, Ille-et-Vilaine, Indre, Indre-et-Loire, Isère, Loire, Loir-et-Cher, Loire-Inférieure, Lot-et-Garonne, Maine-et-Loire, Manche, Marne, Mayenne, Meurthe-et-Moselle, Morbihan, Nièvre, Nord, Orne, Puy-de-Dôme, Hautes-Pyrénées, Pyrénées-Orientales, Rhône, Saône-et-Loire, Sarthe, Seine, Seine-Inférieure, Somme, Tarn, Vienne, Haute-Vienne, Pas-de-Calais.

Unions Départementales excusées

Seine-et-Oise, Seine-et-Marne.

Bourses du Travail représentées

Abbeville, Aix-en-Provence, Alais, Albi, Amiens, Angoulême, Arles, Armentières, Auxerre, Besançon, Béziers, Bône, Bourges, Brest, Caen, Cambrai, Carmaux, Castres, Cette, Châtellerault, Clermont-Ferrand, Cholet, Commentry, Constantine, Douai, Elbeuf, Epernay, Firminy, Fou-gères, Givors, Halluin, La Palisse, La Rochelle, Le Havre, Lille, Marseille, Lorient, Maubeuge, Mazamet, Melun, Montluçon, Nantes, Narbonne, Nevers, Nîmes, Périgueux, Reims, Rennes, Rive-de-Gier, Roanne, Roche-fort-sur-Mer, Romilly-sur-Seine, Roubaix, Rouen, Saint-Amand (Nord), Saint-Chamond, Saint-Etienne, Saint-Malo, Saint-Nazaire, Tarare, Tou-louse, Tourcoing, Tulle, Valence, Vichy.

LA CONFÉRENCE

SÉANCE DU 23 DÉCEMBRE 1917

- Matinée -

La séance est ouverte à 10 heures.

Leclerc, secrétaire de l'Union départementale du Puy-de-Dôme, préside.

Dret, des Cuirs et Peaux, et Toulouse, des Chemins de fer, sont désignés comme assesseurs.

Leclerc. — Pour que nous puissions commencer régulièrement nos travaux, je prie la Conférence de vouloir bien désigner les noms de ceux de nos camarades qui composeront la Commission de vérification des mandats.

Sont désignés : Luquet, Charbonnier, Chereau, Saint-Venant, Cnudde (du Textile).

La Commission va aussitôt se réunir dans une salle voisine.

Leclerc lit son discours de bienvenue :

« Au nom de l'Union des Syndicats ouvriers du Puy-de-Dôme et de la Bourse du Travail, camarades, j'ai l'honneur de souhaiter la bienvenue à nos camarades Anglais, dont les organisations nous ont servi souvent d'exemples dans la lutte entreprise pour l'émancipation ouvrière ; à nos camarades de la Belgique et de Serbie, admirables et martyrs ; à notre camarade Suisse, dont la nation, ilot dans une mare de sang, a trouvé, au milieu de grosses difficultés, la force de se pencher dévouée et réconfortante, sur ceux dont les souffrances étaient les plus grandes ; à nos camarades délégués des Fédérations, des Unions et des Bourses françaises.

Notre vieille Cité auvergnate, que vous trouverez aujourd'hui sous la neige, a été à travers les âges témoin d'événements qui ont eu quelquefois sur l'Histoire du Monde de profondes répercussions.

C'est sur notre sol que Vercingétorix a appelé les tribus gauloises à se dresser contre l'envahisseur romain ; c'est à quelques centaines de mètres d'ici que la première Croisade fut prêchée ; c'est dans un immeuble voisin de cette salle de réunion que le Conventionnel Couthon préparait les cahiers de revendications de l'Auvergne.

J'ai la conviction que la Conférence qui s'ouvre aujourd'hui aura, elle aussi, dans l'Histoire du prolétariat, une place marquée. Après trois années d'un épouvantable carnage, où la classe ouvrière française a su, tant sur les champs de bataille qu'à l'usine, faire vaillamment tout son devoir, ses délégués se réunissent pour décider de son attitude et tracer les directives qui la guideront dans la solution des problèmes qui se poseront demain pour la réorganisation économique de notre pays.

Nous avons la certitude que quelle que soit la conviction qui nous anime les uns et les autres, nous apporterons, au cours des discussions qui vont s'ouvrir, la même bonne foi et que tous nous n'avons qu'un but : faire aboutir l'émancipation complète du prolétariat et mettre en application la maxime qui entoure notre Label confédéral : « Bien-être et Liberté. » A tous, je souhaite ici cordiale bienvenue. »

Jouhaux. — Voici quels sont les représentants des organisations ouvrières étrangères :

Le mouvement serbe est représenté par nos camarades Mike Obradovitch, Ichaplia, Dresgitel.

Le mouvement belge est représenté par nos camarades Volkaërt et Théo Tilmant.

Le mouvement anglais par nos camarades W. A. Appleton, secrétaire de la Fédération générale des Trade-Unions ; F. Birchnough, J. Crinion, Allen Gee, Alf. Short, du Comité de la G. F. des T. U.

Le mouvement suisse sera représenté par notre camarade Risois, qui arrivera tout à l'heure.

Je ne crois pas que nous ne pourrions mieux faire pour terminer cette première séance — puisqu'en somme nos travaux ne doivent pas commencer avant que la vérification des mandats soit terminée, qu'en donnant la parole à ces camarades qui veulent nous apporter, au nom de leurs organisations, des paroles de fraternité.

Appleton apporte le salut fraternel des organisations anglaises, de un million de Trade-Unionistes.

Rappelant les programmes de Leeds et de Londres, il exprime l'espoir qu'ils constitueront un progrès en faveur des intérêts humains. Il importe d'arriver à une entente entre les nations représentées entre alliés pour formuler des revendications qui soient connues dans le monde entier, dans toutes les démocraties : ce sont ces revendications qu'il s'agit de faire approuver par tous les gouvernements et qu'il s'agira même de défendre au Congrès de la Paix où la classe ouvrière devra avoir des représentants. Il faut qu'à l'avenir il n'y ait plus de compétitions possibles ; il faut que les patrons ne puissent plus avoir cette idée d'imposer telles conditions à la classe ouvrière par suite de la concurrence étrangère. Toute la classe ouvrière, dans tous les pays, doit avoir les mêmes droits et les mêmes revendications à faire valoir.

Il parle des espoirs qu'avait engendrés la Révolution russe ; la deuxième révolution fut un désastre, car elle anéantit la première.

Un Délégué. — Qu'en savez-vous. (Bruit.)

Leclerc. — Ce n'est pas au traducteur à répondre ; il n'a qu'à traduire ce qu'a dit l'orateur.

Appleton. — Avec tous les Anglais, j'ai l'absolue conviction que cette deuxième révolution est dirigée contre toutes les démocraties du monde entier ; par cette révolution, nous avons peut être un risque très grand de perdre la guerre ; en perdant la guerre, il en résulterait un désastre économique pour les pays alliés et c'est la classe ouvrière qui en subirait les plus terribles conséquences.

Je vous adjure, mes chers camarades, de faire dans cette Conférence l'entente sur un programme défini ; j'espère que les démocraties de France, d'Amérique et de Grande-Bretagne seront tout d'abord capables d'assurer la restauration des plus petites nations dans leur liberté et leur vie nationale. (*Vifs applaudissements.*)

VOLKAERT. — Citoyennes, citoyens, les camarades syndiqués belges, jetés en France par la tourmente guerrière, essaient de s'organiser, de se grouper pour arriver à examiner avec des camarades français de toutes les régions les relations à établir entre eux. Nous avons constitué à Paris un Syndicat de travailleurs belges que vous avez bien voulu accepter au sein de la Confédération. Nous ne sommes pas très nombreux, mais nous groupons tous les militants des syndicats belges qui restent libres actuellement en France, et c'est au nom de ces camarades que je viens vous apporter à nouveau le témoignage de notre sympathie et les remerciements pour le bon accueil que vous nous réservez depuis le jour de notre exil. Vous savez qu'avant la guerre, nous avions pratiqué en Belgique la plus chaude, la plus fraternelle solidarité pour tous les proscrits, pour tous les exilés. Le peuple belge, qui est peut-être avec le peuple serbe le peuple le plus éprouvé de cette guerre, est celui qui, sans contestation possible, peut déclarer que nous n'avons aucune responsabilité dans la guerre et que les prolétariats qui ne nous ont pas soutenus énergiquement ont fait faillite à toutes les décisions des Congrès internationaux. (*Vifs applaudissements.*) Nous étions si bien respectueux des idées internationales et du respect du droit de tous les peuples, que les peuples avaient installé le siège de l'Internationale socialiste dans le local de la Maison du Peuple de Bruxelles, local de la classe ouvrière belge. Nous avons été un des peuples qui avons combattu le plus énergiquement le militarisme ; nous avons organisé la jeunesse dans un but nettement antimilitariste, et je dis que si au Congrès international de 1900, à Paris, les propositions que nous faisions avec nos camarades des jeunesses françaises, de donner mandat au Parti ouvrier, aux syndicats, aux groupes politiques, à tous les groupes de la classe ouvrière dans tous les pays, d'organiser la jeunesse dans un but nettement antimilitariste, si cette proposition avait été acceptée, peut-être ne souffririons-nous pas actuellement de la plus atroce des guerres. (*Applaudissements.*) Si cette proposition n'a pas été admise, c'est malgré les Belges, les Français, les Anglais, c'est en raison de l'opposition systématique des camarades délégués allemands et autrichiens. (*Quelques applaudissements.*) Nous avons donc dans cette guerre, au point de vue international, au point de vue antimilitariste, fait tout notre devoir et nous étions en droit de compter sur l'appui du prolétariat de tous les pays du monde. C'est pourquoi, camarades, lorsque notre nation a été envahie, nous avons dû, logiques avec nos décisions votées dans tous les Congrès internationaux, en vertu du principe du respect des nationalités qui est un principe de démocratie que tous les ouvriers, que tous les démocrates qui m'entendent admettent, nous avons défendu notre nationalité sans nous occuper des risques auxquels cela nous entraînerait ; et nous avons été au regret de constater que nos camarades allemands, sur qui nous comptions, qui dans les Congrès internationaux avaient voté avec nous le principe du respect des nationalités, nous avons été douloureusement émus de constater que nos camarades allemands nous trahissaient et ne faisaient aucun mouvement pour empêcher l'autocratie militariste d'écraser un peuple qui voulait vivre en paix. (*Applaudissements.*)

Nous avons pu compter sur la sympathie ardente de la France tout entière, sur nos camarades anglais, sur nos camarades des syndicats américains qui, lorsque nous sommes allés plaider la cause des syndicats belges, nous ont reçu avec la plus chaude sympathie ; mais il y a d'autres pays qui ne nous ont pas apporté le concours que nous étions en droit d'espérer ; nous étions même en droit d'exiger que le jour où un petit peuple comme la Belgique était violé, nous étions en droit d'espérer que dans le monde entier tous les prolétaires conscients se lèvent indignés. Malheureusement, il y a eu un peu trop de neutralité ; nous n'avons pas pu compter sur toute la chaude sympathie que notre attitude d'honnêtes gens méritait pourtant pour elle. (*Applaudissements.*) Cela, camarades, c'est le passé. Aujourd'hui, de nos camarades les uns sont là-bas dans les boues de l'Yser où chaque mois tombent des milliers d'hommes ; d'autres sont restés en Belgique. Je recevais, il y a quelques jours, la visite de plusieurs dames de camarades français habitant Bruxelles, dames qui viennent d'être rapatriées avec leurs enfants ; elles nous disaient : « La misère en Belgique est atroce ; les cliniques contre la tuberculose sont remplies de malades, on ne sait plus où placer les tuberculeux ; on supporte en Belgique une vie atroce, et, malgré tout, le moral reste bon, et ils adressent aux camarades qui sont en France leur sympathie, nous disant : Nous souffrons, mais nous saurons souffrir, parce que nous espérons que de ce cataclysme, que de cette boucherie sortira enfin un autre ordre de choses qui permettra au prolétariat de vivre, enfin libre et heureux par son travail. Et nous autres, qui sommes répandus partout en France, nous venons demander aux camarades français de nous aider à organiser ces camarades, que les délégués qui ont dans leur région un certain nombre de Belges s'adressent à nous, s'adressent au Syndicat de Paris ; nous leur enverrons des feuillets de propagande, nous nous mettrons en rapport avec ces camarades belges, car nous tenons avant tout que les Belges qui jouissent de votre hospitalité ne puissent servir parfois, inconsciemment, à avilir vos salaires. (*Très bien !*) Il est évident, camarades, que parmi la masse ouvrière belge réfugiée en France, il en est venu du fin fonds de la Flandre belge, de régions où nous n'avions aucune action, aucun groupe ouvrier, aucun syndicat. Ces gens-là, dans les Flandres, étaient exploités durement ; ils gagnaient des salaires de trois francs par jour ; il est évident que ces gens évacués en France, les salaires ridicules pour la région qu'on leur offre, sont pour eux des salaires très élevés en comparaison de ce qu'ils gagnaient. Or, si nous ne pouvons pas leur dire le tarif des salaires de la région, il est évident que ces ouvriers, sans le vouloir, accepteront des salaires au rabais et feront inconsciemment le jeu de l'exploitation patronale. C'est pourquoi nous vous demandons, camarades, de nous dire dans quelles régions se trouvent des ouvriers belges et les militants des syndicats ouvriers belges restant en France se mettent à votre entière disposition pour se rendre dans votre région et examiner avec vous le meilleur moyen pour que ces camarades rentrent dans notre organisation, fassent leur devoir de syndiqués ; c'est l'intérêt des ouvriers français comme notre intérêt à nous, ouvriers belges. Si ces camarades rentrant en Belgique avaient acquis en France l'esprit d'organisation syndicale, nous aurions dans des régions où avant la guerre nous ne pouvions pas pénétrer, des camarades qui organiseraient dans leurs localités des syndicats et des groupes d'émancipation prolétarienne. Nous venons parmi vous, camarades, pour étudier, pour apprendre ; nous venons à cette Conférence afin que l'étude que nous ferons ici des questions très complexes qui vont se poser au lendemain de la guerre puissent servir à la rentrée en Belgique pour nos camarades restés là-bas. A la paix, nous aurons tout à refaire ; nous allons nous trouver devant un prolétariat anémié par les privations. Nos meilleurs ouvriers resteront à l'étranger, parce qu'il n'y aura pas de travail à leur donner en Belgique ; les machines de nos usines sont presque toutes parties, notre industrie est complètement ruinée ; nos ouvriers rentreront ne pouvant pas trouver du travail, ils seront obligés peut-être de revenir en France, en Angleterre pour pouvoir trouver de quoi manger. Nous vous demandons donc, camarades, de continuer à nous conserver toute votre sympathie ; nous vous remercions à nouveau du bon accueil qui nous est fait ; si parfois vous rencontrez parmi des ouvriers belges quelques caractères aigris, soyez indulgents, parce qu'ils souffrent beaucoup de cette vie d'exil, de cette vie loin de leur famille, rejetés dans un autre territoire bien souvent dans de mauvaises conditions. J'espère que du contact entre nous naîtra encore plus que par le passé la fraternité entre le peuple belge et le peuple français, en attendant qu'on puisse renouer les liens de fraternité entre tous les peuples. Nous espérons que les délégués de la démocratie russe tiendront leurs engagements ; ils nous ont promis de ne faire aucun traité de paix qui ne respecterait pas l'autonomie des petits peuples, comme la Serbie, la Roumanie, la Belgique ; nous avons à reprocher à nos camarades allemands de ne pas avoir fait tout leur devoir ; nous faisons confiance au prolétariat russe espérant qu'il ne nous laissera pas écraser sous la domination de l'oligarchie militariste et impérialiste allemande. (Vifs applaudissements.)

OBRADOVITCH, délégué serbe. — Camarades, les syndicalistes serbes malheureusement n'ont pas trouvé à envoyer ici un de leurs grands orateurs. Nos grands orateurs, nos grands chefs sont là-bas, tombés dans notre pays sous la botte du militarisme allemand et autrichien. Notre présentation vous sera faite par un ouvrier ordinaire. Beaucoup de camarades parmi vous ne savaient pas que nous avions avant la guerre nos syndicats en Serbie et que le socialisme marchait dans les syndicats.

Nous n'avons pas eu le temps de vous faire voir tout cela, parce que nous avons été entourés entre le militarisme austro-allemand et le militarisme de la Turquie et de la Bulgarie. Nos syndicats sont perdus, comme notre pays. Mais les 4.000 travailleurs serbes qui se trouvent en ce moment en France ont monté un syndicat qui compte déjà près de 4.000 sociétaires.

Nous comptons sur la bonne volonté de nos camarades français, anglais et belges pour réaliser l'intérêt de la classe ouvrière serbe, de la nation serbe, nous attendons de vous, les classes ouvrières des pays démocratiques, nos libertés nationales comme nos libertés pour la classe ouvrière serbe. Nous nous battrons avec vous, non pas contre la classe ouvrière allemande ni austro-allemande, mais nous nous battrons avec vous contre l'impérialisme austro-allemand et contre le militarisme. Nous attendons notre liberté comme prolétariat et comme nation. Nous pouvons dire que nous, syndicalistes et socialistes serbes, nous nous défendons dans cette guerre ; il est impossible de dire qu'une petite nation comme la Serbie voulait attaquer l'Autriche ou l'Allemagne. Nous vous remercions, camarades, des bontés que vous avez pour nous ; je remercie aussi les orateurs anglais, français et belges et je vous crie : « Vive la France ouvrière ! Vive le prolétariat international ! » (*Vifs applaudissements.*)

Jouhaux. — Je crois être l'interprète de la Conférence en adressant à nos camarades étrangers non seulement nos souhaits de bienvenue, ce qui a déjà été fait par notre président, mais en les assurant de notre profonde solidarité et de nos sentiments plus profonds encore de fraternité. Volkaërt nous a dit que c'était un devoir pour les militants ouvriers belges d'organiser les travailleurs que la tourmente actuelle a amenés dans nos centres industriels ; si c'est un devoir pour les ouvriers belges, c'est également un devoir pour les ouvriers français ; il faut que partout où se rencontrent des ouvriers étrangers s'étende la sollicitude de nos organisations à leur égard, il faut qu'ils sentent que les liens de cœur qui unissent la grande famille ouvrière ne sont pas rompus, et si parfois des dissentiments peuvent exister entre nous, dissentiments que les conditions particulières de travail peuvent faire naître, ils ne doivent être que momentanés et limités, et qu'au-dessus de ces causes particulières, nous restons les membres de la grande famille ouvrière qui apportons à tous notre solidarité. Nous leur demandons, en revanche, de nous apporter leur concours actif pour triompher des difficultés devant lesquelles nous nous trouvons, pour préparer une situation meilleure et une organisation plus combative et plus puissante. Je crois que c'est l'interprétation de la Conférence et nos camarades doivent être assurés qu'ils trouveront auprès de toutes les organisations le concours dont ils ont besoin. Désormais, chaque fois que dans une région des travailleurs belges ou serbes seront employés à côté d'ouvriers français, si des causes de division naissaient, il faut qu'on se souvienne, comme on vous le disait, qu'il y a à l'heure actuelle des organisations serbe et belge qui existent. Aux représentants des Unions locales, des Unions départementales, des Fédérations de faire appel à ces militants pour que les dissentiments ne s'enveniment pas et que dans les organisations les travailleurs de toutes nationalités se serrent les coudes pour ne voir que le but à atteindre et les améliorations à obtenir. (*Applaudissements.*)

En attendant que la Commission de vérification des mandats ait terminé son travail, je crois que nous pouvons examiner et décider tout de suite de la publicité de nos débats. C'est une question que le Comité Confédéral a déjà examinée et sur laquelle il s'est prononcé pour l'affirmative tout en laissant la liberté absolue à la Conférence de ratifier cette décision. Par conséquent, je vous demande si vous êtes partisans d'accepter la publicité des débats de cette Conférence.

Adopté à l'unanimité moins 3 voix.

La presse est donc admise.

Il est décidé sans débat de s'ajourner à l'après-midi 2 heures et demie, en maintenant le même bureau.   Séance levée à 10 h. 50.

2ᵉ SÉANCE DU 23 DÉCEMBRE 1917
- Après-midi -

La séance est ouverte à 3 heures.

LECLERC. — La parole est au rapporteur de la Commission de vérification des mandats.

CHARBONNIER lit le rapport suivant :

RAPPORT DE LA COMMISSION DES MANDATS

La Commission de Vérification a constaté la régularité de 60 mandats de Bourses ; de 47 mandats d'Unions départementales ; de 36 mandats de Fédérations, donnant un total de 140 délégués.

Un mandat est inacceptable, c'est celui du Syndicat des Métallurgistes de Saint-Dizier.

Un mandat était particulièrement contesté, c'est celui que l'Union des Syndicats de l'Isère a confié à Boudoux. La protestation était élevée non contre la présence de l'Union de l'Isère, mais contre l'attribution de ce mandat à Boudoux. L'organisation protestataire est l'Union des Syndicats de Meurthe-et-Moselle, à laquelle Boudoux a longtemps appartenu.

La Commission a tenu, avant d'en faire juge la Conférence, à en donner connaissance à Boudoux lui-même et l'appelle ou à renoncer à l'exercice de ce mandat ou à prendre la responsabilité d'un débat qui prendrait beaucoup de temps à la Conférence.

Tout en protestant contre les faits énoncés dans la protestation, Boudoux déclara renoncer à siéger comme délégué à la Conférence, réservant au Comité Confédéral le soin de statuer sur les faits à lui reprochés par l'Union de Meurthe-et-Moselle.

La Commission, se réjouissant de cette solution, n'avait plus qu'à enregistrer la déclaration de Boudoux. Aussi bien, la représentation de l'Union de l'Isère étant assurée par un délégué suppléant.

En conséquence, nous proposons à la Conférence d'enregistrer et de ratifier les mandats de 141 délégués, représentant 36 Fédérations nationales de métier ou d'industries, 47 Unions départementales et 60 Bourses du Travail.

BOUDOUX. — Je demande la parole.

LUQUET. — Je demande la parole pour une motion d'ordre. Il a été convenu avec Boudoux, sur une déclaration spontanée de sa part, qu'il renonçait à exercer son mandat ; ainsi il rendait service à la Conférence puisqu'il évitait une discussion qui risquait de se prolonger inutilement. S'il demande la parole c'est qu'il ne respecte pas l'engagement qu'il a pris et c'est profondément regrettable. Je demande à la Conférence d'enregistrer la déclaration de Boudoux, et ceci fait il n'a plus à prendre la parole.

LECLERC. — Je mets aux voix la proposition Luquet. Voulez-vous entreprendre une discussion sur le fond ou purement et simplement enregistrer. Si Boudoux n'a pas d'autre mandat que celui qui lui est contesté, qu'il a accepté d'abandonner, je devrais consulter la Conférence pour savoir si je dois donner la parole à quelqu'un qui n'est pas régulièrement mandaté.

BOUDOUX. — Je suis encore mandaté. J'ai une déclaration à faire, je demande la parole.

JOUHAUX. — La contestation qui s'élève à l'heure actuelle est une contestation très délicate. Ce matin, une discussion s'est produite, paraît-il, à la Commission de vérification des mandats ; une solution était intervenue ; l'intéressé lui-même demande que cette solution ne soit pas acceptée et veut s'en expliquer. Je ne crois pas, pour ma part, que nous puissions nous opposer à ce qu'il fournisse les explications nécessaires.

LUQUET. — Boudoux déclare-t-il qu'il retire l'engagement qu'il a pris ?

BOUDOUX. — Je ne réponds pas. Je demande la parole.

LUQUET. — Voilà l'équivoque.

BOUDOUX. — J'ai demandé la parole comme je viens de l'indiquer. Au régiment, à l'usine, ici, partout on sera guillotiné de la même façon.

LECLERC. — Je donne la parole à Boudoux.

SAINT-VENANT. — Voici la déclaration que Boudoux a faite : J'accepte à la condition que le Comité Confédéral nommera une Commission sur mon cas. En effet, une lettre a été adressée, elle est très délicate, elle peut amener une discussion très longue ; il n'y a qu'à donner mandat a son suppléant et ne pas discuter ici sur le fait, en laissant au Comité Confédéral le soin de conclure sur la question.

BOUDOUX. — Eh bien, camarades, je tiens à fournir une courte explication. Ce matin, j'ai été appelé par Luquet, de l'*Humanité*.

UN DÉLÉGUÉ. — Non, parmi les membres de la Commission.

BOUDOUX. — A la Commission de vérification des mandats, et le camarade Charbonnier, je ne fais pas de jésuitisme, je ne fais pas d'insinuations, j'ai à fournir des explications moralement pour certaines choses que vous allez comprendre. Je vais à cette Commission, on me donne lecture d'une lettre. Je dis : Je proteste contre tout cela, je suis ici mandaté par une Union de syndicats ; j'appartiens à un syndicat depuis sept ans, on n'a rien à me reprocher, je milite ; j'appartiens peut-être à une autre fraction, j'estime que je suis dans mon droit. Mais j'ajoute que si mon cas devait faire l'objet d'une discussion où si ce cas devait faire perdre du temps à la Conférence, il serait peut-être préférable, puisqu'il y a un suppléant que celui-ci soit délégué de l'Union des syndicats, mais je demande, j'exige qu'une commission soit désignée afin de crever un abcès pénible autant pour moi que pour les gens qui évoluent autour de moi, surtout quand on croit avoir fait quelque chose de bien. Des amis me disent : Mais tu es organisé, tu appartiens à une organisation régulière, à différentes organisations dont tu es délégué, et tu viens mandaté ici par des gens qui ont fait des dépenses pour que tu viennes. J'estime qu'une discussion gênerait les travaux de la Conférence, tout en considérant que la Conférence n'est pas l'émanation du travail organisé. Si vous voulez aborder le fond, je le ferai, mais vous commettriez à mon égard, à l'égard de l'Union des syndicats, à l'égard du Syndicat dont je suis secrétaire depuis que je l'ai reconstitué, depuis que je suis revenu de la guerre, vous feriez quelque chose de vilain à l'égard des organisations qui m'ont mandaté comme de moi-même. Je demande à la Commission de considérer que le mandat de Boudoux, secrétaire des charpentiers en fer, est régulièrement valable. Si vous avez à examiner les griefs qui sont apportés, je vous le déclare, je suis à la disposition de la conférence pour expliquer tout devant une Commission. J'ai une vie passablement orageuse, mais je ne suis pas le seul ici à avoir fait des fautes. Maintenant, faites ce que vous voudrez. Je vous demande que vous considériez qu'à cette Conférence je représente l'Union des syndicats et qu'au Comité Confédéral vous discutiez tout, vous exécutiez un homme si c'est une canaille, mais que tout au moins, jusqu'à présent, vous considériez qu'il a la confiance des gens avec qui il est.

LUQUET. — Boudoux relate les faits à peu près comme ils se sont passés ; lorsqu'il s'est présenté devant la Commission sur mon appel, c'est au nom de la Commission que je l'appelais ; je lui ai dit : Boudoux, nous allons te donner lecture d'une lettre de l'Union des Syndicats de Meurthe-et-Moselle qui te met en cause, qui énonce des faits assez graves. Lorsque tu auras eu connaissance de cette lettre, il t'appartiendra de dire si tu veux prendre la responsabilité d'un débat sur cette lettre qui conteste ton mandat, ou si, au contraire, tu ne crois pas préférable de ne pas exercer ce mandat. Boudoux a protesté, c'est entendu, contre les faits énoncés dans la lettre, nous le disons dans le rapport, et il a déclaré ensuite : Pour que les travaux de la Conférence puissent se dérouler normalement, je renonce ainsi que vous me le demandez à exercer le mandat au nom de l'Isère, mais je tiens à ce que le Comité Confédéral soit saisi de cet incident et à ce qu'il se prononce. C'est entendu, lui avons-nous dit, nous l'insèrerons dans le rapport ; nous l'avons fait très loyalement. Eh bien, Boudoux, nous te demandons de tenir aussi loyalement ton engagement que tu as pris devant la Commission ; ainsi, tu auras rendu service à la Conférence, et laisse-nous aborder notre ordre du jour très important pour éviter qu'on discute sur ta personne.

LECLERC. — Voulez-vous considérer l'incident comme clos ?

BROUTCHOUX. — Il me semble que la Commission a outrepassé ses droits en demandant à Boudoux, pour abréger du temps, de renoncer à son mandat. L'Union de l'Isère a donné mandat à Boudoux ; il la représente ici. Une autre Union, celle de Meurthe-et-Moselle, a envoyé une lettre contestant la moralité d'un délégué d'une autre Union. Vous voyez sur quel terrain nous nous plaçons. La Conférence, d'après nos statuts confédéraux, n'a qu'un rôle purement administratif ; elle doit savoir si les délégués qui sont ici représentent bien les obligations voulues. L'Isère est une Union départementale qui a sa place ici. Le délégué de l'Isère, Boudoux, appartient à un syndicat régulièrement constitué pour lequel il n'y a aucune contestation. Maintenant, il s'agit de la personnalité de Boudoux. D'ailleurs Boudoux ne fuit pas le débat, puisqu'il a promis de s'en expliquer. Vous avez à savoir si une Union, celle de Meurthe-et-Moselle, a le droit de contester la représentation d'un délégué d'une autre Union. Ce que Boudoux a fait dans le passé, il s'offre de vous en donner l'explication ; je ne m'occupe pas du passé, mais seulement du présent. Cette lettre de l'Union de Meurthe-et-Moselle, envoyée juste au moment de la Conférence, m'apparaît une manœuvre de chantage que la majorité emploie contre un homme qui ne pense pas comme elle, qui appartient à la minorité.

DRET. — Je veux dénoncer les dernières paroles prononcées par Broutchoux. Il semble que ce n'est pas la première fois que le cas Boudoux est examiné. Je tiens à te dire, Broutchoux, que lors d'un voyage fait bien avant la guerre à Nancy, je revins et remis, ce doit être dans les archives du Syndicat des charpentiers en fer, une lettre adressée par l'Union des syndicats de Meurthe-et-Moselle dénonçant les agissements de Boudoux dans ce département. Ce n'est pas d'aujourd'hui que ce cas est posé.

LECLERC. — Voulez-vous qu'après les orateurs inscrits, Dumas, Péricat et Bourderon, et après le rapporteur de la Commission, on prononce la clôture de la discussion ?

LUQUET. — La discussion sur la procédure, mais pas sur le fond.

FENOT. — Pour discuter sur le fond, il faut le témoignage de beaucoup de gens ; ici, nous ne pouvons discuter que sur la procédure.

LECLERC. — Je renouvelle ma proposition.

(Adopté à l'unanimité.)

DUMAS. — Je serai très bref ; je ne veux pas entrer dans le fond ; si la question se solutionne conformément à la proposition de la Commission, je n'ai rien à dire, mais si le cas est examiné ici au fond, je rappellerai ici des déclarations publiques que j'ai faites à Paris devant de nombreux camarades. J'estime pour ma part que la première solution était la meilleure, parce que si vous voulez aboutir à faire quelque chose de sérieux...

BROUTCHOUX. — Si on en faisait une sur ton compte ? vieux.

DUMAS. — On a porté des accusations contre toi auxquelles tu ne répondras jamais ; contre moi, tu n'apporteras jamais quoi que ce soit.

BROUTCHOUX. — Tais-toi, on te connaît trop.

DUMAS. — Si vous voulez faire quelque chose de sérieux, il faut que les déclarations de certains camarades, — je formulerai les miennes pour ma part, si c'est nécessaire — soient discutées contradictoirement. Il faut que Boudoux soit mis à même de s'expliquer en face des arguments portés contre lui, notamment par les trois quarts de ses amis politiques d'aujourd'hui. D'abord, si vous voulez accepter l'idée de la Commission, il n'y a pas de discussion au fond ; il n'y a, à l'heure actuelle, aucune accusation portée contre Boudoux, puisqu'il n'y a pas d'enquête, mais puisqu'ici Boudoux revient sur sa première décision, il faut que la question se vide, même complètement s'il le faut.

Péricat. — Je ne discute pas la question de culpabilité ou de non culpabilité du camarade dont il est question ; je discute la question de procédure syndicaliste. Le camarade est régulièrement mandaté ; il a un mandat de son Union départementale. Il l'a dit lui-même : secrétaire du Syndicats des charpentiers en fer, il appartient, à ce titre, à différents organismes centraux, à l'Union des syndicats de la Seine, à la Fédération du Bâtiment, en plus, il est membre du Comité Confédéral.

Dumas. — Je ne l'ai jamais rencontré ; j'assiste à toutes les séances.

Jouhaux. — J'en appelle au témoignage de Boudoux lui-même. Lorsque la lettre du Syndicat de l'Isère le mandatant au Comité Confédéral fut lue à la séance du Comité, je dis à ce Comité qu'il fallait faire des réserves en raison de la protestation qui existait. A ce moment, on déclara que Boudoux lui-même renonçait à exercer son mandat.

Boudoux. — C'est une erreur ; je suis délégué de l'Union de l'Isère, j'ai donné les deux mandats au Comité Confédéral, et si je ne suis pas allé là-bas, c'est en raison d'occupations syndicales en dehors de mon travail. On ne m'a jamais dit cela à moi.

Jouhaux. — Je le répète ; c'est au procès-verbal du Comité Confédéral. Je ne dis pas que c'est toi qui a répondu, tu n'y étais pas. On a répondu que la question ne se posait pas, étant donné que c'était Barthe qui remplissait ton mandat.

Péricat. — Je sais que l'Union de l'Isère a envoyé le mandat à la C. G. T. Boudoux est un délégué direct ; voilà tout ce que je sais. Le mandat de Boudoux a-t-il été refusé au Comité Confédéral ? Pour ma part, je crois qu'il ne l'a jamais été. Maintenant, nous avons déjà entendu ces accusations à la Bourse du Travail, non seulement contre Boudoux, mais aussi contre d'autres. Nous avons sollicité que le Comité Confédéral prenne des sanctions, examine la question. Ce qui m'étonne aujourd'hui, c'est que l'Union des Syndicats de Meurthe-et-Moselle sache que Boudoux est délégué, attendu qu'il n'y a que trois ou quatre jours seulement que je le sais. Comment se fait-il que ces accusations arrivent juste pour la Conférence. Si on tient compte de la lettre en question, si on tient compte des dénonciations qui arriveront dans les Conférences ou les Congrès, si on entre dans cette procédure, je dis que demain on pourra faire des procès de tendances ou d'attitudes à tous les délégués à la Conférence. Pour ma part, je dis que la Commission n'avait pas le droit de prendre cette attitude. Elle n'avait qu'un mandat : examiner si, d'une part, l'Union des Syndicats de l'Isère paie ses doubles cotisations et si le délégué en question était régulièrement syndiqué. Tout le rôle de la Commission de vérification des mandats se bornait à cela ; le reste ne lui regarde pas. Si nous perdons du temps, on va en faire le grief à ceux qui ont soulevé le débat, et ce n'est pas nous. Pour ma part, je proteste contre cette manière de faire, contre l'exclusion d'un membre, quel qu'il soit, régulièrement mandaté, ce serait-il contre Dumas ou tout autre, je m'élèverais contre cette procédure.

BOURDERON. — Sur le fond, la question sera réglée ultérieurement, Boudoux vient d'en prendre l'engagement. Mais sur la procédure, je dis : la Commission de vérification des mandats était saisie d'une plainte ; immédiatement vous ouvrez une instruction et vous demandez un jugement.

LUQUET. — Nous ne demandons pas de jugement.

BOURDERON. — Vous demandez que Boudoux n'ait pas le droit d'assister à cette Conférence ?

LUQUET. — Nous enregistrons la renonciation de Boudoux à exercer son mandat.

BOURDERON. — Je dis que la Commission de vérification, saisie d'une plainte, fait venir l'inculpé, si je puis dire, lui fait en réalité une mise en demeure, mais oui, puisque tout à l'heure Luquet a dit : On demande à Boudoux de renoncer à son mandat pour ne pas faire perdre de temps. Je demande à la Conférence de ne pas entrer dans cette voie-là ; puisque la question peut se régler différemment, elle se réglera.

CHARBONNIER. — La Commission ne dit pas que l'Union des Syndicats de l'Isère n'a pas droit d'être représentée ici. Ce n'est pas non plus, comme disait Broutchoux, une protestation de circonstances, c'est parce que l'Union des syndicats de Meurthe-et-Moselle m'a donné comme mandat en ma qualité de son délégué, de poser la question devant la Conférence, nettement, à savoir si, en raison des griefs très anciens...

PLUSIEURS DÉLÉGUÉS. — Est-ce le délégué de Meurthe-et-Moselle qui parle ou le rapporteur ?

UN DÉLÉGUÉ. — La lettre de Meurthe-et-Moselle a-t-elle été envoyée spontanément ?

CHARBONNIER. — Comme je ne veux pas laisser croire que cette protestation a été apportée ici pour servir une tendance, j'en ai fait part avant que nos travaux commencent à mes camarades, je leur ai soumis le cas, et nous avons pensé, pour éviter la perte de temps, de demander à Boudoux de venir au sein de notre Commission, de lui donner connaissance des griefs, d'enregistrer sa protestation, et nous nous étions mis d'accord sur la déclaration que tout à l'heure je vous lisais dans notre rapport. Je ne crois pas que vous vouliez, ce qui n'a pas été le désir manifesté par Boudoux, et c'est bien loin de notre esprit aussi, ouvrir une discussion sur ce sujet, puisque nous avons donné satisfaction à la demande formulée par Boudoux. Je vous demande donc, au nom de la Commission, d'adopter le rapport qui vous a été présenté.

LECLERC. — Veut-on qu'on relise le passage du rapport concernant cette question ? Je crois que c'est inutile.

Je mets aux voix le rapport de la Commission.

LECLERC. — Le rapport est adopté à l'unanimité. (*Protestations ; on crie : « Par mandats ! par mandats ! »*)

LECLERC. — Eh bien ! on va faire circuler les urnes. La discussion est close.

(On commence le vote par mandats.)

LECLERC. — Voici les résultats du vote sur l'acceptation du rapport de la Commission de vérification des mandats :

Pour : 80 ; contre : 47 ; abstentions : 10.

C'est entendu, l'affaire Boudoux reviendra devant le Comité Confédéral, et c'est son suppléant qui siège pour l'Isère.

JOUHAUX. — Il y a un nouveau mandat qui vient d'arriver, celui de la Seyne, pour le camarade Merrheim.

(Adopté.)

JOUHAUX. — Je crois que nous pourrions utilement voter au début de cette Conférence un ordre du jour de solidarité et de protestation général contre les poursuites qui ont été intentées, dans le sens où le Comité Confédéral l'a déjà formulé lui-même ; toutes les organisations ont reçu cet ordre du jour, par conséquent, toutes en ont connaissance ; nous pourrions donc l'adopter en y joignant une adresse de sympathie à l'égard de nos camarades espagnols dont nous avons ici une lettre du secrétaire Vicente Bario, qui déclare ne pas pouvoir assister à notre Conférence en raison de la répression que le mouvement ouvrier subit en Espagne. Je vais vous donner lecture de l'ordre du jour :

Décembre 1917.

La Conférence Confédérale, au nom de la liberté de pensée, proteste contre toutes les poursuites intentées pour délits d'opinion à des militants syndicalistes ou socialistes.

Aujourd'hui, d'autres militants ouvriers, parmi lesquels Hélène Brion, secrétaire de la Fédération des Instituteurs et Institutrices, sont arrêtés, emprisonnés.

Sans attendre les résultats de l'instruction, au mépris de la loi qui veut que tout accusé soit considéré comme innocent jusqu'à ce que la preuve de sa culpabilité soit faite, la presse d'affaires sur laquelle pèsent de si graves présomptions de vénalité, a commencé et continue une campagne de mensonges et de calomnies.

En cherchant perfidement à égarer l'opinion publique et à peser sur la décision des juges, les auteurs de ces campagnes visent à masquer leur responsabilité dans la situation actuelle.

Les journaux le *Matin* et le *Petit Parisien*, qui se sont placés au premier rang dans la diffamation, n'ont pu entreprendre et poursuivre leur œuvre que grâce à des complaisances coupables sur lesquelles la lumière doit être faite et des sanctions prises.

Considérant :

Qu'aux termes de la loi du 27 avril 1916, « La justice militaire est incompétente pour connaître les infractions à la loi du 5 août 1914 — tous les délits d'opinion sont de la compétence des tribunaux ordinaires ».

La Conférence Confédérale proteste contre ces arrestations, contre la transmission des dossiers d'instruction à la justice militaire ; il flétrit comme il

2

convient l'odieuse campagne de presse qui tend à représenter des inculpés pour propagande pacifiste, comme des criminels propagateurs défaitistes.

Il engage toutes les organisations confédérées à affirmer leur solidarité et à protester pour faire connaître la vérité au pays.

Le Comité Confédéral proteste également contre les mesures arbitraires qui, à l'occasion de l'exercice de leur mandat, frappent des militants des organisations syndicales et des délégués ouvriers, comme ce fut le cas, tout récemment, du camarade Andrieu, Secrétaire du Syndicat des Métallurgistes de Firminy.

La Conférence Confédérale considère qu'une telle situation ne peut se prolonger. Elle dénonce ces violences qui appellent et légitiment les mouvements de solidarité dans lesquels n'entre nul désir égoïste. Une telle attitude est susceptible de créer dans la classe ouvrière une désaffection dangereuse pour l'intérêt général du pays qui se confond avec l'intérêt supérieur de l'Humanité.

MAYOUX. — Je ne suis pas encore emprisonné. C'est la logique de Clemenceau, alors que Hélène Brion qui n'est pas condamnée est déjà emprisonnée. Je veux m'élever contre la vague de réaction clémenciste que nous subissons. Chers camarades, il ne faut pas s'y tromper : c'est bien le gouvernement Ribot, c'est bien Malvy, ministre de l'intérieur à l'époque, qui a ouvert les poursuites contre nous, c'est le ministre de l'intérieur qui a ordonné aux Parquets de sévir contre les instituteurs syndiqués ; par là, nous avons la preuve qu'il s'agit d'une réaction gouvernementale, mais c'est de toute évidence sur les injonctions réitérées de Clemenceau, secondé par les pires ennemis du régime, par les réactionnaires les plus avérés de l'*Action Française*, que cette vague de clémencisme s'est déchaînée. Et ce n'est pas seulement contre les instituteurs, nous avons vu les grèves de la Loire, nous avons vu aussi que deux de nos camarades de Tulle, sur la dénonciation d'un seul militaire qui peut-être ne savait pas ce qu'il disait, sont actuellement en prison, les persécutions ont été faites partout, même chez Madeleine Vernet ; et, à ce propos, nous avons été heureux de trouver même dans la presse bourgeoise des appréciations flatteuses sur son œuvre, savoir que c'était très bien tenu. Dans toutes ces affaires de délits d'opinion on a voulu embrouiller la question de police et l'action de la justice ; on nous a traînés dans la boue dans la grande presse et dans la petite presse ; dans la presse d'idées nous n'avons pas pu nous défendre, parce que le gouvernement ne l'a pas voulu. Je profite de l'occasion qui m'est offerte pour vous dire quelques mots sur le reproche qu'on nous a fait d'être en relations avec le *Bonnet Rouge*. Je n'en ai pas pour bien longtemps. On a saisi à notre domicile une lettre portant l'en-tête du *Bonnet Rouge* ; cette lettre a été scellée par le juge d'instruction avec beaucoup d'autres, et à Bordeaux dernièrement, le président de la Cour d'appel appelait cette liasse : la liasse du *Bonnet Rouge*. Vous voyez la manœuvre. J'avais reçu cette lettre comme secrétaire du groupe socialiste, mais nous avons été poursuivis et condamnés à la prison comme militants syndicalistes ; nous avons été aussi tracassés, comme moi personnellement, comme secrétaire intérimaire du groupe socialiste ; à ce sujet, je dois dire que le trésorier et le secrétaire du groupe sont morts au front. Cette lettre du *Bonnet Rouge* m'avait été écrite par le secrétaire de la rédaction à la suite d'une communication faite au journal ; je l'avais versée aux archives en 1916 et on l'a saisie en 1917. Si j'avais voulu la faire disparaître, j'en aurais eu le temps. Nous avons été poursuivis aussi comme pacifistes. Eh bien, je n'avais jamais entendu dire qu'on ne pouvait pas être partisan de la paix, même en temps de guerre. Nous sommes heureux que nos camarades, même de la majorité, veuillent bien protester au nom de la liberté. Nous disons ceci : La liberté reviendra ; en prison, nous souffrirons. J'ai ici quelques brochures et cartes postales d'Hélène Brion ; à la sortie un camarade les offrira, c'est pour l'Avenir Social de Madeleine Vernet. Je m'excuse d'avoir mêlé des questions personnelles à ce que j'ai dit, mais il s'agit surtout des intérêts de la classe ouvrière.

Lescalier. — Je demande à joindre au nom d'Andrieu, celui du camarade Lair, secrétaire du Syndicat des métallurgistes d'Alais ; il a été déplacé parce que secrétaire d'une organisation syndicale. Dans une réunion syndicale, un camarade avait cru bon de dire : Si on ne nous donne pas satisfaction, nous aurons recours à tous les moyens, même à la grève. Lair a été déplacé, malgré les protestations du Syndicat des métallurgistes, parce que, étant secrétaire, il n'avait pas désapprouvé les paroles d'un camarade qui, librement, avait parlé dans le Syndicat. Je demande que la Conférence proteste contre ces faits.

Jouhaux. — Il est certain que la protestation, comme déjà nous l'avons décidé au Comité Confédéral, est une protestation d'allure générale; il n'est pas possible de mentionner tous les noms ; nous avons pris les cas les plus typiques et nous protestons contre les violations de principe. En fait, notre protestation s'adresse à tous ceux qui sont frappés ou peuvent être frappés. Nous voulons empêcher la réédition de ces actes arbitraires. Je crois que Lescalier a satisfaction comme d'ailleurs le camarade Mayoux pour ce qui le concerne.

Péricat.— L'ordre du jour nous place, nous les minoritaires du Comité Confédéral, dans une drôle de situation. Au Comité Confédéral, nous avons adopté l'ordre du jour dans son ensemble, sauf le dernier paragraphe. Par conséquent, nous ne pouvons pas nous déjuger et l'accepter ici, quoiqu'il ait été transformé légèrement. Je vote la protestation tout en m'abstenant sur la dernière phrase de l'ordre du jour contraire à notre manière de voir.

Leclerc. — Je mets aux voix l'ordre du jour. (*Adopté à l'unanimité.*)

Broutchoux. — C'est-à-dire en faisant des réserves sur la dernière partie, où il est question de l'intérêt supérieur du pays. Nous ne marchons pas avec l'Union sacrée et la Défense nationale.

Bled. — Cette phrase est de Bourderon.

Bourderon. — S'il fallait que je cite tes phrases, je te confondrais.

Broutchoux. — On n'a contesté que deux mandats et on n'a pas nommé l'Union dont j'étais secrétaire avant la guerre. J'ai autant de droits à représenter le Pas-de-Calais que certains camarades de la majorité qui représentent des Unions départementales d'on ne sait où.

JOUHAUX. — Le rapport de la Commission de vérification des mandats a été adopté sans autre contestation que celle qui a soulevé tout à l'heure une discussion. Broutchoux demande si le mandat qu'il a déposé au nom de l'Union des Syndicats du Pas-de-Calais ne lui est pas contesté. La Commission déclare que non. Broutchoux ajoute : Parce que j'ai autant de droits que quiconque de représenter l'Union des Syndicats du Pas-de-Calais. C'est là une affirmation un peu osée. A l'heure actuelle, il existe dans le Pas-de-Calais des organisations syndicales qui vivent, qui prennent des timbres à leur Fédération et qui ne peuvent pas avoir leurs timbres d'Union départementale parce que l'Union départementale n'a pas encore été reconstituée. La situation du Pas-de-Calais n'est pas la même que la situation du Nord, tu le sais très bien, Broutchoux, et tu sais aussi les raisons pour lesquelles l'Union n'a pas encore jusqu'ici été reconstituée. Nous acceptons ton mandat. Mais je demande à la Conférence de décider que, d'accord avec le secrétaire antérieur de l'Union des Syndicats du Pas-de-Calais, nous irons dans les centres syndicaux actuellement existants de ce département pour reconstituer l'Union départementale. Voilà la proposition complémentaire que je fais aux observations que présente Broutchoux.

BROUTCHOUX. — Je demande à dire un mot. Le camarade Jouhaux présente la situation sous un jour particulier. Il est peut-être vrai que, personnellement, je n'ai pas fait toute la propagande qu'il fallait pour reconstituer l'Union départementale. Mais personnellement je ne suis pas responsable de cela, je ne suis pas libre ; pour moi, c'est la guerre comme pour beaucoup d'autres militants. Plusieurs fois j'ai demandé au bureau confédéral de nous aider nous, à Paris, comme on avait aidé des Unions envahies d'à-côté. Jamais je n'ai eu de réponse. Si, une fois, Jouhaux m'a dit : Nous irons dans le Pas-de-Calais, nous ferons un Congrès des syndicats restants de la région et nous réorganiserons l'Union. J'ai répondu comme je réponds maintenant : Je suis à ta disposition. Donc, il n'y a rien de ma faute. Moi aussi, au Comité Confédéral, j'avais posé la question de discuter les statuts des régions envahies. Jamais cela n'a été résolu. J'avais demandé si les réfugiés, syndiqués avant dans les régions envahies, devaient continuer dans l'intérieur à cotiser dans les syndicats de profession qu'ils exercent, ou s'ils devaient, conformément à un précédent, se constituer en sections particulières à côté des syndicats locaux existants. Nous nous sommes réunis une cinquantaine de syndiqués du Pas-de-Calais à Paris, et nous qui plaçons les principes syndicaux avant les questions de région, nous avons dit : Tu travailles à Paris, syndique-toi à Paris, syndique-toi où tu travailles, renforce l'action de tes camarades de travail, mais aussi puisque réfugié des régions envahies, apporte la valeur de ta cotisation dans d'autres pays.

JOUHAUX. — Je ne veux pas allonger indéfiniment ce débat. Broutchoux dit qu'il a posé cette question au Comité Confédéral et qu'elle n'a jamais été discutée. Permets-moi de te dire que nous avons discuté au moins pendant vingt séances ces cas, car il n'y a pas que le cas du Pas-de-Calais, ni le cas de l'Union des syndicats du Nord, il y a de nombreux autres cas qui ont fait l'objet de discussions au sein du Comité Confédéral. Mais la question pour le Pas-de-Calais n'est pas celle-là. Il y a dans le Pas-de-Calais des régions minières qui continuent à exercer leur action syndicale, comme Boulogne, Calais ; il y a une Fédération nationale des Cheminots qui a reconstitué un centre d'activité dans ce département. La question est donc bien de reconstituer l'Union du Pas-de-Calais dans le département du Pas-de-Calais et non de reconstituer à Paris une Union de syndicats qui pourrait représenter une cinquantaine de camarades, quand dans le Pas-de-Calais il y a déjà plus de 2.000 travailleurs organisés.

Louis-Louis. — Je représente un Syndicat de Béthune. J'ai écrit deux fois au Comité Confédéral pour la reconstitution de l'Union dans le département du Pas-de-Calais. Le Syndicat des Tullistés de Calais a fait la même demande.

Broutchoux. — ... Qui n'était pas confédéré.

Louis-Louis. — Le Syndicat de Calais prenait part à la Fédération du Textile. Nous ne prenons pas de timbres d'Union départementale, parce qu'il n'existe pas d'Union départementale dans le Pas-de-Calais; il y a des milliers de mineurs qui sont dans la même situation que nous.

Broutchoux. — Je ne peux pas laisser la Conférence sous l'impression de cette inexactitude. Je n'ai pas la chance comme toi d'être en sursis comme secrétaire de syndicat.

Louis-Louis. — Cela n'excuse pas ton inaction dans le Pas-de-Calais et au nom de mon organisation je demande qu'on enregistre la proposition de Jouhaux de faire un Congrès.

Broutchoux. — J'ai été nommé secrétaire de l'Union quand tu n'y étais pas.

Péricat. — J'aurais désiré qu'on discute aussi tous les cas des départements envahis. J'ai entendu énoncer le mandat de la Bourse du Travail de Tourcoing ; à la dernière Conférence étaient représentées les Bourses du Travail de Valenciennes, de Tourcoing, de Roubaix ; or, elles n'existent plus du fait de la guerre. Je désirerais savoir qui a le mandat de ces Bourses du Travail. Comment les mandats de ces Bourses du Travail de régions envahies parviennent-ils ici ? Et s'il est possible de donner des mandats à tels camarades de Roubaix, de Valenciennes, etc., il devrait être aussi possible aux camarades de Mézières et d'ailleurs d'avoir des mandats. Il y a une question de régularité des mandats, et puisque vous êtes si susceptibles, nous avons bien le droit de l'être aussi. Nous ne voulons pas contester la présence de camarades qui représentent des Bourses du Travail de régions envahies, mais nous avons le droit de savoir par qui ils sont mandatés. Il me paraît difficile que les Bourses du Travail de Lille, Roubaix, Tourcoing envoient des mandats réguliers. Vous avez reconstitué à Paris l'Union départementale du Nord, c'est chose différente, parce que avec ces syndicats de réfugiés, vous pouvez avoir des mandats réguliers. Je dis que par ce procédé la représentation est faussée à tous les points de vue. Je m'aperçois que la représentation ici n'est pas celle décidée par le Congrès du Havre ; la grosse majorité des mandats ici est tenue par des délégués de Bourses du Travail ; il y a 47 Unions. Il y a donc là non seulement un double jeu, mais un triple jeu de votes. On vote, d'une part, pour les Syndicats ; d'autre part, pour l'Union, et encore pour la Fédération des Syndicats intéressés. C'est donc une bouillabaisse et il ne peut pas sortir de vos décisions un vote qui représente réellement le prolétariat français. La décision que vous prendrez est fausse et illogique ; elle ne correspond pas du tout à la volonté des Syndicats. C'est un combat qui se livre sur le dos des syndiqués. J'ai tenu à protester contre la façon dont on admet la représentation dans les Conférences confédérales depuis un certain temps. Plus ça va, remarquez-le, plus les Conférences sont envahies par les Bourses du Travail, parce que, je ne crois pas me tromper, il y a beaucoup plus de Bourses du Travail représentées ici qu'aux première et deuxième Conférences. Je ne dis pas qu'elles ne soient pas régulièrement constituées, mais cela fausse les décisions. Ce n'est pas une représentation logique. J'ai un mandat régulier ; j'use de mon droit de représentation. Vous auriez peut-être voulu que certains de nous ne viennent pas ; ils y sont venus. Cela peut vous faire rire, mais en tout cas, ce que je vous mets au défi de réfuter, c'est que votre représentation est logique; il ne peut sortir d'ici que des votes qui ne sont pas réguliers. Il faut prendre pour l'avenir un autre système de représentation.

Je pose trois questions : Les Bourses du Travail des pays envahis sont-elles régulièrement mandatées ? Le vote que vous émettez ici est-il logique ? et vous ne pourrez pas le prouver. D'autre part, je dis qu'il y a dans votre décision de l'incohérence et nous ne pouvons pas sortir d'un débat comme celui-ci. 60 Bourses du Travail qui ont envoyé des délégués pouvaient également les envoyer pour représenter des Syndicats.

Saint-Venant. — Je vais répondre à Péricat. Je tiendrais d'abord à dire que les Bourses du Travail sont représentées par leurs administrateurs qui travaillent soit à Paris, soit dans le Nord. D'autre part, nous sommes allés faire des conférences dans les localités envahies actuellement : Armentières, Hazebrouck, Dunkerque, partout nous sommes allés, quels que soient les dangers. Nous avons des camarades du textile d'Armentières qui travaillent sur la Lys, à Hazebrouck. Nous avons également des camarades de la métallurgie qui travaillent aux grands chantiers de France à Dunkerque, à l'usine de Firminy à Dunkerque ; il se trouve dans ces usines des représentants des différentes villes encore envahies. D'autre part, nous avons des camarades qui travaillent actuellement à Tulle, à Vincennes, à Rennes, avec lesquels nous n'avons jamais cessé d'être en relations. J'ai vu actuellement 48 départements ; partout où j'ai passé nous avons trouvé de nos camarades. Nous payons autant que l'Union départementale des Syndicats du Nord, 18.000 cotisations à la Confédération ; ce n'est pas moi qui les invente, ce sont ceux qui nous donnent des mandats réguliers. Nous avons à notre dossier les représentants des Syndicats et des Bourses du Travail. Nous prenons la responsabilité des mandats que nous donnons aux camarades qui nous représentent. Les représentants de l'Union de Roubaix ont donné des mandats réguliers pour les représenter ici. Nous avons eu aussi à Hazebrouck et à Dunkerque des Sections de chemins de fer reconstituées avec lesquelles nous vivons en bonne intelligence. Nous aurions pu demander à ces Syndicats de nous donner des mandats.

LECLERC. — Je mets aux voix la clôture après les orateurs inscrits. (Adopté à l'unanimité.)

JOUHAUX. — Péricat, dans son intervention, a empiété sur une discussion qui viendra tout à l'heure, à l'occasion d'un ordre du jour déposé par l'Union départementale des Bouches-du-Rhône, à savoir si les Bourses du Travail doivent avoir voix délibérative ou seulement voix consultative. Je veux simplement répondre à Péricat que la question qu'il a posée concernant l'Union des syndicats du Nord est la question plus générale des Unions départementales des pays envahis ; elle a déjà été discutée au Comité Confédéral et à ce Comité il a été déclaré que les camarades appartenant antérieurement à l'Union départementale des Syndicats du Nord ne pouvaient adhérer à l'Union départementale des Syndicats du Nord reconstituée à Paris qu'en passant par les camarades des Unions départementales et des Bourses du Travail dans les régions dans lesquelles ils se trouvent actuellement. Et Saint-Venant, au cours d'une discussion qui eut lieu au Comité Confédéral, déclarait en présence du secrétaire de l'Union des syndicats du Cher que lorsqu'il avait été à Bourges, c'était ce langage qu'il avait tenu et que c'est par accord passé avec l'Union des syndicats du Cher que la situation particulière des ouvriers des régions envahies a été reconnue et acceptée. Par conséquent, il n'y a pas là d'équivoques possibles ; la situation est nette, elle est précise. Le Comité Confédéral qui, dans cette même séance, a déclaré par un ordre du jour que les ouvriers devaient adhérer aux Syndicats de l'usine où ils travaillent, ou de la profession, mais au Syndicat de la région ou de la localité, a par conséquent, confirmé les déclarations qui avaient été faites préalablement et la situation que l'on évoque ici est une situation pour laquelle, je le répète, le Comité Confédéral a pris une décision en conformité de ses statuts.

Vous voudrez bien admettre tout de même qu'il y a dans le Pas-de-Calais deux Bourses du Travail qui continuent à fonctionner régulièrement : Boulogne et Calais. Dans ces Bourses du Travail se trouvent des Syndicats régulièrement fédérés ; les Tullistes ne l'étaient pas avant la guerre, ils le sont actuellement ; les Dockers l'ont toujours été. Certains Syndicats de Mineurs appartenaient à l'ancienne Fédération, donc à la nouvelle il se trouve qu'ils appartiennent en majeure partie à l'heure actuelle à une Fédération régulièrement confédérée ; les Syndicats de Cheminots appartiennent tous à la Fédération nationale des Cheminots ; les Syndicats de chaussure de Villers et de Boulogne appartiennent à la Fédération des Cuirs et Peaux. Il y a donc là une situation très précise. Nous disons qu'il y a lieu de reconstituer l'Union départementale du Pas-de-Calais et de la reconstituer dans un centre fonctionnant actuellement pour que la propagande soit plus facile. Nous ne contestons pas le mandat de Broutchoux, mais nous disons que comme complément à ce que Broutchoux a apporté, la Conférence prenne, en ce qui concerne le Pas-de-Calais, comme en ce qui concerne d'autres régions, la décision que chaque fois que trois Syndicats fonctionneront dans un département et quand ces Syndicats seront régulièrement fédérés, l'Union départementale soit constituée par les soins de la C. G. T. (*Très bien.*) C'est une proposition complémentaire qui ne peut, en réalité, qu'apporter plus de régularité dans le fonctionnement de la C. G. T. En ce qui concerne la représentation des Bourses du Travail, c'est là également une question que nous avons discutée au Comité Confédéral et qui a été discutée à la dernière Conférence à Paris, sur laquelle nous nous sommes prononcés. S'il y a lieu, tout à l'heure, dans le débat qui va s'ouvrir pour la proposition de l'Union départementale des Bouches-du-Rhône de revenir sur cette décision, la Conférence le dira, mais il ne peut pas être question de prendre à l'heure actuelle une décision sur une discussion qui n'a pas encore été ouverte.

SAVOIE. — J'ai demandé la parole sur cette question ; je me réserve.

BROUTCHOUX. — Je rends hommage à la ténacité de mon collègue de l'Union du Nord d'avoir été faire de la propagande dans les régions bombardées et d'avoir ensuite parcouru différents centres de l'arrière où se trouvaient ses compatriotes. Moi aussi j'aurais bien voulu pouvoir aller dans les régions bombardées du Pas-de-Calais et aller visiter mes compatriotes, particulièrement ceux du Sous-Sol disséminés dans tous les bassins miniers de France, mais personnellement je ne pouvais rien faire ; il me fallait l'aide financière et effective de la C. G. T., qui a été accordée à mon camarade Saint-Venant.

SAINT-VENANT. — C'est une erreur.

BROUTCHOUX. — Tu as dit toi-même que la C. G. T. t'avait avancé deux cents francs, qu'on t'avait donné un passeport pour aller à Ruelle. Quand on voudra venir avec moi et faire les frais de la propagande pour Calais et Boulogne, je suis votre homme. Mais ce que je ne voudrais pas, c'est que vous preniez une mesure pour le Pas-de-Calais et d'autres mesures pour les autres Unions départementales. Saint-Venant dit que 18.000 cotisations sont payées à la C. G. T. Il faut envisager les choses sans parti-pris, sans passion. Une grande partie du Nord, au point de vue syndical, ne doit pas être bien brillante. Qu'il y ait deci, delà, quelques Syndicats, c'est entendu ; mais ils ne constituent pas de Bourses du Travail.

SAINT-VENANT. — Et Hazebrouck ?

BROUTCHOUX. — Saint-Venant, pour Dunkerque, a déclaré lui-même que le secrétaire de la Bourse n'avait jamais répondu.

UN DÉLÉGUÉ. — A Armentières, ils sont venus plus de 50 au Syndicat.

BROUTCHOUX. — Je suis allé à Armentières et ailleurs ; je ne voudrais pas, sous prétexte que nous ne sommes pas de la même tendance, me fâcher avec des militants de l'Union voisine. Avant la guerre, nous n'étions pas d'accord, cependant nous étions bons voisins ; nous allions dans le Nord avec beaucoup de sympathie, nous y étions très bien accueillis. D'abord, nous avions un Syndicat commun, les Mineurs. Pour le Pas-de-Calais, je ne demande pas mieux, mais il faut qu'on applique la même décision partout. Je dis que, géographiquement, je vous fais cette concession, pour Merville, Armentières, tout cela marche très bien, mais encore une fois, au point de vue réel, les Bourses de Douai, Lille, Tourcoing, Roubaix, Maubeuge, Valenciennes n'existent réellement pas Ce que je vous reproche à vous, Bureau confédéral, c'est que, parce que le secrétaire du Pas-de-Calais n'était pas de votre avis, vous ayiez méconnu l'Union départementale, alors que je vous ai avisé que nous avions reconstitué notre bureau, que notre siège était à tel endroit, que je vous demandais de faire parvenir des timbres d'Union ; vous n'avez jamais voulu nous délivrer des timbres, vous avez envoyé directement les timbres au Syndicat de Boulogne, et, au lieu de faire de l'organisation, vous avez essayé de faire disparaître le bureau parce qu'il vous gênait.

Louis-Louis. — On aurait dû accepter, il y a un an, la proposition qui avait été faite que tu ne serais plus secrétaire.

Broutchoux. — J'ai été nommé avant la guerre. Si j'étais quelque peu chatouilleux, je pourrais te dire à toi, aux Tullistes de Calais qui n'étaient pas fédérés : Je ne vous connais pas, vous qui étiez des désorganisés hier.

Jouhaux. — Je ne voudrais tout de même pas que Broutchoux porte la question sur ce terrain particulièrement dangereux. En ce qui me concerne, j'ai fait tous mes efforts, et le double des lettres, la délégation que j'ai accomplie à Boulogne en font preuve, pour reconstituer l'Union départementale du Pas-de-Calais ayant son siège, soit à Paris, soit dans le Pas-de-Calais. La raison qui s'est opposée à cela, c'est que non pas la majorité, mais l'unanimité des Syndicats existants ne veulent pas se reconstituer en Union départementale avec Broutchoux comme secrétaire.

Broutchoux. — Parce que vous avez été leur monter le cou.

Jouhaux. — Je ne les ai pas vus, je ne suis pas allé à Calais ; chaque fois que j'ai reçu des lettres, je n'ai pas voulu répondre. Je t'ai dit dans une réunion du Comité Confédéral qu'il fallait faire un Congrès pour les Syndicats existants pour reconstituer l'Union et je t'ai demandé d'y assister. Je renouvelle cette proposition, parce que c'est la seule qui permettra de faire resurgir l'organisation que les Syndicats attendent, et c'est la décision que je demande à la Conférence de prendre. Dire que nous avons pratiqué l'ostracisme à ton égard, c'est aller un peu loin ; jamais aucune contestation ne s'est élevée à ton égard au Comité Confédéral, et tu sais très bien, au fond de toi-même, qu'il n'y a pas de sentiment d'hostilité, et ce n'est pas parce que tu appartiens à une tendance différente que la question se place aujourd'hui sur ce terrain. Ce sont les organisations qui la placent et les organisations n'agissent pas en raison de ces tendances, puisque ce sentiment, je le sais bien, existait avant la guerre.

Broutchoux. — J'ai été nommé secrétaire de l'Union à l'unanimité, sauf la section typographique d'Arras.

Bourderon. — Je demande la parole pour motiver mon vote.

Leclerc. — Après. Je mets aux voix la proposition du camarade Jouhaux, qui consiste à tenir un Congrès dans le Pas-de-Calais pour y reconstituer l'Union départementale, et avant de passer au vote, je donne la parole à Bourderon pour s'expliquer sur ce vote.

BOURDERON. — Je ne voterai pas cette proposition, parce que la Conférence actuelle n'a pas le mandat d'un Congrès fédéral. Un Congrès fédéral décide de l'interprétation des modifications de statuts quand elles sont demandées, mais dans l'état actuel, la Conférence a un ordre du jour déterminé et il est anormal qu'incidemment on lui présente un point particulier. Nous avons décidé à la Conférence d'août 1915 que toute la gestion confédérale devait être, en réalité, soumise à la critique et à la ratification d'un Congrès confédéral ultérieurement, après la fin de la guerre. Je demande à Jouhaux de retirer sa proposition et de passer au débat.

JOUHAUX. — Bourderon me demande de retirer ma proposition. Je réponds : je la maintiens ! Je la maintiens parce qu'il ne s'agit pas de modification aux statuts ; il s'agit d'une décision que le Comité Confédéral aurait pu prendre et qu'il aurait très certainement prise si la discussion était venue. Comment, vous allez déclarer aujourd'hui que chaque fois qu'une solution nouvelle se présentera dans un département quelconque, il faudra un Congrès pour décider de la reconstitution ou de la constitution des organisations ! Mais à quel moment de l'histoire confédérale la question de propagande et d'organisation a-t-elle été ainsi envisagée ? Est-ce que le Comité Confédéral n'a pas toujours eu le droit et le devoir de constituer partout où cela était nécessaire les organisations indispensables ? Il ne s'agit pas ici d'esquiver le débat qui pourra se produire sur les responsabilités et la gestion confédérales. Il n'a jamais été question de cela : il s'agit tout simplement, en face d'une situation donnée, d'essayer de constituer régulièrement un organisme que les Syndicats actuellement adhérents demandent, ou alors vous déciderez que l'Union des syndicats du Pas-de-Calais aura son siège à Paris et que les Syndicats seront dans le Pas-de-Calais, ou alors vous déciderez que la situation restera ce qu'elle est. Je dis que la situation restera ce qu'elle est. Je dis qu'en face de cette situation, ce n'est pas demander de fausser les statuts confédéraux, ce n'est pas demander à la Conférence une chose qu'elle ne peut pas faire que de décider la tenue d'un Congrès réclamé par les organisations syndicales actuellement existantes.

En ce qui concerne la nomination du Bureau confédéral, ah ! Bourderon, d'accord, je la demande et je fais la proposition ferme qu'au mois de janvier ou février prochain le Bureau soit renouvelé et que les organisations aient à se prononcer.

Par conséquent, je demande simplement à la Conférence de rester en face d'une situation donnée et de décider ce qu'en pareil cas le Comité Confédéral aurait lui-même décidé.

LECLERC. — Je mets aux voix la proposition Jouhaux

(Adopté.)

JOUHAUX. — Il y a un autre ordre du jour qui émane de l'Union départementale des Bouches-du-Rhône. Le voici :

L'Union départementale des Bouches-du-Rhône demande que seules les Fédérations et Unions départementales aient voix délibérative à la Conférence, ainsi que les Bourses et Unions locales des départements où n'existeraient pas d'Union départementale fonctionnant normalement.

Le Délégué, Louis JULLIEN.

JULIEN. — Nous avons pris une décision qui a été maintenue par différentes réunions de la Commission administrative. Dans la Fédération ou Union départementale, les Bourses avaient voix délibérative ; il est inutile que l'Union départementale ait un mandat parce qu'ainsi les Syndicats du département seraient appelés à se prononcer deux fois. C'est la thèse soutenue par Péricat. Or, ces Bourses du Travail votent à la Conférence, et il ne le faudrait pas. Je fais, au nom des Bouches-du-Rhône cette proposition ; à la Conférence de se prononcer.

SAVOIE. — Il est certain qu'on avait pris la décision qu'à l'avenir à nos Congrès seules les Unions départementales devaient être représentées. J'ai compris qu'une situation anormale s'était créée et que dans certains départements les Unions de syndicats avaient disparu, alors que les Bourses du Travail et les Unions locales avaient continué à fonctionner. Alors aurait-il fallu parce que l'Union départementale avait disparu que les travailleurs de ces Bourses du Travail et de ces Unions locales n'aient pas le droit de se faire représenter à la Conférence nationale de la C.G.T. ? C'est le cas du Pas-de-Calais où il y a une Bourse qui existe et pas d'Union départementale.

C'est pourquoi je ne demande pas l'application stricte de la décision du Congrès du Havre tant que la guerre durera. Nous devons accepter les Bourses du Travail étant donné que les Conférences n'ont pas mandat pour pouvoir modifier sous une forme quelconque les statuts confédéraux ou émettre des votes en contradiction avec ce qui a été décidé dans des Congrès antérieurs. Je ne comprends pas la susceptibilité de certaines Unions départementales, comme celle des Bouches-du-Rhône. Les travailleurs français organisés sont bien représentés ici deux fois, par leur Union départementale, leur Union locale et en même temps par leur Fédération ; ils sont bien représentés à cette Conférence sous une double forme et ils votent pour ainsi dire deux fois et quelquefois même contradictoirement.

Il faut avoir de la tolérance et je crois que la Conférence aurait tort d'accepter la proposition de Marseille.

JULIEN. — Nous avons écrit au Comité Confédéral pour qu'il nous donne des adresses de toutes les Unions départementales existant en France Le Comité Confédéral, par une lettre signée du camarade Calveyrach nous a indiqué qu'il y avait, je n'ai pas exactement le chiffre dans la tête, à peu près 18 Unions départementales en règle avec la Confédération et que les autres n'étaient pas encore organisées. Nous avons écrit, malgré cela, dans beaucoup de chefs-lieux de départements pour avoir des adresses, pour savoir s'il y avait des Unions départementales, en demandant à des secrétaires de se mettre en rapport avec nous pour demander à la Conférence que seules les Fédérations départementales aient voix délibérative. Savoie dit qu'il y a une situation toute particulière à cause de la guerre ; cette situation, nous devons l'admettre, mais dans les Bouches-du-Rhône nous ne pouvons pas l'admettre parce que l'Union départementale fonctionne régulièrement ainsi que les Bourses de ce département. Nous demanderons donc à la Conférence de modifier notre proposition en ce sens que là où il existe des Unions départementales fonctionnant régulièrement, seules ces Unions départementales aient voix délibérative. Quant aux départements envahis, ou même aux départements où, du fait de la guerre, les Unions départementales ne sont pas encore reconstituées, il est très logique que les Unions ou les Bourses votent. Mais ailleurs, il n'est pas admissible que d'un côté les voix de l'Union départementale puissent être étouffées par les voix des Unions locales ou des Bourses du Travail.

Si on veut soutenir la thèse de Savoie, il n'y aurait pas de raison pour qu'on ne laisse pas voter ici à la Conférence des Comités intersyndicaux de Fédération qui représenteraient aussi des Syndicats d'une même Fédération ; et cela pourrait ainsi aller loin, il y en aurait des organisations représentées.

DAVID. — Je trouve que toutes ces discussions sont plutôt fatigantes que nécessaires. Je ne crois pas que dans les départements où il existe des Unions départementales, il puisse y avoir en même temps des délégués de Bourse de ce même département qui croient avoir droit à prendre deux fois part à une délibération. C'est une anomalie. La Commission de vérification des mandats, si on veut se reporter aux statuts, aurait dû ne pas accepter la représentation de ces Bourses. Quand on a créé les Unions départementales, c'était justement pour simplifier les rouages. Eh bien, aujourd'hui, je vois qu'il y a des camarades qui cherchent à les compliquer, ce qui fait perdre un temps très précieux. Je parle au nom de l'Union des syndicats de Saône-et-Loire, je suis en même temps délégué de l'Union et secrétaire de la Bourse du Travail de Chalon ; je ne crois pas que vous ayiez vu une sollicitation de mandat de la part de la Bourse du Travail de Chalon ; cependant, nous aurions pu avoir un mandat de plus ; nous ne l'avons pas fait, parce que nous avons considéré que tous les Syndicats qui appartiennent à l'Union locale de Chalon sont en même temps adhérents à l'Union départementale. Ici, il n'y a que l'Union départementale qui soit représentée ; j'aurais voulu que pour tous les départements il en soit fait autant.

PÉRICAT. — Le Congrès du Havre avait décidé qu'il n'y aurait que des représentations d'Unions départementales. Très bien. On a décidé qu'en raison de la guerre on permettrait aux Bourses du Travail d'être représentées, parce que les Unions départementales avaient à peu près disparu. La proposition a été acceptée, je le reconnais, je ne proteste pas contre une proposition acceptée, mais je dis que la situation a changé et qu'il n'y a pas lieu de continuer le même système de représentation qui m'apparaît comme très mauvais. Je dis qu'on devrait revenir à la décision du Havre tendant à la seule représentation des Fédérations et Unions départementales en ne faisant d'exception que pour les départements où il n'y a plus d'Union départementale, à la condition qu'on arrive à la proposition formulée par Jouhaux qu'il y ait bien trois Syndicats existants dans le département.

Si on laisse la représentation telle qu'elle est, elle m'apparaît comme créant une situation telle qu'on ne peut pas sortir de cet imbroglio. Le camarade Saint-Venant n'a pas répondu tout à l'heure à la question que je posais.

Voilà le Nord avec six ou sept Bourses du Travail. Ne croyez pas que ce soit par animosité que je proteste. Pourquoi le Nord a-t-il six à sept Bourses du Travail représentées, pourquoi n'est-il pas régulièrement représenté non seulement par l'Union départementale, mais encore par ces Bourses du Travail? Les décisions sont faussées. C'est contre cela que nous protestons. Nous demandons le retour pur et simple à l'application des décisions du Havre : seuls les départements où il y a plusieurs centres confédérés, pourront être représentés directement par une Union départementale, et en les obligeant à payer la cotisation de l'Union et à reconstituer l'Union départementale. Savoie nous dit qu'il y a une double représentation ; alors, parce qu'il y aura une triple représentation, il n'y aura plus de raison de s'arrêter, on pourra aller à la quatrième et dans un prochain Congrès on pourra dire : l'Union départementale, les Bourses du Travail, les Fédérations, les Syndicats, auront droit de vote, et tous viendront se juxtaposer. Ce n'est pas plus logique pour deux ou trois que pour quatre. Il s'agit d'appliquer les décisions du Havre. Ces Syndicats existent, les Fédérations fonctionnent ; c'est pour cela que nous demandons le Congrès national ; nous estimons que la C. G. T. vit et qu'elle peut faire son Congrès.

. Dret. — Le Comité Confédéral, lorsqu'il a pris la décision de convoquer cette Conférence et qu'il a déterminé le nombre des mandats et la qualité des organisations qui pourraient y être représentées, s'est basé surtout sur des précédents décidés par une Conférence ; il s'est trouvé en face d'une proposition amorcée par Péricat de la tenue d'un Congrès national. La proposition des Bouches-du-Rhône exclurait de cette Conférence des Unions locales, des Bourses du Travail, qui se basant sur des précédents ont déjà étudié les questions qui leur ont été soumises. J'estime que la proposition qui nous est faite ne devrait pas viser la Conférence actuelle, qu'elle devrait surtout viser les Conférences futures. Alors, si on revient aux décisions du Havre en ce qui concerne la tenue des Conférences nationales, revenons non pas simplement à une partie de ces décisions, mais fatalement à toutes, aussi bien pour la tenue des Congrès que pour celle des Conférences. C'est pour cela que je vous demanderai, si un vote doit tout à l'heure clôturer cette discussion, de dire que ce n'est pas la Conférence actuelle que la proposition entend viser, mais que c'est la tenue des Conférences prochaines que nous pourrons discuter tout à l'heure dans la discussion qui aura lieu certainement pour la tenue probable d'un Congrès national.

RÉAULT. — Avec Dret, j'estime que la question ne peut se poser sur ce terrain de la Conférence actuelle. La proposition faite par les Bouches-du-Rhône peut se légitimer si on entend qu'il y a superfétation entre les Unions et les Bourses du Travail pour les Conférences à venir ; elle ne peut être envisagée à l'heure actuelle, pour la raison bien simple, que pour être logique avec elle-même l'Union des Bouches-du-Rhône aurait dû prendre toutes ses précautions pour être mandatée par l'Union départementale et pour cela tenir un Congrès préalable et donner des directives au Congrès d'aujourd'hui. Il a été beaucoup plus facile de mandater des délégués de Bourses du Travail qu'il n'a été possible de mandater régulièrement, démocratiquement même, des délégués par les Unions départementales détenant des mandats réguliers des Bourses du Travail. Les délégués des Bourses doivent rester ici l'émanation des organisations syndicales groupées dans les Bourses, quitte à examiner pour l'avenir la situation qui devra être faite quant à cette superfétation.

DUMAS. — Avec la proposition des Bouches-du-Rhône on arriverait à ce qu'un Syndicat bien organisé serait représenté par une voix, alors que, au contraire, dans des départements où on fonctionne très mal, où il n'y a pas d'Union départementale au vrai sens du mot, toutes les Bourses du Travail seraient représentées ; à ce moment vous seriez les premiers à demander que les Unions bien organisées aient leur droit de représentation. Nous en sommes aux bagatelles de la porte. On n'a pas abordé les questions portées à l'ordre du jour du Congrès. Il serait plus simple, si nous voulons éviter toute perte de temps, de lier les questions ; au fond, maintenant, c'est la préparation à la question de l'organisation du Congrès Confédéral. Il vaudrait mieux poser tout de suite la question très nettement, comme elle a été posée sous une forme encore évasive tout à l'heure par Péricat.

JOUHAUX. — La décision qui a été prise concernant la représentation à cette Conférence est une décision qui, déjà, a été acceptée par deux Conférences successives ; c'est également une décision qui a fait l'objet de discussions au sein du Comité Confédéral. Lorsque nous avons eu à examiner une fois de plus la tenue de la Conférence actuelle, nous nous sommes bornés à rester dans la situation déterminée par nos décisions antérieures, et nous avons dit, comme nous l'avions déjà déclaré lors de la première Conférence, qu'il était indispensable que les organisations syndicales puissent manifester leur volonté sur les questions à l'ordre du jour de la plus large façon possible et nous disions que s'il n'était pas possible à un Syndicat de participer à un Congrès Fédéral, s'il ne lui était pas possible de participer à un Congrès d'Union départementale, il ne pouvait pas ne pas participer à la vie de son Union locale et que, conséquemment, en acceptant cette représentation, nous donnons ainsi la possibilité aux organisations syndicales de manifester par leurs délégués directs leur unité d'esprit au sein de la Conférence ; cette décision est de circonstance. Le camarade Péricat, comme beaucoup d'autres, se place au point de vue de la lettre d'une décision confédérale, c'est peut-être un peu excessif. Non seulement, nous devons examiner les décisions confédérales quand nous avons à les interpréter dans leur lettre, mais également dans leur esprit. Or, la confusion qui existe actuellement, si confusion il y a, date du moment où décidant la constitution des Unions départementales, nous n'avons pas décidé en même temps le statut des Unions locales. (*Très bien.*) Et je suis d'autant plus à l'aise pour parler de cette question que toujours j'ai réclamé qu'on définisse le statut des Unions locales et des Bourses du Travail. Je suis partisan, et l'ai toujours été, que les Bourses du Travail continuent à exister ; j'estime que l'Union départementale doit être secondée par les Unions locales et que là où des Unions locales n'existent pas, les Unions départementales doivent être constituées. Nous aurions dû, et c'est la responsabilité qui nous incombe à tous — je parle de tous les militants qui ont assisté aux différents Congrès confédéraux et aux Conférences administratives — c'est une responsabilité qui nous incombe à tous, parce que nous aurions dû prévoir les difficultés qui allaient surgir du fait des institutions nouvelles en ne définissant pas exactement le statut des organisations que nous faisions disparaître au point de vue de la représentation confédérale.

Julien nous disait tout à l'heure qu'il nous avait écrit. Il nous demandait, au nom de l'Union départementale des Bouches-du-Rhône, de lui dire si les Unions départementales devaient être constituées par l'admission directe des Syndicats ou par l'admission des Bourses du Travail. Et nous ne pouvions que répondre à Julien, dans l'état actuel de la question, que jamais une décision sur ce point particulier n'avait été prise, que dans le Rhône, par exemple, les Syndicats sont directement adhérents à l'Union départementale, que dans d'autres départements les Syndicats sont adhérents à l'Union par le canal de la Bourse du Travail, que dans certains départements les Unions départementales reversaient les cotisations spéciales aux Unions locales pour leur permettre de vivre, que dans d'autres, enfin, ce sont les Unions locales qui paient les cotisations à l'Union départementale. Il y a là un statut incohérent, ce n'est pas douteux, mais ce n'est pas le fait de la Conférence d'aujourd'hui ; c'est le fait, je le répète, d'un manque de définition à la base même de la nouvelle organisation des Unions départementales. Il est certain, que si aux Conférences de Toulouse et du Havre, au lieu de se borner à l'affirmation d'un principe qui en fait restait inexplicable pour la majorité des militants, nous avions indiqué que les Unions départementales devaient être constituées par les Unions locales, mais que les Unions départementales dominaient l'action syndicale dans le département, nous n'arriverions pas à la situation d'incohérence actuelle, et cette incohérence actuelle elle n'est pas dans le fait de la représentation, elle est surtout dans ce fait particulier que lorsqu'une Union locale a à examiner une décision de l'Union départementale ou de la C.G.T., c'est en pleine autonomie, en pleine liberté qu'elle l'examine et qu'elle l'applique. Et il arrive très souvent que les Unions locales peuvent interpréter différemment des décisions prises par les Unions départementales. C'est là que gît la contradiction, et ce n'est pas parce que aujourd'hui vous déclarerez que les Bourses du Travail n'auront que voix consultative, vous aurez fait disparaître l'anomalie qui est à la base même de la nouvelle organisation départementale. Si vous voulez que le mouvement soit plus cohérent, que les décisions soient appliquées avec une force plus grande, il faut aller à la source du mal, il faut revenir sur une décision prise qui ne contient qu'un principe, et interpréter ce principe.

Dans le cas présent, si vous décidez que seules les Unions départementales et les Fédérations seront représentées, vous lèserez très certainement une grande partie des Syndicats et ainsi, vous qui réclamez l'appui d'un Congrès pour que les organisations syndicales prises individuellement puissent exprimer leur opinion, vous déclarez par avance exclure un certain nombre de Syndicats, parce que leur représentation n'est pas l'interprétation à la lettre d'une décision confédérale qui, en fait, je le répète, n'a été que l'affirmation d'un principe sans commentaires d'application.

La clôture de la discussion est prononcée.

Julien. — Etant donné les explications du camarade Savoie, je ne vois aucun inconvénient à ce qu'on ajoute que seules les Unions départementales où elles existent normalement aient voix délibérative. Nous ne venons pas ici avec un parti-pris systématique et pour empêcher le travail. Nous avons une idée, nous la défendons, j'ai un mandat à défendre, je demande qu'on mette ma proposition aux voix.

Rougerie (Limoges). — Dumas a fait allusion à la demande d'un Congrès. Cette question peut être discutée à un autre moment ; je ne vois pas l'utilité de la placer ici.

Leclerc. — Je mets aux voix la proposition des Bouches-du-Rhône qui consiste à ne donner voix délibérative dans la Conférence actuelle qu'aux Fédérations et Unions départementales...

Un Délégué. — Il a retiré sa proposition, je crois.

Julien. — Et aux Unions locales là où il n'y a pas d'Union départementale.

La proposition est rejetée à l'unanimité, moins cinq voix.

Jouhaux. — Je crois qu'il y a une question qui semble préoccuper une grande partie de nos camarades délégués, c'est celle du Congrès. Je vous demanderai donc de bien vouloir la discuter maintenant avant d'entamer la première question à l'ordre du jour. Si vous acceptiez cette proposition, nous pourrions ainsi réserver de façon complète les deux jours qui nous resteront pour l'examen de notre ordre du jour. Pour ma part, j'ai été opposé, au Comité Confédéral, à la tenue d'un Congrès parce que je prétendais, et je continue à prétendre, que le Congrès Confédéral ne serait pas représentatif de toutes les organisations ouvrières confédérées, qu'il y a des organisations, des Fédérations et Unions départementales qui comptaient avant la guerre un certain nombre de Syndicats, qui ont vu diminuer le nombre de ces Syndicats, et qui, dans les circonstances actuelles, se trouvent manifestement inférioriséés. Je ne me place pas au point de vue de la tendance, puisque, par exemple, la Fédération des Cheminots compte actuellement 400 et quelques Syndicats. Mais il est des

Fédérations qui, par la situation même créée par la guerre, malgré leurs efforts de propagande, ont vu leur nombre de Syndicats resté très limité, et il est certain que ces organisations ne seront représentées et ne pourront l'être que dans la mesure où leurs Syndicats existent actuellement. Nous ne sommes pas opposés au principe d'un Congrès, mais je considère que c'est aux Secrétaires de Fédérations et d'Unions départementales à venir dire ici si leurs Syndicats actuellement adhérents sont susceptibles de se faire représenter à un Congrès Confédéral, s'ils peuvent supporter les charges d'une représentation, si nous pouvons espérer que le Congrès Confédéral sera la représentation exacte du mouvement ouvrier. C'est donc, en dehors de toute question de tendance, aux militants des Fédérations et des Unions de Syndicats à venir dire ici la situation de leurs organisations et leur possibilité de se faire représenter à un Congrès Confédéral.

PÉRICAT. — Depuis plus de deux ans, au Comité Confédéral, nous sommes un certain nombre qui demandons un Congrès national. La question de tendance n'a rien à voir dans le débat. Les camarades de la majorité nous ont toujours répondu qu'il était impossible de faire un Congrès, parce que certaines Fédérations avaient disparu. Nous avons estimé que ce n'était pas une raison suffisante. J'ai la certitude, en ce qui me concerne, que nombreux sont les Syndicats de Paris et de province qui demandent depuis très longtemps au Comité Confédéral l'organisation d'un Congrès. Pourquoi un Congrès? Cela c'est une autre question; nous pourrons peut-être l'examiner. En tout cas, la tenue d'un Congrès est possible, je le vois ici par la représentation de cette troisième Conférence de guerre. On a fait un effort : 6o Bourses du Travail sont représentées, 47 Unions départementales, 36 Fédérations. Je me rappelle quand nous avons fait le Congrès extraordinaire contre la guerre, je n'avais pas confiance dans la réussite du Congrès et je n'étais pas le seul ; j'avais peur que les Syndicats ne puissent pas venir. Qu'ont fait les Fédérations? Elles ont pris sur la caisse fédérale et ont assuré le voyage des délégués. On peut très bien, si on veut, faire un Congrès. Tout à l'heure Saint-Venant citait des villes du département du Nord envahi, des centres où existent des Syndicats, même dans la région du front il y a des Syndicats vivants. On parlait de Fédérations ayant de très forts effectifs, comme celle des cheminots, mais cette situation n'est pas nouvelle. Avant la guerre, il y avait des Fédérations bien plus puissantes que d'autres, comme le bâtiment qui comptait 5oo Syndicats, et vous n'avez pas pour cela repoussé le Congrès. La représentation des effectifs ne joue pas dans un Congrès, c'est le nombre des Syndicats qui joue.

Je demande que la Conférence ne se prononce ni pour, ni contre un Congrès, mais que, estimant qu'elle n'a pas qualité pour se prononcer, elle pose la question par voie de referendum à tous les Syndicats français adhérents à la C. G. T. et si la majorité se prononce pour un Congrès, eh bien vous vous soumettrez ; si, au contraire, la majorité se prononce contre, nous aurons à nous soumettre.

Je considère que la guerre ne peut pas continuer à légitimer la si-

3

tuation anormale dans laquelle nous vivons. Si tout à l'heure j'ai pris la parole, c'est que j'estime qu'une deuxième question se pose : savoir s'il n'y avait pas lieu de revenir à la décision du Havre. Eh bien ! j'estime qu'à ce moment-là nous n'avions pas encore qualité pour nous prononcer et qu'on étudierait à ce moment-là dans la Conférence qui suit toujours les Congrès la modalité du statut et des Unions départementales et des Bourses du Travail, de façon qu'au lieu de se nuire les unes les autres, elles arrivent à une action d'ensemble.

Nous disons qu'il est logique et nécessaire que les Syndicats aient voix au chapitre ; ils doivent prendre leur responsabilité. Jouhaux demandait qu'on se prononce par un vote sur le maintien du Bureau Confédéral ; d'accord, moi aussi, mais comment le Comité Confédéral pourra-t-il émettre un vote sur le maintien ou non du Secrétaire en fonctions? Alors que le Congrès, lui, aura tracé les directives, il aura dit sa volonté, quelle est la ligne qu'il faut suivre, à la C. G. T. ; à partir de ce moment-là, le Comité Confédéral aura qualité pour passer au renouvellement du Bureau ou pour le maintenir en fonctions.

ROUGERIE. — Je suis très heureux d'avoir entendu Jouhaux et Péricat déclarer qu'ils ne plaçaient pas cette question sur le terrain des tendances. L'Union de la Haute-Vienne ne l'a pas examiné non plus sous ce jour. Laissez-moi vous dire qu'au début, tout de même, il a bien été question un peu de ces tendances. A la première Conférence, quand on demandait au Comité Confédéral de rendre compte de son attitude depuis le début de la guerre, il nous répondait qu'aux termes des statuts c'était devant un Congrès qu'il avait à en rendre compte ; puis, à la Conférence, le Comité Confédéral nous donna toutes explications. Ces explications furent approuvées par la majorité de la Conférence. Peut-être à ce moment s'est-on dit : Si nous avions eu l'opinion des organisations syndicales, des travailleurs eux-mêmes, peut-être aurions-nous eu mieux l'opinion exacte des travailleurs, et peut-être cette opinion eut-elle été différente. Il faut bien le dire : Ce sont ces raisons qui ont fait que la question du Congrès s'est posée. Quant à moi, je ne l'envisage pas du tout comme une question de tendance. Mon sentiment personnel est que je crois que les Syndicats réunis en Congrès n'émettront guère une opinion différente de celle émise par les Conférences, mais au-delà de ce point de vue, je suis persuadé qu'il y a intérêt tout de même pour les organisations ouvrières à faire jouer en quelque sorte nos lois constitutionnelles ; du moins lorsqu'elles joueront et auront donné leur plein effet, ni les uns, ni les autres ne pourront s'élever contre les décisions prises. Peut-être verrons-nous cesser alors quelques petites inimitiés qui éclatent entre camarades et qui, lorsqu'elles débordent du Comité Confédéral et sont répandues dans la province, sont rapportées de façon telle qu'elles ne facilitent pas le recrutement des organisations. C'est pour ces raisons que j'ai reçu mandat de demander qu'un Congrès de Syndicats soit organisé. (*Applaudissements.*)

DUMAS. — Dans notre esprit il ne s'agit pas d'un referendum adressé aux Syndicats, ce qui ne servirait à rien ; j'ai un mandat très précis à ce sujet. Mais il faut leur demander dans quelle mesure ils pourraient participer au Congrès Confédéral ; la question doit être posée avant tout aux Unions départementales et aux Fédérations intéressées.

Voici la situation dans laquelle nous sommes placés. J'ai eu l'occasion de causer de nombreuses fois avec des camarades d'autres Fédérations et vous pourriez étudier avec fruit la *Voix du Peuple*, la comptabilité de la C. G. T. et vous verriez que certaines organisations centrales prennent pour neuf mois moins de timbres qu'elles en prenaient autrefois pour un mois ; c'est dire que leur effectif a diminué dans la proportion de 10 à 1. Et ce sont ces Secrétaires de Fédérations qui disent : Comment, vous êtes des organisations qui avez pu vous fonder plus facilement du fait même de la guerre, qui avez progressé en raison de la situation particulière créée par la guerre, qui êtes des industries de guerre et nous allons arriver dans un Congrès où ce qui concerne l'industrie privée disparaîtra devant les industries de guerre. C'est tellement vrai que je faisais observer il n'y a pas longtemps à Péricat qu'actuellement il y a eu des Congrès Fédéraux et vous voyez qu'il n'y a pas de question de tendance, ce sont ceux qui au point de vue Confédéral s'opposent au Congrès qui ont organisé des Congrès Fédéraux : l'Habillement, les Cheminots. Vous sentez très bien lorsque vous voyez les votes qui peuvent être émis que pour le Secrétaire Confédéral il ne peut y avoir de question de tendance. Mais tout de même, songez donc qu'il ne serait pas juste qu'une Fédération de Cheminots, unie à la Fédération des Mineurs et à deux ou trois autres Fédérations de cette puissance, fassent disparaître toute l'affirmation d'existence des autres organisations. Et puis, il y a encore une chose très importante. Nous avons été au début partisans d'envoyer dans toutes les Unions départementales un appel pressant en faveur de l'organisation d'un Congrès régional ; c'est par là que l'existence devait d'abord reprendre, pour assister ensuite à un Congrès Confédéral il faut traverser la plus grande partie de la France ; pour un Congrès départemental il ne s'agit que de se rendre d'une ville à une autre proche. Eh bien ! malgré ces facilités, vous pouvez constater qu'il y a les 2/3 des organisations départementales qui n'ont même pas pu tenir un Congrès départemental. Dans ces conditions, vous vous trouveriez en présence d'un Congrès qui ne serait pas la C. G. T., l'ensemble des industries françaises, mais d'un Congrès qui serait le résultat de la situation particulièrement avantageuse de deux ou trois Fédérations. Nous n'avons pas le droit de nous placer en face de certaines organisations pour leur dire qu'elles doivent disparaître. Nous devons demander uniquement aux Fédérations combien de Syndicats appartenant à leur organisation peuvent se faire représenter à un Congrès Confédéral. Si on peut voir que l'industrie privée peut avoir sa place régulière dans un Congrès, à ce moment-là, nous serons les premiers à voter le Congrès. Tant que je verrai des Fédérations qui, comme celle du Livre, prenaient 11.000 timbres avant la guerre et en prennent maintenant 8.000 en neuf mois, je dirai vous allez faire un Congrès qui sera un squelette de Congrès, avec trois ou quatre organisations au plus.

GONZALÈS. — J'ai à côté de moi un délégué de Fédération qui m'annonce que sur trente-sept Syndicats qui constituaient cette Fédération avant la guerre, il n'en reste actuellement que deux. Quelle sera l'attitude de ces Syndicats si on organise un Congrès?

Savoie. — Pour les mêmes raisons que vient d'exposer Dumas, je ne suis guère d'avis que la C. G. T. organise un Congrès. La Fédération des travailleurs de l'Alimentation qui, à la veille de la guerre, se composait de 120 Syndicats, se trouve réduite à 18, c'est le nombre de l'année dernière. Elle a réussi, après bien des efforts, à atteindre aujourd'hui le chiffre de 40 Syndicats. Je crois que n'importe lequel d'entre vous ici, même partisan d'un Congrès, sera obligé de reconnaître avec nous qu'il y a là une situation anormale. Si la Fédération de l'Alimentation est réduite au 1/3 de ce qu'elle comptait avant la guerre, ce n'est pas sa faute, mais bien celle de la guerre. En faisant un Congrès dans les conditions où se trouve actuellement la C. G. T. on commettra un acte arbitraire à l'égard des industries, des corporations, qui sont dans la même situation que nous. Lorsque je regarde les chiffres, je vois que si des Fédérations ont reçu un rude coup du fait de la guerre, d'autres, d'un autre côté, ont été favorisées et ont fait une ascension considérable, notamment de ces Fédérations cataloguées réformistes avant la guerre. Et je vous assure qu'un Congrès, c'est autre chose qu'une Conférence.

Est-ce que les camarades espèrent qu'un Congrès changerait le fonctionnement, l'allure de la C. G. T. devant la guerre? Peut-être bien, et c'est pour cela qu'on veut un Congrès, mais j'ai peur qu'un Congrès qui est souverain, qui peut démolir tout ce que les Congrès antérieurs ont fait, qui peut faire reculer la C. G. T. même dans sa charte et sa ligne de conduite...

Un Délégué. — Alors, n'en faisons plus jamais !

Bidegaray. — Il ne faut pas insinuer de mauvaises intentions aux organisations cataloguées comme réformistes.

Savoie. — Je n'insinue pas. Si on tient un Congrès, ces organisations essaieront de faire prévaloir les idées qu'elles avaient avant la guerre, et lorsque les hostilités seront finies, les Syndicats pourront nous demander des comptes de ce qui aura été fait pendant la guerre. Voilà pourquoi, pour mon compte personnel, je suis adversaire d'un Congrès. Je suis partisan que toutes les Fédérations organisent un Congrès, et celle de la Fédération en organisera un dans le plus bref délai. Mais que les camarades minoritaires qui sont particulièrement acharnés à demander la tenue d'un Congrès prennent garde ; ils pourraient y rencontrer des surprises désagréables et ne pas y trouver tous les résultats qu'ils cherchent.

Dret (Président). — Jusqu'ici les orateurs ont dit qu'il n'y a pas de question de tendance ; je vous prie de vous maintenir aux questions portées à l'ordre du jour.

Savoie. — Je suis adversaire du Congrès pour une question de tendance ; je sais que les questions de tendances et de principes sont toujours en jeu.

Dret. — Il ne faut pas se livrer à des interruptions qui ne font que prolonger le débat.

MULLER. — J'ai demandé la parole pour répondre à l'appel de Jouhaux qui demandait tout à l'heure aux représentants des Unions départementales de venir exposer la situation de leurs départements.

Je représente le département de la Marne qui comptait avant la guerre 82 Syndicats ; il n'en reste plus que 12, en grande partie des Cheminots ; il n'y a aucune organisation à Reims, il n'y a plus qu'un Syndicat à Epernay. Dans ces conditions, il est presque impossible de réunir ces camarades. Dans d'autres circonstances, je serais partisan d'un Congrès, mais vu cette situation, je voterai contre.

FLAGEOLLET. — Dans la Loire, nous sommes dans une situation spéciale. La ville de Roanne est franchement majoritaire, tout le reste de la Loire est minoritaire. Nous avons récemment pris une décision, et aussi bien majoritaires que minoritaires nous sommes partisans d'un Congrès. Le Comité général en fera les frais si les organisations ne peuvent les faire elles-mêmes. Nous ne nous occupons pas du tout des tendances ; nous estimons qu'il est nécessaire qu'il y ait un Congrès et nous ferons tout ce qu'il est possible pour qu'il ait lieu.

BROUTCHOUX. — L'Union départementale de l'Isère demande la tenue d'un Congrès pour les raisons suivantes : Il avait été convenu au Havre que le Congrès suivant se tiendrait en septembre 1914 à Grenoble ; la guerre a empêché l'exécution de cette décision du Havre. Néanmoins, l'Union de l'Isère estime que maintenant la tenue d'un Congrès est possible et elle fournit les arguments suivants : S'il a été possible de tenir depuis la guerre trois Conférences, il est peut-être également possible de tenir un Congrès.

La situation, en 1917, n'est pas la même que dans les trois années de guerre que nous venons de subir. Les organisations, ainsi que vous venez de vous en apercevoir par les explications de différents camarades, se sont un peu réorganisées. On pourrait donc tenir un Congrès. Il faut aller chercher des exemples à côté de nous ; dans les centrales syndicales, non seulement des pays neutres, mais des pays belligérants, on a tenu des Congrès. Le Parti socialiste français lui-même a tenu des Congrès et il doit être possible en France, sous le régime de l'Union sacrée, de tenir un Congrès Confédéral. Au point de vue des camarades de l'Isère, une Conférence ne représente pas exactement les opinions des syndiqués. Une Conférence, d'après les statuts confédéraux, d'après l'esprit des décisions des Congrès Confédéraux, a un rôle administratif. La Conférence ordinairement se réunit aussitôt après le Congrès ou six mois après pour liquider les affaires d'ordre administratif que le Congrès n'a pu solutionner, comme les questions financières, les règlements entre les Unions et les Bourses, le timbre, le label confédéral, mais la Conférence n'a pas le droit de toucher à la doctrine confédérale définie par la charte d'Amiens et confirmée par les Congrès suivants. Dans l'Isère on estime que les Conférences de guerre ont touché à des questions de doctrine. Tout à l'heure quand Jouhaux proposait le renouvellement du Bureau Confédéral, il ne proposait pas une solution.

A l'heure actuelle, il est certain qu'au Comité Confédéral, je ne veux pas vous choquer, aucune animosité ne rentre dans mon esprit, dans le Comité Confédéral, comme dans la Conférence, il y a plutôt ici une représentation de fonctionnaires syndicaux.

Tout à l'heure, des camarades catalogués révolutionnaires avant la guerre, craignaient qu'un nouveau Congrès ne vienne bouleverser dans un sens réformiste-rétrograde les décisions révolutionnaires prises avant la guerre. Eh bien ! le camarade n'a pas besoin d'avoir peur, il y a longtemps que nos décisions d'avant-guerre ont été bouleversées par ceux que nous avions désignés pour les appliquer, et quelle que soit la force numérique des organisations qualifiées réformistes, nous ne devons pas avoir peur pour faire appel à ceux qui sont les souverains du syndicalisme, c'est-à-dire les Syndicats, parce que les Syndicats se réunissant, ce sont les syndiqués eux-mêmes qui donnent leur opinion ; tandis que maintenant, avec le jeu des Unions locales ou départementales, ce sont les fonctionnaires majoritaires qui ne représentent pas la majorité qui prennent des décisions.

LOUIS. — Donne-nous la liste des Syndicats du Pas-de-Calais que tu représentes.

BROUTCHOUX. — Tu ne connais pas la situation, parce que à ce moment-là tu n'étais pas syndiqué dans le Pas-de-Calais ; je suis d'ailleurs enchanté de t'avoir comme adhérent.

LOUIS. — Ce que je reproche à la C. G. T. c'est d'accepter ton Union départementale qui n'est représentée que par un timbre en caoutchouc dont Broutchoux se sert.

BROUTCHOUX. — L'argument du camarade est séduisant ; il a raison, il ne faut plus, en effet, que ce soient les timbres en caoutchouc qui prennent les décisions de la C. G. T. et justement pour que mon timbre en caoutchouc ne fonctionne plus, je demande que mes Syndicats du Pas-de-Calais viennent au Congrès. Et en tout cas, la question est plus haute.

Au dernier Congrès de l'Union du Pas-de-Calais nous avons décidé de confirmer les résolutions des Congrès Confédéraux et on m'a donné le mandat de soutenir la motion antimilitariste et antipatriotique du Congrès de Marseille, et si aujourd'hui je viens défendre cette thèse, je ne suis pas en contradiction avec mon Congrès départemental. Je regrette que cela déplaise à notre camarade Louis Louis.

Pour que toute équivoque cesse, pour que nous ne puissions plus dire les uns et les autres, c'est nous qui avons raison, c'est nous qui avons la majorité, il y a un moyen de nous mettre d'accord : c'est le Congrès, et je n'ai pas la crainte de Savoie. Tout à l'heure il faisait état d'une Fédération qualifiée réformiste, je prie les camarades Cheminots de ne pas s'en offusquer, il ne faut pas oublier que la Fédération des Cheminots, qui a l'esprit majoritaire, compte dans ses Syndicats des minoritaires ; aussi les 450 Syndicats de Cheminots s'exprimeront chacun à leur façon et je crois même qu'une consultation des Syndicats de Cheminots ne serait peut-être pas défavorable aux tendances minoritaires.

BOUTET. — Deux mots pour une simple déclaration. En prévision que la question allait être posée ici ce soir, j'ai demandé des instructions à la Fédération qui m'a mandaté sur la question.

En vertu de la disparition de plus d'un tiers de ses Syndicats, la Fédération des Travailleurs Municipaux qui n'a même pas pu depuis deux ans faire ses Congrès, est opposée à la tenue d'un Congrès. Ces petits Syndicats de province, qui n'étaient pas forts comme nombre mais qui assistaient à tous les Congrès Confédéraux, ne peuvent se faire représenter actuellement.

BORDÈRES. — Je serai très bref. J'ai reçu mandat de mon organisation pour la tenue d'un Congrès. Voici quel est le sentiment des Sous-agents des Postes : Les mobiles qui faisaient agir, dès le début, les minoritaires pour la tenue d'un Congrès étaient, nous n'en doutons pas, le désir de voir disparaître le Comité Confédéral actuel avec le secret espoir qu'une physionomie nouvelle serait donnée au Comité Confédéral et pour que les principes établis par les anciens Congrès deviennent des réalités. Depuis, l'idée du Congrès a fait davantage de chemin. Nous avons assisté péniblement, je l'avoue sincèrement, nous avons assisté trop longtemps à des tiraillements, à des zizanies, à la formation de Comités qui n'avaient, pour moi, aucune raison d'être, pour la défense du syndicalisme qui, à mon point de vue, n'était pas atteint ; nous avons vu des polémiques qui ont dégénéré en questions de personnalités. Dans notre milieu, nous avons vécu pour ainsi dire en dehors de tout esprit de coterie ; à toutes les lettres qui nous ont été adressées, soit par la majorité, soit par la minorité, nous n'en avons tenu aucun compte, et à l'avenir, conformément à notre tactique, nous ne serons ni majoritaires, ni minoritaires ; nous voterons tantôt pour, tantôt contre, selon les propositions qui seront faites. On peut être majoritaire pour une idée et minoritaire pour une autre. Oui, nous serions heureux de mettre tout le monde d'accord, et c'est dans ce but que j'adresse un appel au nom de mon organisation, malgré les affirmations de certaine brochure que j'ai pu lire et qui font de l'élément fonctionnaire un élément rétrograde dans le syndicalisme. Peut-être que celui qui a écrit la brochure ou du moins ceux qui l'ont inspiré ne se sont peut-être pas adaptés aux conditions d'existence de ces fonctionnaires et s'ils avaient été dans la situation où ils se trouvent, ils n'auraient sans doute pas accompli les actes révolutionnaires que nous avons faits. Cette brochure, elle s'appelait La Cassure.

Mais là ne se borne pas mon intervention. Nous voulons, dans un but d'union, montrer aux uns et aux autres qu'aucune tendance ne possède le monopole du syndicalisme intégral et toutes les tendances peuvent se manifester. Par conséquent, je demanderai à la majorité confédérale, à la Conférence, de déclarer que pas plus les uns que les autres nous n'avons peur d'une consultation nationale ; nous n'avons pas à savoir ce que pensent les absents, nous n'avons pas le droit de rester sans rien faire parce qu'ils ne sont pas là. Demain, ils pourraient nous demander en revenant des tranchées : Qu'avez-vous fait des conquêtes syndicales d'avant-guerre? Il faut que nous puissions leur dire : Ceux qui sont à l'arrière pendant que vous étiez là-bas devant l'ennemi, nous, nous avons fait tous nos efforts, nous avons mené la lutte pour garder le patrimoine des conquêtes de liberté et de nos espérances.

MERRHEIM. — Vous n'avez pas appliqué cette théorie depuis la guerre !

BORDÈRES. — Si les syndiqués consultés venaient nous départager et nous dire où est la bonne voie, nous aurions réalisé une victoire très remarquable. C'est pour cela que notre organisation vous demande de ne pas craindre la tenue d'un Congrès. Je dépose une proposition ferme en demandant à la Conférence de dire au Comité Confédéral de préparer l'organisation d'un Congrès dont elle laisse au Comité le soin de déterminer la date la plus opportune et qui pourrait coïncider pour ainsi dire, soit avec la fin des hostilités, soit même pour la préparer, mais il faut décider que nous n'aurons plus une Conférence nationale sans avoir eu un Congrès national.

KEUFER. — Je ne saurais dire combien le représentant des Postiers m'a causé de plaisir ; il a admirablement exprimé les sentiments que j'ai toujours éprouvé en assistant aux luttes fratricides que nous accomplissons dans le monde ouvrier français, luttes dont j'ai été longtemps victime, je tiens à le répéter chaque fois que je me retrouve au milieu de vous dans des conditions véritablement amères, pénibles, injustes, de la part de ceux qui prétendent, comme Broutchoux, avoir seuls le droit d'exprimer leurs sentiments de pureté syndicaliste. Eh bien ! je ne comprends pas qu'à propos de la tenue d'un Congrès on vienne jeter l'opprobre contre les fonctionnaires et contre ceux qui ne pensent pas comme les minoritaires. Il ne s'agit pas dans nos réunions de corporations, dans nos Congrès, de se jeter mutuellement la pierre. Je crois qu'il est de notre devoir à tous d'examiner sincèrement de quelle manière nous pouvons contribuer à l'amélioration des conditions sociales du monde ouvrier. Ce n'est pas là le privilège exclusif d'un groupe, c'est le résultat des efforts de tous quelles que soient nos opinions. En ma qualité de réformiste, j'ai toujours eu la prétention de défendre aussi nettement que qui que ce soit les intérêts de ma corporation et de m'associer aux efforts des autres travailleurs pour l'amélioration du monde ouvrier en général.

Maintenant, vous me permettrez de dire ce qu'est actuellement la situation de la Fédération du Livre, puisque nous avons été invités à le faire par le camarade Jouhaux. Vous avez vu par le tableau publié dans la *Voix du Peuple*, le relevé des cotisations versées par les différentes organisations. Il y en a qui ont eu la bonne fortune au cours de cette guerre terrible de voir leurs organisations se développer, prospérer, grandir, et voir le nombre de leurs adhérents se multiplier de façon tout à fait exceptionnelle ; il y en a d'autres qui, avant la guerre, marchaient très bien et qui aujourd'hui sont dans une situation plus éprouvée que d'autres. Cela c'est la conséquence fatale, terrible de la guerre épouvantable dans laquelle nous sommes engagés. Il y a des corporations qui ont bénéficié de la guerre par des conditions tout à fait favorables, et d'autres qui ont été cruellement éprouvées. La Fédération du Livre est une de celles là, parce que dans notre corporation, la mobilisation a enlevé au moins les 2/3 des adhérents. Dans ces conditions, on comprend qu'une organisation n'ait pu fournir les mêmes cotisations que les organisations qui bénéficiaient de la guerre, j'entends bénéficiaient au point du vue du travail.

Je ne m'opposerais pas à la tenue d'un Congrès si je voyais des moyens pratiques de le réaliser. Il faut trois conditions pour que la représentation syndicale soit sincère, effective. Il ne suffit pas d'avoir des représentants de Syndicats réduits à l'état squelettique. Il faut des Syndicats qui vivent, ayant une existence. Vous savez comme moi que beaucoup de Syndicats ont disparu, que d'autres vivent très péniblement, parce que nous n'avons pas les mêmes cadres nécessaires pour faire vivre ces Syndicats. Eh bien ! c'est pour cette raison que dans ces Syndicats les cotisations ou les timbres ne sont pas achetés pour la Confédération, parce qu'il y a un affaiblissement de l'esprit syndical qui est la conséquence même des évènements que nous vivons. Ce n'est pas le cas exclusif de la Fédération du Livre ; beaucoup d'organisations sont dans ce cas ; elles ont perdu 3o à 35 Syndicats sur 173 qu'elle comptait avant la guerre, et il y en a peut-être une quarantaine qui vivent très péniblement, il y en a d'autres qui sont sensiblement réduits.

Je vous demande si pour le Congrès national qui est demandé pour avoir l'expression exacte des opinions, pour connaître l'état moral, intellectuel ou la mentalité de nos membres, si vous croyez que ce Congrès, composé de représentants de Syndicats squelettiques, sera la véritable expression de l'opinion de l'ouvrier français? Je dis que non.

D'autre part, on aurait besoin, pour être représenté, de ressources financières ; beaucoup de nos Syndicats sont réduits à la dernière extrémité pour les secours à donner aux familles de mobilisés, pour les envois aux camarades sur le front.

Quelle importance numérique et morale aura pareille consultation? Je pense qu'il y a là le désir très légitime d'avoir l'opinion exacte du monde ouvrier français dans les tristes évènements que nous subissons, mais il y a des difficultés matérielles et morales pour avoir cette manifestation.

Maintenant, j'aurais voulu dire quelques mots au sujet des conditions dans lesquelles ce Congrès sera tenu. Comment pourrez-vous avoir l'opinion de la grande majorité des travailleurs de France? Nous ne sommes pas seuls dans nos organisations ; nous défendons les intérêts de nos camarades qui sont sur le front ; j'estime que nous avons le devoir de penser à eux qui ne peuvent venir apporter leur opinion. Il sera très difficile d'avoir un Congrès représentant l'esprit général du monde ouvrier français en raison même de l'absence du nombre considérable de nos camarades encore occupés trop longtemps à mon gré dans les armées.

Voilà ce que je tenais à vous dire : non seulement l'état de nos industries est plus éprouvé que celui des industries travaillant pour la guerre, et il y a là une situation très pénible qui fait que nous n'aurons qu'une représentation squelettique en grande partie, et les autres qui font des sacrifices auront quelque peine à être représentées par un nombre considérable de délégués, en raison des épreuves subies et des sacrifices consentis pour nos camarades. (*On crie : la clôture.*)

CLAVERIE. — Je considère qu'avant que la clôture soit prononcée, tous ceux qui ont demandé la parole pourront s'expliquer brièvement. Je demande qu'ils se bornent à exposer ce que les autres n'ont pas dit, sans répéter les mêmes arguments, si c'est possible.

DIEM. — Bordères est partisan de convoquer les syndiqués dans une assemblée nationale ; je suis de son avis, si c'est possible, mais comment faire ? Je vais donner un exemple : Ma petite Fédération comporte un nombre plus considérable de syndiqués qu'elle n'en a jamais eu. Cependant, si je me présente dans un Congrès, au lieu de 12 mandats que nous avions dans les Congrès précédents, nous ne nous présenterions qu'avec un seul mandat, seul le Syndicat de Paris subsiste encore. Je vois donc l'impossibilité pour l'insatnt de tenir un Congrès.

PÉRICAT. — J'avoue qu'il y a un point que je comprends très difficilement. La plupart des camarades qui m'ont précédé ont dit qu'ils étaient partisans d'un Congrès, mais qu'il y avait des impossibilités, les unes basées sur la disparition des Fédérations, d'autres sur leur faiblesse, d'autres comme Keufer ont parlé des camarades sur le front, mais il est étonnant tout de même que cet argument ne joue que pour les Congrès, il devrait jouer aussi pour les Conférences. (*Quelques applaudissements ; on crie : Ce n'est pas la même chose.*) Comment ? Mais c'est pire, et je m'explique. Voilà, Diem, par exemple, qui est ici et dit que sa Fédération ne compte pas. Pourquoi représentes-tu ta Fédération puisque tu n'as qu'un Syndicat ? (*Bruit.*) Je regrette d'être dans l'obligation de citer un nom, mais cependant, c'est obligatoire. Il y a une situation anormale qui existe au sein de cette Conférence comme elle a existé au sein des autres. Vous avez entendu prendre des décisions sur la représentation confédérale, nous disons que la force de décision, la force d'application, vous n'avez pas le droit de la prendre, ce sont les Syndicats qui doivent la prendre. Je ne vais pas, comme Savoie, rechercher ce qui sortira de la consultation d'un Congrès, savoir si c'est la tendance majoritaire ou la tendance minoritaire. Cette question n'existe pas pour moi, malgré que je sois minoritaire et même outrancier, comme vous le dites quelquefois. Ce qui existe, c'est que depuis cinq ans, depuis 1912, vous n'avez pas consulté les Syndicats, et vous dites : Les Syndicats s'effritent, les Syndicats disparaissent, néanmoins vous vous donnez le droit de les représenter ici et vous leur déniez le droit d'être représentés directement afin que la volonté du Congrès soit bien l'émanation confédérale française.

JOUHAUX. — Actuellement, j'ai un mandat pour représenter la Fédération des Allumetiers qui a eu un Congrès national pour m'attribuer ce mandat et les conditions de ce mandat. Par conséquent, quand j'exprime une idée et quand je vote, j'exprime les sentiments des organisations adhérentes à la Fédération des Allumetiers et de ses Syndicats qui se sont prononcés.

PÉRICAT. — Cette observation n'a pas sa raison d'être. Il n'est pas niable que certains délégués n'étaient pas mandatés par leur Fédération.

JOUHAUX. — Je demande quand vous parlez de Congrès que vous soyiez logiques également et que toutes les Fédérations puissent aussi tenir un Congrès régional.

PÉRICAT. — Je voyais venir et j'attendais la question. Vous pouvez la poser, c'est votre droit. L'autre jour, Dumas m'a dit : Vous reprochez à la C. G. T. de ne pas tenir de Congrès, mais les différentes Fédérations appartenant à la fraction minoritaire n'ont pas tenu de Congrès. J'ai reconnu qu'il avait raison, je le reconnais encore aujourd'hui ; j'estime que quand on veut légitimer un Congrès national, il faut d'abord le légitimer dans sa propre Fédération.

DUMAS. — Il faut commencer par le commencement.

PÉRICAT. — J'approuve les Fédérations qui ont tenu des Congrès. C'est facile de consulter une Fédération d'Allumetiers qui compte douze syndicats. Et ici, en prenant la plus forte Fédération pour arriver à la plus faible, j'ai la conviction que dans la proportion de 30 sur 40 Fédérations, 30 n'ont pas de mandats de leurs Syndicats pour voter ici. Voilà ce que j'affirme et ce que je maintiens.

Je ne l'affirme pas légèrement, je mets au défi la Conférence de me prouver que je mens. Je dirai mieux que cela. Pour la plupart des Unions départementales, je dis que les uns et les autres nous ne représenterons pas l'idée directe des Syndicats ; il faut qu'ils soient consultés en Congrès. Vous dites que les Fédérations sont tuées par la guerre. Mais la guerre est-elle terminée ? Et si vous attendez que ces Fédérations renaissent, deviennent fortes, puissantes, c'est dire par avance que vous attendez non seulement la fin de la guerre, mais un an ou deux après pour faire un Congrès. Je dis que vous n'avez pas le droit de faire cela. Il y a cinq ans qu'il n'y a pas eu de Congrès. Vous n'avez pas ce droit pour gérer la C. G. T. ; ce sont les syndiqués qui doivent l'avoir, quelle que soit la façon dont la représentation jouera, peu m'importe, cela ne me regarde pas.

En 1908 à Marseille, en 1906 à Amiens, en 1910 à Toulouse, est-ce qu'ayant de faire un Congrès vous avez posé dans les Conférences la question de savoir si telle ou telle tendance prévaudra, mais alors on n'aurait jamais fait de Congrès.

UN DÉLÉGUÉ. — Nous ne sommes pas au Parlement.

PÉRICAT. — Nous faisons les mêmes actes que le Parlement. Maintenant, je tiens à répondre au camarade Bordères qui a parlé d'un Comité dont il n'a pas cité le nom ; il a parlé d'une brochure ; il a dit que nous avions dressé les ouvriers de l'industrie privée en face de ceux de l'Etat. Je réponds que c'est inexact. Si vous lisiez la brochure, vous verriez que la thèse est toute différente. Bordères, vous ne pourrez pas nous faire ce reproche, à nous minoritaires, avant la guerre et maintenant, nous n'avons rien changé de nos tendances, de nos habitudes ; nous n'avons pas hésité à tout moment de faire la grève générale pour aider les postiers, pour les camarades cheminots. Et demain, s'il le fallait encore, nous ferions la grève pour vous. Par conséquent on n'a pas à essayer de dresser les uns en face des autres tels ou tels travailleurs ; nous sommes tous d'accord, nous marchons tous vers le même but quelles que soient nos dissenssions.

Luquet. — Tu ne dis pas toujours cela.

Dret. — Silence.

Péricat. — Je propose un referendum aux organisations. Je demande au Bureau de. tenir compte de cette proposition, je demande que la Conférence se prononce en faveur d'un referendum auprès des Syndicats pour savoir s'ils sont partisans d'un Congrès. Quelles que soient les Unions départementales ou les Fédérations, ce sont celles qui marchent dans l'action et qui ont qualité pour se prononcer. Je dis même mieux, les lettres de nos camarades du front nous disent : Que faites-vous ? Pourquoi ne pas faire un Congrès ? Ils veulent un Congrès (*Mouvements divers.*) Il est étonnant que vous ayez toujours cette volonté d'interrompre et de vouloir dénaturer notre pensée. Il peut se faire que je me trompe, mais je crois que je ne me trompe pas, j'agis dans l'intérêt général. S'il y a des dissentiments entre militants, le seul moyen de les faire disparaître, c'est la consultation du Congrès qui approuvera telle ou telle attitude ; c'est le Congrès seul qui fera disparaître les zizanies présentes et empêchera les zizanies futures.

Bourderon. — Péricat a beaucoup abrégé ce que j'avais l'intention de dire. Je considère que la question d'un Congrès confédéral posée incidemment après le débat de la question des Bouches-du-Rhône doit être solutionnée ce soir après un débat complet, dussions-nous rester une demi-heure de plus que l'heure normale de notre réunion. Je crois que de tout temps des critiques acerbes se sont dressées contre les nuances avec lesquelles nous ne vivions pas en conformité de vues et que Bordères, Keufer, comme moi-même, comme tant d'autres, nous avons été soumis à des critiques. Alors qu'est-ce que cela peut jouer dans la question d'un Congrès, puisque dans tous les Congrès, il y a eu des nuances qui se sont opposées. Il faut savoir si la représentation ouvrière doit jouer dans les conditions de vie anormale dans laquelle nous sommes. Notre constitution confédérale fonctionne-t-elle normalement ? Non. Les raisons de ceux qui s'opposent au Congrès pourraient même se retourner contre eux. Attendrez-vous pour faire un Congrès confédéral qu'il y ait réparation totale de ce qu'on a brisé dans notre vie syndicale ? Il faut que la classe ouvrière joue dans les événements son rôle historique qui lui est dévolu.

Les délégués alliés savent bien que chez nous les hommes sont pris de 19 à 48 ans par la mobilisation générale et toute la phalange virile du pays n'est pas ici, ou tout au moins ne peut nous donner en réalité d'adhésions, ni de mandats pour être ici. Mais est-ce une raison pour ne pas consulter ceux qui peuvent être consultés ? De qui puisez-vous l'autorité ? De qui tenez-vous vos mandats ? De la classe ouvrière. Si vous dites qu'elle n'existe pas, qu'est-ce que cela veut dire. Ne semblons pas nous installer ici dans la guerre, elle pourrait être indéfinie, ayons l'attitude qui convient et même dans une situation anormale comme celle de la guerre le prolétariat doit être consulté. Les Anglais, les Belges ont consulté leurs syndiqués.

Bordères semblait nous convier à un ajournement à un an. Mais les événements nous poussent, les événements nous débordent. Demain peut-être, dans un mois, peut-être dans deux mois, la classe ouvrière sera peut-être appelée à formuler les conditions de paix, et vous ne la consulteriez pas par avance ? Oh ! camarades, au nom de qui prétendez-vous parler ? Vous ne consultez personne, et vous dites : Nous sommes des mandataires. De qui tenez-vous vos mandats ? Appelons nos mandants, qu'ils viennent là et qu'on s'explique, qu'enfin la C. G. T. prenne une ligne de conduite.

Appelons-les dans un Congrès, je souhaite qu'il soit prochain, je voudrais que la date ne soit pas plus éloignée de trois mois.

Bidegaray. — La Fédération des Cheminots n'a pas pris d'attitude au sujet de la tenue d'un Congrès ; son Conseil d'administration se réunit le mois prochain ; nous n'avons pas qualité pour engager d'avance les décisions de la Fédération sans consulter les Syndicats à notre Congrès national qui se tiendra au mois de mars. La tenue d'un Congrès, somme toute, ne peut être décidée que par les Fédérations. Tout à l'heure on nous disait : Est-ce une raison pour ne pas consulter ce qui reste ? D'accord, c'est parce que nous voulons consulter ce qui reste que nous voulons avoir leur mandat pour la tenue d'un Congrès qui a une autre importance que la Conférence. Les décisions d'un Congrès sont toujours souveraines ; un Congrès a le droit de chambarder quelquefois même la charte de la C. G. T.; une Conférence n'a qu'à suivre la vie syndicale, se conformer aux décisions antérieures prises par le Congrès. On nous a fait encore tout à l'heure le reproche qui nous a été adressé depuis longtemps ; nous sommes catalogués, avec mon ami Keufer, de réformistes. Nous l'avons toujours été ; dans notre action syndicale, toujours mandatés régulièrement par nos organisations, nous poursuivons la réalisation de nos aspirations auprès du Parlement, auprès du gouvernement, et ceux qui nous faisaient ce reproche ne manquent pas aujourd'hui d'aller trouver ce même gouvernement pour défendre leurs intérêts de corporations comme de personnalités. Donc, l'action révolutionnaire et l'action réformiste, pour moi, n'existent pas. Nous avons fait la preuve d'action révolutionnaire quand le moment s'est présenté, nous sommes prêts à la faire encore demain quand les circonstances le permettront ; nous n'avons jamais été de ceux qui prêchaient la révolution sur les planches et qui, au moment du danger, se sont cachés au fond des caves. Je crois pouvoir dire hautement l'action que j'ai menée personnellement ainsi que nos administrateurs dans toutes les Unions départementales. Nous n'avons jamais agité ce mythe de réformistes ou de révolutionnaires. Nous avions ce suprême avantage d'être mobilisés sur place, nous pouvions conduire notre mouvement syndical suivant nos aspirations, mais nous avons toujours pensé qu'il ne fallait jamais négliger les organisations d'à-côté qui étaient démontées par la guerre. Nous continuerons demain. Cela ne veut pas dire que nous n'ayons pas nos conceptions ; ce n'est pas la crainte d'un Congrès qui nous fait faire cette réserve, cela ne sera pas non plus pour nous un abandon de nos principes syndicalistes. Après la tenue des Congrès confédéraux, après que les décisions ont été prises par la majorité, nous les avons toujours respectées ; nous n'avons jamais eu l'idée de créer d'autres organisations à côté du Comité Confédéral.

Qu'est-ce que nous prétendons faire au prochain Congrès ? C'est qu'on ne puisse plus faire de soi-disant Comités, et que tout le monde s'incline devant les décisions prises. Quand il y aura des organisations à côté, qu'elles aillent ailleurs et non dans le Comité Confédéral.

Oui, la situation est tragique et Bourderon l'a dit ; comme tous, nous voulons préparer l'après-guerre, ne pas être surpris par la paix comme nous l'avons été par la guerre. Je voudrais, dans vos Fédérations, non pas que vous imitiez les Cheminots, mais qu'au moins vous nous aidiez dans la campagne que nous menons pour la réorganisation économique du pays ; c'est bien plus intéressant que les tendances majoritaires et minoritaires. Je voudrais que partout on s'intéresse de ce que vont devenir les travailleurs. Je voudrais qu'avant la fin de la guerre, dans toutes les Unions, il y ait un programme d'action syndicale d'abord, c'est vrai, mais qu'on fasse aussi l'organisation syndicale économique pour que l'ensemble des forces ouvrières sortant de leurs discussions intestines envisage la situation telle qu'elle se présente. La France ne vivra pas de paroles ou de discours, mais par des actes venant de la classe ouvrière organisée.

Je reste sur le thème syndical, et puisque nous avons la prétention de représenter la masse des travailleurs, il faut que nous fassions preuve que vraiment nous sommes dignes de la représenter, et nous ne serons dignes d'elle aussi bien de celle qui est au front que de celle qui est à l'arrière que quand nous nous intéresserons vraiment aux intérêts qui la touchent. Il faudra notamment examiner les causes de la vie chère et chercher des remèdes. On fera quelque chose, non par des discours, mais par des actes vraiment corporatifs dans nos organisations, par l'éducation de la masse. Il faudra prendre toutes ses responsabilités. C'est pour cela que nous attendons, nous, avec confiance, le prochain Congrès, sans aucune hésitation. Il nous faudra des groupements d'éducation, avec des programmes clairs, précis, où chacun prendra ses responsabilités, et après guerre, il faudra qu'on n'ait plus cette maladie qui consiste à maltraiter ceux qui ne pensent pas comme le voisin ; il faudra posséder cette idée syndicale que toutes les conceptions doivent se faire jour. Ayez déjà au moins cette pudeur de respecter celui qui ne pense pas comme vous, car il peut être tout aussi honnête que vous dans son action syndicale de tous les jours. Il faut un peu plus de calme, un peu plus de respect de vos personnes d'abord, vous respecterez mieux vos voisins ensuite. Je ne veux toucher personne de ceux qui prétendent qu'à côté du Comité Confédéral doit exister un autre Comité ; vous êtes libres d'avoir d'autres conceptions, mais je vous dénie le droit de constituer un Comité à côté du Comité Confédéral pour la raison qu'on n'agit pas suivant vos conceptions. Faites comme nous avons fait, comme Keufer faisait dans le temps, respectez les décisions prises par la majorité. C'est à cela que nous travaillerons au prochain Congrès pour que tout le monde ait sa place dans l'action, qu'on se respecte mutuellement, de même que les décisions prises dans les Congrès. (*Applaudissements.*)

Réault. — Nous avons pu consulter la Fédération des Inscrits maritimes sur la question du Congrès ; il est regrettable que d'autres n'aient pu le faire parce que vos appréciations auraient plus de poids et de valeur. On a voulu insinuer que les Inscrits maritimes ici représentés n'avaient peut-être pas toute la liberté d'action pour s'exprimer. Je ne veux pas faire ici d'incidents personnels, mais je crois que nous avons quelque autorité pour parler au nom de nos camarades syndiqués. Nous ne nous en glorifions point, car notre Fédération est dans une situation tout à fait particulière. En même temps que nous parlons à des syndiqués, nous parlons tous les jours à des combattants, à des camarades qui battent la mer. Nous avons battu la mer avec eux, nous connaissons les dangers qu'ils courent, leurs privations, leurs angoisses continuelles ; nous nous tenons en contact avec eux le plus souvent. Nous sommes allés à maintes reprises avec Jouhaux faire des conférences à Marseille, au Havre, à Bordeaux. Nous avons constaté notre communion d'idées avec ces camarades qui pâtissent de la guerre et courent tous les risques de la guerre sous-marine. Ce serait une injure gratuite que vous feriez aux marins du commerce, aux inscrits maritimes, si vous contestiez le droit à un de leurs délégués d'apporter des appréciations qui sont en parfaite communauté avec ces camarades syndiqués. Nos camarades combattent, et ils se préoccupent aussi ; nous ne manquons pas de les tenir au courant de la situation syndicale en France ; ils se tiennent au courant de l'évolution qui se fait dans tous les esprits. Il n'y a pas eu un document du Comité Confédéral que nous-même n'ayions apporté aux marins du commerce, alors même qu'ils partaient sans aucune garantie de défense, ces camarades pensaient à l'après-guerre. Au lieu de nous chicaner, il vaudrait mieux nous sentir les coudes et nous devrions tous préparer l'après-guerre. Nos camarades qui reviendront des navires ou de la tranchée nous demandent de veiller à cette situation. C'est ce que nous faisons, les camarades Gauthier, Rivelli et moi, et nous n'avons pas honte, nous ne rougissons pas de veiller aux intérêts économiques de nos camarades ; nous sommes là à un poste de combat aussi honorable que celui que nous occupions hier. Nous pensons que s'il appartient à des journaux inféodés à la réaction, comme l'*Echo de Paris*, de nous reprocher d'être ici en sursis, nous n'avons pas à en rougir, nous prenons la responsabilité de nos actes. Nous continuons à défendre nos camarades. Nous ne pouvons pas toujours partager votre manière de voir. Nous n'irons jamais à la cassure ; nous sommes prêts à mettre la main dans la vôtre pour combattre, non pour des idéologies, mais pour tout mouvement de réaction comme celui qui se dessine et qui devrait nous appeler à plus de réflexion. Sentons-nous un peu plus les coudes, moins de mauvaises paroles, encore plus d'action syndicale, tâchons de nous tenir unis, c'est la plus belle satisfaction que vous pourrez donner aux camarades qui sont dans les tranchées.

DRET. — Lorsque la question s'est posée à notre Comité fédéral de la tenue d'une Conférence ou d'un Congrès, ce Comité, ne pouvant se prononcer lui-même, a décidé qu'il serait envoyé un referendum à nos Syndicats pour savoir si dans un délai déterminé, rappproché, la C.G.T. devait tenir ou pas son Congrès. Il m'a donné mandat de m'inspirer de la discussion ici pour examiner quelle sera la proposition que je pourrais faire en son nom, qui concilierait le souci des uns et le désir des autres.

J'ai pu enregistrer, au moins dans une grande mesure, que chacun apportait ici l'espoir de voir la C. G. T. reprendre sa vie, son activité, non pas d'avant guerre, mais je dirai presque quasi-normale. Je constate aussi en retenant les indications fournies par Bidegaray, que la Fédération des Cheminots se trouve exactement dans la même situation que nous et qu'elle est désireuse de voir les Syndicats se prononcer sur la tenue d'un Congrès. Je retiens l'invitation de referendum proposée par le camarade Péricat et je retiens le souci constant qui préoccupe la majorité des camarades de voir ce Congrès ne pas être une représentation caricaturale de la classe ouvrière, mais véritablement l'émanation des organisations ouvrières. Autant que possible, il faut que ce soit des syndiqués appartenant à des Syndicats qui seront représentés qui viennent dans ce Congrès dire quel est l'état d'esprit dans lequel ils vivent. Et, par conséquent, on aurait ainsi par une représentation directe des Syndicats, une véritable représentation de la classe ouvrière. Conformément au mandat qui m'a été confié, je dépose l'ordre du jour suivant :

« La Conférence décide qu'un referendum sera organisé par le Comité Confédéral auprès de tous les Syndicats confédérés au moment de la tenue de la Conférence, au sujet de la tenue d'un Congrès national qui devra être précédé de Congrès fédéraux et de Congrès d'Unions départementales.

« Le referendum devra être organisé sous la forme du questionnaire suivant :

« 1° Etant donné que les Syndicats adhérents au Congrès devront assurer leur représentation directe par un délégué ;

« 2° Votre Syndicat est-il partisan de la tenue d'un Congrès national ? »

SAINT-VENANT. — A Paris, il y a certains Syndicats, comme celui des Mécaniciens; qui ne versent pas de cotisations pour des gens du Nord.

DRET. — Il est bien entendu que le Comité Confédéral devra, en toutes circonstances, faciliter aux Fédérations et aux Unions départementales la possibilité de consulter leurs adhérents.

BORDÈRES. — Il me semble que les mots « d'avoir une représentation directe » constituent une formule un peu impérieuse. Je serais heureux que vous ajoutiez les mots « autant que possible ».

DRET. — Je ne dis pas dans cet ordre du jour qu'on n'accepterait pas les délégués venant d'autres régions. Je ne voudrais pas avoir l'air d'y introduire quelque chose de trop impératif qui nous obligerait à avoir une brigade de gendarmerie à la porte de la Commission de Vérification des mandats. Je voudrais qu'on insiste auprès des Syndicats pour qu'ils fassent les frais eux-mêmes pour l'envoi de délégués directs et que les Fédérations assurent dans une large part la représentation directe de leurs Syndicats.

BORDÈRES. — C'est que le vote de cet ordre du jour implique pour ainsi dire la charte des statuts confédéraux. Je ne sais combien il y a de Syndicats en France, admettons 1.000. Voyez quelle difficulté pour trouver une salle permettant de loger 1.000 délégués.

CLAVERIE. — J'avais fait une motion pour raccourcir la discussion. Je tiens à déclarer, au nom de la Fédération de l'Eclairage, que nous avions des raisons matérielles, et non de sentiments, de ne pas être partisans d'un Congrès. Je me demande d'ailleurs quelle était l'attitude de certains minoritaires qui, au début, étaient partisans d'une Conférence et non d'un Congrès. Je me rallie à la proposition du camarade Dret.

LE PRÉSIDENT. — Je mets aux voix la proposition du camarade Dret.

DRET commence à relire sa proposition.

MAYOUX. — C'est un enterrement de première classe !

DRET. — Si vous le voulez, je ne vais pas continuer ma lecture, parce que si je la recommence quatre fois, quatre fois on risque de trouver quelque chose de mauvais dans ma proposition.

MAYOUX. — Notre Fédération a tenu trois Congrès pendant la guerre. Devra-t-elle en tenir un quatrième?

DRET. — On voudrait que je fasse dans ma proposition un véritable roman. Je ne fais pas une obligation de cette tenue de Congrès.

BORDÈRES. — L'ordre du jour ne doit pas être impératif.

On passe au vote par mandats.

LUQUET (pendant qu'on vote). — Cette motion ne donne véritablement satisfaction à personne. Je crois qu'il serait de toute loyauté de nommer une Commission de rédaction composée de délégués appartenant aux deux tendances qui se sont manifestées pour et contre la tenue d'un Congrès et demain matin on pourrait se prononcer sur le texte. (Bruit.)

DRET. — Je maintiens mon texte.

Le vote continue.

Voici les résultats du vote :

Pour le referendum : 115 voix ; Contre : 8 ; Abstentions : 5.

La séance est levée à 7 h. 25.

SÉANCE DE LA DEUXIÈME JOURNÉE
- Matinée -

La séance est ouverte à 9 h. 15.

Président : Saint-Venant.

Assesseurs : Flageolet (Loire), Muller (Marne).

SAINT-VENANT. — Je donne la parole à Charbonnier, au nom de la Commission de Vérification des mandats, pour les mandats arrivés ce matin.

CHARBONNIER. — La Commission a reçu depuis hier le mandat de la Fédération du Sous-Sol et celui des Ports et Docks, ce qui porte le nombre des Fédérations représentées à 38, puis les mandats de la Dordogne, du Tarn et de l'Aude, ce qui porte le nombre des Unions à 5o ; les mandats de Nevers, Mazamet, Castres et Narbonne, ce qui porte le nombre des Bourses du Travail représentées à 67. Le total général des mandats est de 155.

Les conclusions du rapport sont adoptées à l'unanimité sans débat.

SAINT-VENANT. — J'ai à vous annoncer l'arrivée ce matin parmi nous du camarade Riser, représentant les organisations syndicales de la Suisse.

RISER. — Il y a un an, à pareille époque, j'avais déjà l'honneur d'assister à votre Conférence des Fédérations départementales et des Bourses du Travail, à Paris. A cette époque, je vous avais dit quelle était la situation du mouvement syndical en Suisse. Aujourd'hui, cette situation s'est plutôt améliorée. L'Union des Syndicats, qui comptait alors 8o.ooo membres, a élevé le chiffre de ses adhérents à 120.000, et ces augmentations se sont produites à peu près dans toutes les Fédérations d'industries. En 1915, la Fédération des Métallurgistes et celle des Horlogers qui avaient fusionné, comptaient un effectif de 22.000 membres ensemble ; aujourd'hui ce chiffre dépasse 6o.ooo. C'est vous dire que la guerre a eu pour conséquence chez nous d'augmenter dans d'assez fortes proportions nos adhérents au mouvement syndical. Nous avons eu dans le courant de l'année dernière de multiples mouvements en faveur de l'augmentation des salaires ou d'allocations pour le renchérissement, mais malgré cela, nous n'avons pas négligé les questions de principes. C'est ainsi qu'une convention récente passée entre la Fédération des Métallurgistes et celle des Horlogers assure à l'ensemble des ouvriers travaillant chez les patrons et faisant partie de la Fédération des Industries ou des machines, la journée de neuf heures, à partir du 1er février 1918. Mais, dans une autre direction encore, le mouvement syndical semble s'affirmer chez nous. C'est ainsi que jusqu'à présent les organisations de Cheminots étaient restées détachées de l'Union syndicale. Actuellement, nous avons déjà trois groupements de Cheminots qui ont fait adhésion à notre organisation centrale et, prochainement, nous pourrons enregistrer l'arrivée du personnel des trains. Ce seront 33.000 nouveaux syndiqués qui viendront faire leur adhésion à l'Union syndicale.

Je. vous ai tracé très rapidement la situation telle qu'elle se présente
chez nous dans le domaine syndical, mais indépendamment de cette action nationale, vous savez que l'Union syndicale Suisse avait pris l'initiative de convoquer une Conférence internationale dans le but exclusif de
s'occuper des questions d'intérêt de la classe ouvrière, au moment où les
diplomates auraient à discuter et à arrêter les conditions de la Paix. Nous
voulions également dans cette occasion donner suite à une proposition
arrêtée par les camarades français, belges et italiens, celle du transfert du
Secrétariat international.

Camarades, je dois vous dire que la délégation suisse a profondément
regretté que les camarades français et italiens, qui nous avaient assuré
leur participation, n'aient pas pu assister à cette Conférence. Vous savez
que les passeports nécessaires leur ont été refusés. Le transfert et ce
qui est le plus important à mon avis, l'organisation du Secrétariat international eussent été décidés si les camarades français y avaient assisté.
La Conférence internationale s'est trouvée divisée sur ce point. La délégation suisse est restée seule sur son terrain, mais je dois vous dire
qu'aujourd'hui encore nous ne regrettons en aucune façon notre attitude.
Elle a eu pour conséquence, d'assurer dans un avenir prochain le transfert et l'organisation du Secrétariat international. Je veux terminer en
formant ce vœu : c'est que cette occasion de discuter cette importante
question puisse se présenter bientôt et puisse aboutir, de manière à ce
que l'action internationale de la classe ouvrière puisse reprendre le plus
tôt possible son activité, et j'espère que cette action syndicale internationale permettra d'unifier notre action de manière à rendre l'internationale syndicale non seulement un rouage plutôt administratif, mais pour
en faire un centre d'action et d'agitation vraiment international.

C'est dans ces sentiments que je vous apporte le salut des camarades
de l'Union syndicale Suisse.

JOUHAUX. — Notre camarade Riser nous a apporté en même temps un
télégramme qui nous est adressé par notre camarade Oudegeest, Secrétaire
de la Centrale Syndicale Hollandaise :

Au camarade Charles Dürr, 6, rue de la Chapelle, Berne.

Aie la bonté d'expédier, traduit, en langue française, le présent télégramme
à l'adresse du camarade Jouhaux, car nous craignons que si ce télégramme
passait par l'Angleterre il ne parviendrait pas à temps. Remerciements et
salutations.

OUDEGEEST.

Aujourd'hui 17 décembre, seulement, nous recevons votre invitation à assister à votre réunion annuelle de la Confédération Générale du Travail les 23, 24
et 25 décembre à Clermont-Ferrand. Le peu de temps dont nous disposons
jusque là nous empêche, contre notre gré, de prendre part à votre réunion,
ce que nous regrettons profondément. Les passeports ne s'obtenant que très
difficilement le temps matériel nous manque, ce qui nous oblige malheureusement de vous faire part par télégramme de ce que nous aurions aimé vous
dire de vive voix. Nous formons les vœux que les décisions de votre Assemblée
aient pour résultat de fortifier le mouvement syndical français, et lui donner

la force et puissance nécessaires pour lutter avantageusement contre les emprises du patronat et que, dès la fin de la plus horrible des guerres, vous puissiez reprendre votre place légitime dans l'Internationale ouvrière dans sa lutte pour l'affranchissement de l'Humanité.

Pour la Centrale Syndicale des Pays-Bas :

Le Président, OUDEGEEST.

JOUHAUX. — Voici un ordre du jour déposé par l'Union départementale des Bouches-du-Rhône qui ne comporte pas, je crois, de discussion :

L'Union départementale des Bouches-du-Rhône, la Bourse du Travail et Union locale de Marseille, les Bourses d'Aix et d'Arles, demandent que le Comité Confédéral invite les Fédérations à faire respecter par leurs Syndicats adhérents, les décisions des Congrès Confédéraux en ce qui concerne la triple obligation Confédérale ;

Demandent aussi au C. C. d'inviter les Fédérations et les U. D. à établir un contrôle au sujet de leurs Syndicats adhérents et de faire paraître dans la *Voix du Peuple* le chiffre détaillé des timbres pris par les U. D., comme il en a été fait pour les Fédérations.

Pour l'U.D. des Bouches-du-Rhône :
Le Délégué, JULLIEN.

Pour l'U. D. et B. du T. de Marseille :
Le Délégué, MANTY.

Pour la Bourse d'Aix :
Le Délégué, PÉRAUD.

Pour la Bourse d'Arles :
Le Délégué, DUTHEC.

Je crois que cela ne nécessite pas de discussion.

Si nous n'avons pas fait paraître le chiffre des timbres pris par les Unions départementales, c'est parce que la comptabilité n'était pas prête quand nous avons publié la *Voix du Peuple.*

(Adopté à l'unanimité.)

Voici un ordre du jour de la Fédération Agricole du Midi et des Syndicats ouvriers de la région d'Arles :

Considérant la situation faite aux mobilisés à l'agriculture par la circulaire ministérielle qui les place chez les patrons à des prix dérisoires (o fr. 15 de l'heure, o fr. 25 pour indemnité d'habillement, et dans le cas où ils ne seraient ni nourris ni logés, 3 francs par jour).

S'il arrive à l'intéressé de tomber chez un mauvais patron et qu'il le quitte, il peut attraper (il y a des exemples) 15 ou 20 jours de prison, et en récidive renvoyé à son dépôt et de là au front. Tandis que les ouvriers de l'industrie mobilisés à l'usine ont des salaires plus ou moins en rapport avec la cherté de la vie, ceux de la terre ont des prix de famine.

Considérant, d'autre part, que les patrons des mêmes classes mobilisés à l'agriculture rentrent chez eux, soignent leurs intérêts et vendent leurs produits à des prix très rémunérateurs, il ne s'en suit pour eux aucune gêne.

Il y a par conséquent une différence entre l'un et l'autre.

D'un autre côté, il arrive que des patrons qui pourraient se passer momentanément de leurs ouvriers les gardent, vu la modicité du prix, tandis que d'autres qui en ont un besoin pressant en sont privés.

La Conférence, comprenant ce double inconvénient qui gêne l'ouvrier et prive la collectivité de la production de ces hommes, proteste avec la dernière énergie et invite le Comité Confédéral à faire tout son possible pour faire cesser cet état de choses.

S. SIMON, Ouvrier agricole,   MARTY,
Délégué suppléant d'Arles.   *De la Fédération Agricole du Midi.*

(Adopté à l'unanimité sans débat.)

JOUHAUX. — Voici une résolution présentée par Bourderon qui est une adjonction à la décision prise hier en ce qui concerne le referendum :

La Conférence Confédérale, pour application du référendum adopté pour la fixation d'un Congrès Confédéral, décide que le Comité Confédéral, par l'organe du Bureau, établira et adressera cette consultation aux organisations intéressées pour le 8 janvier prochain ; que ce questionnaire comprendra deux demandes : 1° De la nécessité d'un Congrès, en principe, de toutes les organisations confédérées ; 2° De la date préférée pour la tenue de ce Congrès.

Une durée de vingt jours est accordée pour adresser les réponses fin janvier, dernier délai.

La Conférence, en prévision des réponses favorables au principe d'un Congrès, dit que ce Congrès se tiendrait à Paris ou dans une ville la plus centrale par ses moyens de communication ; que les règlements confédéraux, pour la tenue de ce dit Congrès, seront scrupuleusement observés.

A. BOURDERON.

DRET. — Camarades, c'est peut-être un moyen détourné pour revenir sur la discussion d'hier soir, mais je constate que cette proposition est la négation de la proposition faite hier soir, parce qu'en effet, il est dit qu'à la demande de beaucoup qui désiraient voir les Fédérations se prononcer, le Congrès devait être précédé de Congrès de Fédérations départementales et régionales ; d'un autre côté, dans les commentaires de ma proposition, je disais que beaucoup de Syndicats ne pourraient pas eux-mêmes faire les frais d'une délégation et qu'il appartenait aux Unions départementales et aux Fédérations nationales de voir quel concours financier elles pourraient apporter aux Syndicats pour leur permettre d'envoyer des délégués directs. Or, dans un délai aussi rapproché, il est impossible aux Fédérations et aux Unions de prendre les mesures en conséquence. Je sais que le temps presse, je sais qu'on dit : Sauvons les existences qui restent, mais nous, en pratique, nous voulons faire un Congrès qui soit l'émanation directe de la classe ouvrière.

BOURDERON. — Qu'y a-t-il de contraire à ce que vous avez décidé hier soir? Vous avez décidé en principe, à la presque unanimité, le principe d'un referendum. Eh bien ! ce referendum doit avoir en vérité une fixation de l'époque et des délais qu'il convient d'accorder aux organisations pour faire leurs réponses. Si on ne fait un Congrès que l'année prochaine à pareille époque, est-il utile d'avoir pris cette résolution d'un referendum? Nous avons le temps, mais les évènements vous devancent, camarades. Nous vous disons : Consultez les organisations intéressées. Pour la question de la ville, il y a peut-être des délégués qui reconnaissent que Clermont est très central, mais par rapport aux communications, il n'est pas facile à atteindre. Nous laissons les organisations libres de déterminer la date. Vous dites que c'est hâter. Je vous demande vraiment ce que vous voulez. L'ordre du jour d'hier soir ne serait-il qu'un moyen de temporisation, d'ajournement indéfini de la tenue d'un Congrès? De deux choses l'une : ou il y a nécessité d'aller vite dans une période comme celle-ci, ou vous considérez que les organisations ouvrières ne seront consultées que dans l'après-guerre.

Je crois qu'il y aura sagesse d'adopter à mains levées et à l'unanimité ma proposition.

JOUHAUX. — La proposition de Bourderon est, en effet, une proposition qui vient compléter et définir celle qui a été acceptée hier, mais elle comporte une objection sérieuse. Cette objection, je me réserve de la faire lorsqu'au prochain Comité Confédéral nous aurons discuté l'application de la décision prise. A l'heure actuelle, malgré nos tentatives répétées, malgré les circulaires adressées tant aux Fédérations qu'aux Unions départementales, il a été matériellement impossible au Bureau Confédéral de reconstituer le répertoire confédéral. Nous ne connaissons pas les organisations. Aux circulaires qui ont été envoyées, par trois fois différentes, nous avons reçu à peu près quarante réponses, sur cent trente organisations environ auxquelles elles ont été adressées. Par conséquent, pour ma part, je considérerais que le Bureau Confédéral devrait établir le texte du referendum, mais qu'il appartenait aux Fédérations elles-mêmes d'adresser ce referendum à leurs Syndicats.

Il n'est pas possible que le Bureau Confédéral adresse à toutes les organisations syndicales, passant par-dessus les Fédérations corporatives, le referendum aux Syndicats. C'est l'indication que je me réservais de donner au Comité Confédéral dans sa première séance.

Eh bien ! je demande à Bourderon que la Conférence accepte l'esprit de sa résolution et laisse au Comité Confédéral le soin, dans sa première séance, de décider des conditions d'application du referendum adopté.

DRET. — Quand j'ai rédigé hier soir ma proposition, je n'avais pas songé aux difficultés d'ordre matériel pour consulter les organisations syndicales. Je suis heureux de l'observation présentée par Jouhaux, parce qu'elle répond à la préoccupation d'autres camarades qui désiraient voir s'établir cette consultation par nos camarades des Fédérations.

D'un autre côté, si je n'ai pas fixé la date de la tenue de ce Congrès, c'est qu'il est très difficile d'évaluer quant à présent le temps possible qui est nécessaire pour examiner la possibilité de faire véritablement un Congrès. Je ne voudrais pas que l'on suppose que, parce que ma proposition a été rédigée d'une façon rapide, elle n'apporte pas toutes les précisions, et soit un ajournement *sine die* de la tenue d'un Congrès. Il ne faudrait pas qu'on nous prête un pareil état d'esprit, parce qu'il n'est pas du tout conforme ni à nos idées personnelles, ni à celles de l'organisation que nous représentons. Je retiens l'indication donnée par Jouhaux, j'accepte la modification. Une circulaire peut être prête pour le 8 janvier, elle peut être prête demain matin, mais les réponses sont beaucoup plus longues à parvenir. Pour pouvoir faire cette besogne, il faut tenir compte d'un fait, c'est que nos Unions, nos Fédérations n'ont

pas, pour la plupart, leurs ressources d'avant-guerre pour payer des fonctionnaires, et elles nè peuvent envoyer très rapidement des lettres et correspondances. Je vous demande de faire en sorte que cette consultation
passe par le canal des Unions départementales, mais d'autre part, il ne
faut pas donner un délai trop court aux Fédérations pour se prononcer,
sans cela ce serait les mettre dans l'impossibilité de faire tout ce qu'elles
pourraient faire pour ce Congrès.

Luquet. — Je propose la nomination d'une Commission dans laquelle
les deux tendances seraient représentées ; je l'ai proposée ; cette Commission aurait eu pour mission de rédiger un texte qui, peut-être, eut pu
donner largement satisfaction à Bourderon et à Dret. Et ce sont les amis
de Bourderon qui n'ont pas voulu la nomination de cette Commission.
Si ma proposition n'a pas été combattue par vous, elle n'a pas été davantage appuyée, et je le regrette. La nuit a porté conseil puisqu'aujourd'hui
on reprend la résolution votée hier. Eh bien ! il ne faut pas se dissimuler
le caractère tendancieux et quelque peu vexatoire de la proposition Bourderon. Mais la décision prise hier soir sera loyalement appliquée par
nous, avec le concours de la minorité, je l'espère. Si vous doutez de la
loyauté du Comité Confédéral, pourquoi venir fixer des règles que le
temps, que les circonstances ne permettraient peut-être pas de respecter.
Tout, certes, sera fait pour appliquer la décision, vous ne pouvez pas en
douter, à moins de nous faire injure, à moins que la Conférence elle-
même veuille faire injure au Comité Confédéral, elle repoussera la proposition Bourderon.

Saint-Venant. — On propose la clôture de la discussion après les
orateurs inscrits.

(Adopté.)

Bourderon. — Je ne m'oppose pas à ce que le questionnaire soit donné
par l'intermédiaire des Fédérations ; nous considérons que les Fédérations peuvent servir dans l'expédition ; les représentants des Fédérations
ont le devoir d'apporter toute la célérité possible pour l'expédition à
leurs Syndicats respectifs ; c'est un moyen pour faire hâter les réponses.
Je veux dire à Luquet que ce que nous proposons n'a rien d'injurieux ;
non, Luquet, hier on ne se serait pas opposé, si ce vote n'avait eu lieu
dans le trouble et si la proposition Dret ne répondait en réalité à aucun
moyen pratique. La Conférence n'émettra pas un vote de négation ; elle
ne se déjugera pas de l'activité qu'elle doit apporter pour essayer de
s'entendre d'une façon générale. Je demande à la Conférence de voter
ma motion.

Keufer. — Je comprends la hâte que témoignent un certain nombre
de nos camarades pour activer la tenue du Congrès national ; ils escomp-
tent les résultats de ce Congrès qui devra être une manifestation de l'opinion ouvrière en France sur les événements et aussi sur le fonctionnement
de la Confédération. Je crois que c'est la pensée de ceux qui veulent hâter
la réunion du Congrès ; mais, je crois, que quelle que soit leur légitime
impatience, quels que soient leurs désirs très raisonnables d'avoir des
lignes directrices plus marquées, je crois qu'il faut tenir compte de la

réalité des choses : il ne faut pas nous imaginer que ce que nous demandons, c'est une réalisation facile. Je parle en qualité de Secrétaire d'une Fédération. Depuis la déclaration de guerre, nous n'avons pas cessé de dépenser toute l'activité nécessaire pour maintenir nos Syndicats, pour rester en relations avec eux d'une façon constante, pour démontrer combien il est nécessaire que nos institutions, que nos organisations syndicales, se maintiennent, qu'elles fonctionnent pour la défense même pendant la guerre des intérêts de nos camarades et aussi pour qu'au retour de nos camarades du front il y ait encore des organisations capables de formuler des revendications. Mais il ne suffit pas de désirer cela, il faut constater les réalités. Je déclare que, pour notre compte, il nous est très difficile, en raison même de la dispersion d'un certain nombre de cadres des Syndicats, de nos fonctionnaires, secrétaires, trésoriers, la plupart de ces hommes sont aux frontières ou dans les dépôts ; ceux qui les ont remplacés n'ont pas le même zèle syndical ; il nous faut envoyer plusieurs correspondances, faire des appels successifs dans notre journal pour avoir des réponses aux questionnaires que nous avons envoyés ou pour qu'ils paient leurs cotisations. Vous avez vu que pour la C. G. T. elles étaient beaucoup moindres qu'elles l'étaient avant la guerre. Je tiens à dire à nos camarades, aussi pressés qu'ils soient, qu'il y a impossibilité matérielle pour hâter ce Congrès. Et puis, voulez-vous un Congrès où vous aurez l'opinion de quelques individualités influentes dans les Syndicats ou bien une manifestation de l'opinion collective de tous les Syndicats? Il me semble que c'est cette dernière manière de voir qui devrait prévaloir pour les consulter sur les idées qui devraient être discutées au Congrès, pour qu'il y ait une certaine unanimité d'opinion. Or, si vous avez une hâte si grande, vous n'aurez pas l'opinion réfléchie de la part de nos camarades, vous aurez tout simplement l'opinion de ceux qui ont une part active dans ces Syndicats, c'est précisément ce que vous reprochiez hier à notre Conférence de ne pas être l'expression véritable du prolétariat français. Laissez le temps aux Syndicats, aux Fédérations de se préparer, d'être en relations avec leurs membres ; vous aurez leur expression sincère, plus largement exprimée que si vous hâtez la constitution de ce Congrès. C'est donc une question pratique que vous devez comprendre et respecter, car vous avez dans vos organisations les mêmes difficultés que celles que j'indique pour la Fédération du Livre.

Je demande qu'il soit laissé au Comité Confédéral, quelle que soit l'opinion que vous ayiez sur sa direction, la liberté d'organiser ce Congrès le plus rapidement possible et la faculté d'agir au mieux pour une consultation générale du prolétariat français.

DRET. — Voici les modifications que j'accepte à l'ordre du jour présenté hier soir. Après « Le referendum sera adressé à », j'ajoute : « Aux Syndicats confédérés au moment de la tenue de la Conférence actuelle par le canal des Fédérations d'Industrie en les invitant à procéder le plus rapidement possible à cette consultation ».

A la fin de la phrase où il est dit que ce referendum sera adressé en même temps qu'un commentaire contenant les désirs exprimés par la

Conférence, j'ajoute : « Tant qu'au mode de représentation qu'au désir de la Conférence de voir ce Congrès national se tenir le plus rapidement possible. La Conférence fait confiance au Comité Confédéral pour que ce Congrès soit organisé dans le délai le plus court ».

JOUHAUX. — On déclare, et c'est l'avis de Broutchoux, que c'est rouvrir la discussion. Je dis : Non. Qui va interpréter la décision prise? Le Comité Confédéral. Voulez-vous qu'il ait toutes les indications nécessaires pour l'interpréter? Il est indispensable que nous posions ici des précisions. J'ai dit tout à l'heure, en présence de la proposition Bourderon, qu'il y avait difficulté pour le Comité Confédéral à adresser directement le referendum, parce qu'il ne connaissait pas les situations fédérales, le nombre des Syndicats, qu'il était donc indispensable que ce referendum passe par le canal des Fédérations. Or, la proposition déclare que le referendum sera adressé le 8 janvier ; il s'écoulera un temps avant que les Fédérations l'adressent à leurs Syndicats. Or, tu fixes le dernier délai pour la réponse des organisations syndicales, à la fin du mois de janvier. Eh bien ! je dis qu'il y a là une impossibilité matérielle. Ce n'est pas vrai, vous n'aurez pas de réponse à la fin du mois de janvier ; j'en appelle ici aux Secrétaires de Fédérations et d'Unions départementales, par conséquent, je demande...

SAINT-VENANT. — Faites silence. Vous ne voulez donc pas que la discussion se termine ?

JOUHAUX. — Je demande une chose beaucoup plus simple. Je dis : En principe, l'adjonction de Bourderon est acceptée, mais laissez au Comité Confédéral le soin de décider le temps matériel pour les Syndicats de répondre à cette consultation. Vous ne pouvez pas, je le répète, faire qu'en quinze jours les réponses nous soient parvenues. A des circulaires, nous n'avons pas obtenu de réponses avant des mois et des mois ; à l'heure actuelle, après trois consultations consécutives, nous n'avons encore, je le répète, que 30 à 35 réponses sur 130 ou 135 organisations, Fédérations et Unions départementales. Il dépendra surtout des Fédérations que les Syndicats répondent. Laissez le temps au Comité Confédéral de faire cette consultation.

BERLIER. — Je déclare, au nom de la Fédération que je représente, que nous serons dans l'impossibilité absolue de répondre au referendum dans le courant de janvier. Je suis surpris d'entendre des exclamations pour la première fois que je prends la parole. Maintenant votez la proposition Bourderon, votez-là, si vous ne pouvez pas répondre, vous le verrez.

BOURDERON. — Je maintiens ma proposition et nous en demandons le vote.

BIDEGARAY. — Il est vraiment fantastique de voir ta ténacité, Bourderon ; tu sais que ta proposition est impraticable. Tu sais que pour faire nos réunions, il faut d'abord une autorisation ministérielle, et qu'avant que cette autorisation parvienne dans tous les centres, il s'écoule quinze à vingt jours. En principe, j'accepterais ton adjonction, mais en pratique il est impossible de nous y rallier.

BOURDERON. — D'un mot, je réponds à Bidegaray.

BIDEGARAY. — Je demande qu'on laisse Bourderon répondre, puisqu'il le demande.

BOURDERON. — J'accepte, si cela peut concilier, de fixer la réception des réponses au 15 février. Vous faites sentir des difficultés ; je vous accorde vraiment qu'il y en a, je le reconnais avec vous.

SAINT-VENANT. — Nous allons voter sur la proposition Bourderon et sur l'ordre du jour pur et simple par mandats ; pour l'ordre du jour Bourderon, cartes rouges ; pour l'ordre du jour pur et simple, cartes bleues.

(On procède au vote).

Voici les résultats : Ordre du jour pur et simple : 97 ; Ordre du jour Bourderon : 54. Abstentions : 3.

SAINT-VENANT. — Nous allons aborder le n° 1 de l'ordre du jour.

JOUHAUX. — Je veux brièvement exposer la question, car je pense que tout le monde la connaît : Attitude de la classe ouvrière dans une Conférence internationale et le sujet que cette Conférence aurait à discuter. Ce n'est pas là une question nouvelle pour la C. G. T. française. A différentes reprises, nous fûmes amenés, soit au Comité Confédéral, soit aux Conférences antérieures, à parler de cette question et à prendre position. Ce fut d'abord fin de 1914 , lors de la proposition des pays scandinaves, ce fut ensuite en février 1915 la Conférence interalliée de Londres ; ce fut la Conférence de juillet 1915 ; ce fut la Conférence de Leeds ; celle de Londres ; la Conférence nationale Confédérale de 1916 ; ce fut ensuite la Conférence de Londres et, enfin, à propos de la venue des délégués russes au sujet de la Conférence internationale de Stockholm. A toutes ces occasions, nous nous sommes prononcés sur les bases qui sont contenues dans l'ordre du jour accepté par le Comité Confédéral, par les Conférences nationales et par les Conférences interalliées qui fixent les conditions générales de la Paix. En présence de la proposition de la Conférence internationale de Stockholm, le Comité Confédéral, presque unanimement, a répondu affirmativement ; de même pour la Conférence de Berne. Les raisons pour lesquelles nous n'avons pas pu assister à ces deux Conférences sont, d'une part, que la Conférence de Stockholm n'eut pas lieu, et que, d'autre part, les passeports nous furent refusés pour la Conférence de Berne. Aujourd'hui, nous ne nous trouvons pas, à proprement parler, en face d'une nouvelle proposition pour la Conférence internationale. Pendant un certain temps, il semblait que l'idée émise par le Congrès des Trade-Unions anglaises à Blackford, d'un Congrès interallié précédant la Conférence internationale ait été acceptée par un certain nombre d'organisations ; il semblait à tous les militants qui suivaient attentivement le mouvement international que c'était la proposition qui nous serait faite un jour. Il apparaît aujourd'hui que cette proposition n'existe plus et que, à nouveau, pourrait se produire une invitation pour la participation à une Conférence internationale. Que cette invitation se produise ou qu'elle ne se produise pas, nous devons, malgré tout, discuter de la question. Il a été souvent question au Comité Confédéral de cette discussion et de cette attitude, et trop souventes fois, nous nous sommes heurtés à ce propos ; il est bon qu'aujourd'hui, la Conférence

discute cette question à fond et que nous sachions les uns et les autres
quelle position il conviendra de prendre, non pas pour participer à une
Conférence internationale, le principe de cette participation ne peut pas
être remis en discussion, mais de savoir l'attitude que nous aurons sur
les questions principales qu'aura à_discuter cette Conférence, c'est-à-dire
les conditions générales de la Paix. Maintes fois, au cours des discussions,
alors que les conceptions se heurtaient les unes aux autres, les camarades
disaient : Nous ne sommes pas partisans d'une paix à tout prix, nous ne
voulons pas accepter toutes les conditions, nous considérons qu'il y a
des principes sur lesquels nous devons rester inébranlables, malgré tout.
L'idée d'organiser une action en faveur d'une paix immédiate est une
idée qui a continué à circuler dans les milieux ouvriers et il convient
aujourd'hui, après une discussion où seront confrontés les arguments, où
seront exposées les thèses, que nous puissions sortir de cette Conférence
avec des indications très nettes qui manifestent une pensée unanime, si
possible, de la C. G. T. et qu'ainsi nous ayons une force nouvelle,
agrandie, fortifiée, pour prendre notre place dans les discussions internationales et pour y avoir l'autorité morale qui doit s'attacher à nos discussions et à nos participations.

J'invite donc la Conférence à discuter dans le silence le plus complet
les thèses qui seront ici abordées, à rester en dehors des questions de personnalités, à ne voir que les conceptions et leurs conséquences, à ne
songer qu'à l'intérêt général que les uns et les autres prétendons représenter et à examiner sérieusement quelle est la voie la meilleure que nous
ayons à suivre pour déterminer un courant en faveur d'une paix qui sauve
à la fois ce pays et qui assure le développement de l'humanité (*Vifs applaudissements.*)

CLAVERIE. — Je n'aurais pas voulu prendre la parole immédiatement
après Jouhaux, mais j'étais inscrit pour prendre la parole au cours de la
discussion.

Cette question de la paix est certainement celle qui nous préoccupe le
plus les uns et les autres, mais il est certain que nous sommes divisés,
selon le mot abondamment employé, hélas ! hier, par différentes tendances. Cependant, nous poursuivons les uns et les autres le même but,
c'est-à-dire la sécurité dans la paix, car si nous faisions une paix quelconque, une paix qui serait boiteuse, nous arriverions à faire, non pas
une véritable paix nous apportant la sécurité nécessaire qui nous permettra d'atteindre la sécurité indispensable à ce pays, nous arriverions
purement et simplement à une trêve qui nous conduira au régime de la
paix armée, à ce régime que nous avons depuis 1870, qui nous a obligé
à dépenser le plus clair de notre épargne et les ressources financières du
pays qui auraient été si utiles au développement de notre commerce et de
notre industrie et aux améliorations de la classe ouvrière. Nous avons été
obligés d'employer ces ressources à faire des canons et des munitions, à
jeter dans un gouffre sans fond le plus clair de nos ressources. Eh bien !
toute la question est là : Quelle paix ferons-nous? Quelque impatience que
certains aient et que je conçois fort bien et qu'on souligne de phrases

toutes faites, qu'on répète comme un *leit-motiv*, prenons garde d'augmenter encore les hécatombes. Eh bien ! oui, en effet, si nous pouvions
aujourd'hui faire cette paix, il serait criminel absolument de continuer
la guerre, mais pour faire la paix comme pour se marier, il faut être deux.
UNE VOIX. — Il faut être quatorze.
CLAVERIE. — Quand je dis qu'il faut être deux, je considère surtout
notre adversaire principal l'Allemagne et je me demande quelle est encore
à l'heure où nous sommes la mentalité du peuple allemand. En est-il au
point d'entrer dans la Société des Nations que nous rêvons tous? A-t-il
abandonné toute espèce de désir d'hégémonie mondiale? A-t-il cessé de
s'imaginer qu'il est le peuple élu, le peuple roi dominant le monde tout
entier? A-t-il déjà abandonné cette phrase que vous connaissez tous :
« L'Allemagne par-dessus tout » ? Eh bien non ! Je ne crois pas que l'Allemagne en soit encore là, nous sommes obligés de continuer la guerre
pour enlever au peuple allemand cette idée que la force n'est pas la solution de toute chose en ce monde, qu'il y a au-dessus de la force le droit,
contrairement au mot de Bismarck qui avait l'air, en 1871, d'être une
boutade, mais qui exprimait le fond même de la pensée allemande. Je ne
crois pas aujourd'hui que Bismarck ait cessé de faire école dans son
pays ; je suis persuadé, au contraire, que dans l'esprit de beaucoup d'Allemands et même dans beaucoup d'esprits de la classe ouvrière il subsiste
encore.
Je dis que si nous devions aujourd'hui demander à l'Allemagne de faire
la paix, nous ne pourrions faire qu'une paix allemande. Je me demande
si ce qui a été voté dans les Congrès britanniques, si la participation que
la C. G. T. a pris dans ces Congrès, pourrait véritablement se réaliser. Je
dis : Non. Je prends cette responsabilité, elle est grande pour ceux qui,
comme moi, sont pères de famille dont les enfants sont au feu et ont déjà
été blessés. J'ai cette impression intime que si je voulais aujourd'hui
d'une paix quand même, d'une paix allemande, je céderais peut-être aux
sentiments paternels, mais je serais traître vis-à-vis de la nation, je serais
traître vis-à-vis de la classe ouvrière tout entière. Voilà pourquoi je dis :
Malheureusement, nous sommes obligés de continuer la guerre, non pas
pour la guerre elle-même, car elle est atroce, je suis le premier à entendre
et à dire que le sang répandu, la force, tout cela est barbare et ignoble, il
faut le mépriser, mais il y a une démonstration à faire : il faut changer
la mentalité allemande, et nous n'y arriverons, nous sommes obligés de
le dire, que par la démonstration militaire. (*Bruit.*) Nous ne pouvons
pas, quand notre pays est envahi, quand les Allemands foulent notre sol,
demander la paix parce que la paix que nous pourrions avoir serait une
paix de vaincus et si nous sommes vaincus nous ne pourrons pas imposer
les conditions. Il arriverait alors à la classe ouvrière cette chose épouvantable dont personne ne peut dédaigner l'observation. Croyez-vous que si
demain la paix était faite véritablement nous serions prêts pour lutter
contre l'Allemagne sur le terrain économique? J'aperçois alors ce résultat,
c'est que les Allemands viendraient chez nous avec leurs capitaux, avec
leur organisation financière qui se tient, car elle fait bloc, l'Allemagne,

c'est un tout admirablement bien organisé, car les Allemands au point de vue organisation sont certainement les maîtres ; alors, ils viendraient ici ; ils feraient des firmes, ils seraient à la tête de toutes les industries, car il y a en France des industries qui n'ont vécu pendant la paix qu'avec la tolérance des firmes allemandes ; je puis parler, par exemple, des produits chimiques ; c'était entre les mains de l'Allemagne dans la proportion de 98 %. Une industrie chimique a pu venir à Paris ou aux environs, c'est la maison Coignet, mais à une condition d'admettre dans son sein des capitaux allemands. Ce qui est vrai pour les produits chimiques est vrai pour d'autres industries. Nous aurions donc ce spectacle de voir les Allemands venir chez nous comme ingénieurs, comme contremaîtres et les Français seraient purement et simplement les humbles serviteurs des Allemands. Eh bien ! c'est une perspective qui doit nous faire supporter les sacrifices nécessaires que nous entrevoyons. Il peut y avoir une paix sans vainqueurs, ni vaincus, mais il faut que nous changions la mentalité allemande ; ensuite, nous pourrons demander aux Allemands de faire partie de la Société des Nations. Une Société qui exclurait une seule des Nations de son sein ne serait plus une Société des Nations, car elle serait obligée de faire la guerre à cette nation exclue de son sein. Il faut donc que l'Allemagne, que le peuple allemand rentrent dans la Société des Nations. J'ai cette conviction que l'Allemagne ne pourra entrer dans la Société des Nations que le jour où elle aura changé, je ne dis pas la forme de son gouvernement, car ce serait s'immiscer dans les affaires intérieures de l'Allemagne, mais le jour où elle aura un gouvernement responsable devant le peuple et ses représentants. Donc, notre but, c'est de rechercher, en même temps que la paix, la possibilité de créer sur des bases sérieuses et définitives la Société des Nations. Voilà la paix que nous devons faire. Ferdinand Buisson l'a dit, nous y avions pensé avant lui, mais il a donné cette formule lapidaire et définitive.

Je suis de ceux qui pensent que lorsque la paix sera devenue possible, il devra y avoir un Congrès ouvrier ; je suis à la fois partisan d'un Congrès international et de l'envoi au sein même de la Conférence pour la paix de délégués ouvriers. Si nous voulons envoyer à la Conférence de la paix des délégués, il leur faudra un mandat. Or, il n'y a qu'une Conférence, qu'un Congrès international qui pourra définir ce mandat. J'aurais peur, si un mandat définitif n'était pas donné, que nos délégués soient en quelque sorte noyés dans la masse même des délégués ; il faudrait qu'ils aient surtout un mandat bien défini, connu de tous, ce qui fortifierait leur autorité au sein même de cette Conférence pour la paix. Le jour où dans un Congrès international, toutes les nations, toute la classe ouvrière, auront défini l'avenir des pays, où il aura été nettement établi que nous voulons que tous les différends entre les nations soient tranchés par la justice et le droit, c'est-à-dire par l'arbitrage, le jour où nous aurons répudié l'emploi de la force, où il ne sera plus permis que la force prime le droit, quand nous aurons bien dit que nous sommes surtout des gens imprégnés de l'esprit de justice et de droit, ce jour-là nous aurons fait quelque chose pour la paix du monde. Il faudra que ce mandat soit défini dans une Conférence internationale où nos camarades auront un mandat ferme et précis.

Voilà les quelques observations que je voulais vous présenter ; je me réserve, si l'occasion s'en présentait, de préciser mon opinion.

Rougerie (Haute-Vienne). — J'ai demandé la parole sur cette question parce que les camarades syndiqués de la Haute-Vienne m'ont demandé, si l'occasion se présentait, d'exprimer en leur nom dans la Conférence les sentiments qui sont leurs.

Tout à l'heure, nous discutions des conditions de la guerre. Je crois que l'on ne peut pas faire un reproche à la classe ouvrière de ne pas avoir fait son devoir dans cette guerre, je dis plus que son devoir, parce que dans la nation il y a peut-être une autre classe qui n'a pas fait son devoir comme l'a fait la classe ouvrière. (Très bien.) La classe ouvrière n'a rien gagné dans la guerre, elle a beaucoup perdu matériellement, beaucoup perdu moralement, alors que dans les classes dirigeantes, possédantes, si on a perdu quelque peu on a aussi gagné beaucoup. C'est parce que au début de la guerre il y a eu des conditions différentes entre les diverses classes qui constituent la nation, que justement les uns semblent avoir des intérêts à ce que la guerre se prolonge, tandis que d'autres, au contraire, n'y ont pas intérêt ; je considère que là aussi se confondent avec les intérêts de la classe ouvrière les véritables intérêts de la nation. Nous avons fait, et la classe ouvrière l'a fait de bonne grâce, ce qu'on a appelé l'union sacrée. La classe ouvrière y a cru dès le début, mais hélas ! dans d'autres classes on n'avait pas du tout l'idée de l'union sacrée. On a compris que sous cette couverture d'union sacrée il devait y avoir une abnégation de la classe ouvrière, non seulement dans nos sacrifices, mais aussi dans les conquêtes qu'elle avait faites et plutôt une diminution de ses capacités de revendication. La guerre s'est poursuivie, la classe ouvrière a été muselée, la censure n'a pas hésité et le patronat a cru que c'était pour lui le bon moment de mater les ouvriers ; ils ont été obligés par la suite de donner des augmentations de salaires, mais vous savez combien elles sont illusoires, quel effet elles ont lorsqu'elles sont comparées à l'augmentation formidable du coût de la vie, si bien qu'au point de vue matériel c'est pour la classe ouvrière une situation diminuée. La classe ouvrière a conscience d'avoir fait tout son devoir envers le pays, envers la nation, mais par contre, aucune mesure n'a été prise pour mettre la classe ouvrière à l'abri du besoin, pour opérer une répartition équitable en ce qui concerne les réserves de vivres dont pouvait disposer le pays. Le laisser-aller partout, l'agio, le cumul des marchandises par quelques-uns, l'accaparement, tout s'est manifesté ; on a laissé exploiter d'une façon honteuse la classe ouvrière sans qu'on prenne des mesures pour y parer, alors que dans d'autres pays les classes dirigeantes savaient prendre les mesures nécessaires.

On nous a dit : La guerre que nous faisons est une guerre du droit, une guerre de la justice ; nous l'avons cru de bonne foi dès le début ; hélas ! nous avons été amenés à déchanter un peu et nous nous sommes aperçu que ces affirmations n'étaient pas toujours exactes, nous nous sommes aperçu que l'on nous trompait tout de même un peu, et pendant qu'on nous parlait de guerre du droit, derrière cette pensée chez nous les gouvernants avaient également le désir de conquêtes, des désirs impérialistes qui n'étaient pas avoués mais que secrètement on essayait de mener à bonne fin. On était pour des conquêtes et au cours de la guerre la démonstration en a été faite ; il a fallu que vienne la révolution russe pour éclairer un peu quelques cerveaux et faire comprendre combien nous étions menés en aveugles dans nos gouvernements démocratiques.

Et puis, qu'est-ce à dire dans un pays démocratique où la classe ouvrière, après les sacrifices qu'elle a consentis, n'aura même pas le droit d'examiner quelle pourra être la paix qui sera faite, elle n'aura même pas le droit de parler de paix. Je dis que cela est inadmissible ; je dis que dans un régime démocratique, la classe ouvrière, tous les citoyens ont droit quand ils ont fait leur devoir, de pouvoir examiner à quelles conditions l'horrible carnage déchaîné sur le monde pourrait être enfin arrêté. Et il ne s'agit pas de dire : Nous n'arrêterons pas le carnage d'un coup, nous n'aurons pas les satisfactions que nous désirons tant que nous n'aurons pas une paix qui nous assure à nous la suprématie ou quand tel ou tel peuple n'aura pas renoncé à ses idées d'hégémonie, de ceci ou de cela. Eh bien ! qu'est-ce que c'est que l'hégémonie de ce peuple. Il a peut-être des intentions outrées, c'est possible, il peut être grisé par une situation économique au développement rapide sans précédent dans l'histoire des peuples et il pense que peut-être le développement de cette situation économique pourrait lui assurer une suprématie, c'est possible, mais à quoi tient que d'autres peuples ne se soient pas développés comme celui-là ? Est-ce qu'on va reprocher au prolétariat français si les industries françaises ne se sont pas développées dans des conditions aussi brillantes, aussi rapides que les industries allemandes ? Cependant vous savez que les dirigeants, nos exploiteurs, disent que si l'industrie française ne peut pas se développer, c'est parce qu'elle n'a pas une situation stable au point de vue du travail, c'est parce que l'agitation ouvrière est constante. Nous savons bien que ce ne sont pas ces causes-là qui ont fait que nos industries ne se sont pas développées. Ce sont les habitudes routinières, les méthodes surannées employées dans nos fabrications qui ont fait que les industries étrangères ont pu non seulement concurrencer nos industries nationales mais les supplanter sur le marché mondial.

Et nous sera-t-il permis de songer à la paix ? Est-ce que songer à la paix c'est faire œuvre de capitulation, faire œuvre de défaitisme, comme le gouvernement le dit ? Je pense que non, et les véritables défaitistes ne sont pas ceux-là, mais ce sont ceux qui ne voulant pas voir les événements se développer continueront à faire comme l'autruche, à se cacher les yeux et iront se jeter devant de nouveaux obstacles, ce sont aussi ceux qui par toutes sortes d'imprévoyances auront préparé une situation économique ou militaire telle que la France serait vaincue et écrasée. On nous dit : Il faut continuer la guerre. Ah ! camarades, c'est souvent que nous avons entendu dire qu'il faut aller jusqu'au bout ? Est-ce quand il n'y aura plus un Français en France ? Est-ce quand la France sera suffisamment exsangue et incapable d'un relèvement quelconque ? Si c'est cela que vous pensez, en allant jusqu'au bout vous aurez une victoire à la Pyrrhus, et même avec la victoire vous auriez une France incapable de se relever, de continuer son rôle et sa marche historiques parmi les peuples, non, cela ne serait pas une paix avantageuse pour la France.

J'estime tout de même qu'à travers tous les bruits des combats, à travers le déchaînement de toutes les passions d'un chauvinisme forcené qui veulent même conquérir jusqu'à la rive gauche du Rhin, il est vrai qu'ils en ont un peu rabattu maintenant, nous devons savoir s'il est possible actuellement d'examiner si une paix peut être envisagée, et non pas une paix où la France, notre pays, serait humilié, mais une paix équitable pour tous les peuples, qui sauve l'honneur de chaque peuple, qui lui donne la possibilité d'un libre développement commercial, industriel, intellectuel. Est-ce qu'il n'est pas possible d'examiner si, en ce moment même cette paix est possible ? Si véritablement alors on nous prouve qu'on ne peut pas accorder cette paix-là, que l'on veut établir une domination sur d'autres pays, si véritablement on nous démontre que l'on veut nous asservir non pas seulement économiquement, mais moralement, si on nous démontre qu'on veut attenter à nos libertés, à ce moment-là alors, quand nous en aurons la preuve, je crois que le peuple de France se lèvera encore et sera susceptible d'un dernier effort et préfèrera la mort plutôt que le déshonneur.

Mais jusque-là cette démonstration n'a pas été faite. Aux propositions de paix plus ou moins vagues qui ont été formulées, notre gouvernement, d'accord avec ses alliés, n'a pas répondu ; ils n'ont pas indiqué d'une façon nette les conditions auxquelles ils auraient considéré qu'une paix honorable pouvait être établie.

Eh bien ! mon sentiment, le sentiment de mes camarades organisés et le mandat qu'ils m'ont donné est de dire très nettement que nous voulons savoir si enfin cette paix-là est possible. Nous voulons savoir, et nous voudrions que le gouvernement dise nettement quelles sont ses conditions. Je sais bien que l'on maudit beaucoup le prolétariat russe en raison de la situation qui lui est faite, mais peut-être dans cette situation n'avons-nous pas quelques responsabilités morales nous-mêmes (*Applaudissements.*) N'avons-nous pas encouru envers notre conscience quelques reproches ? Notre démocratie d'Occident avait été le refuge de pas mal de nos camarades russes alors qu'ils étaient persécutés par le gouvernement tsariste ; ils avaient l'habitude de nous considérer comme un peuple libre, de nous voir exprimer nos opinions et ils n'ont pas entendu au milieu de la tourmente dans laquelle ils étaient jetés, la voix de notre démocratie qui pouvait les éclairer ou les encourager, ou leur faire sentir que nous étions avec eux, au contraire, ils ont trouvé étendues sous leurs pas des propositions qu'ils ont dénoncées, que vous avez vues, des propositions qu'on ne pouvait pas qualifier être des propositions de justice et de droit auxquelles tous les gouvernants s'étaient associés.

Cela a été pour nous peut-être une cause pour laquelle le peuple russe qui a tant souffert, qui a tant payé lui aussi, mérite quelques sympathies et d'une démocratie amie peut-être quelques paroles qui eussent éclairé la situation, ce qui aurait fait que si nous avions pu mener une action d'ensemble, nous aurions pu préparer peut-être l'avenir à des conditions de paix, et tout au moins abréger cet immense carnage, diminuer ce charnier et épargner quelques vies humaines dont nous aurons tant besoin. Cela c'est notre devoir et c'est la raison pour laquelle je désirerais que la Conférence se prononçat nettement et qu'elle dise enfin une fois au nom du prolétariat : Nous voulons connaître rapidement vos désirs de paix ; ne laissez pas aux autres nations encore le soin de faire leurs propositions. Prenez donc au moins l'initiative de cette décision, et si alors cette proposition que vous feriez, étant juste, étant raisonnable, était refusée, alors nous serions peut-être derrière vous en ce moment. On reproche aux amis russes des propositions de paix séparée ; or, dans les messages qui ont été envoyés et communiqués, il n'a pas été question de paix séparée par le peuple russe, il a été question des conditions de paix générale, mais pas de paix séparée.

Et voyez-vous, camarades, on nous cache toute cette situation, à nous qui sommes de bons citoyens, de bons Français, à nous qui aimons notre pays, qui aimons notre France, qui l'aimons par tous les souvenirs historiques, par tout l'esprit qu'elle a et peut-être, disons-le avec un peu de vanité personnelle, parce que nous la considérons comme un peu le flambeau de la liberté dans le monde, nous qui l'aimons par tout cela, qui voudrions la voir plus grande, belle, juste, forte, nous qui l'aimons pour tout cela, nous voudrions qu'on puisse lui éviter encore des saignées nouvelles, des saignées qui se préparent si enfin le peuple ne fait pas entendre sa voix et son désir de paix.

Mayoux (Angoulême). — Camarades, ma tâche sera singulièrement abrégée après le remarquable discours du camarade Rougerie qui a traité beaucoup de points.

Avant de commencer, je tiens à vous dire que je viens de recevoir une lettre qui m'informe, que le gouvernement persiste ; des camarades qui n'étaient pas connus comme militants, trois instituteurs de la Dordogne, sont encore poursuivis. Un camarade est poursuivi pour des propos tenus à l'hôtel où il prend pension ; il a été dénoncé par la gendarmerie ; deux institutrices mariées avec des soldats au front depuis trois ans sont perquisitionnées et poursuivies. Le camarade majoritaire que nous avons entendu tout à l'heure a dit quelques mots qui m'ont fait tiquer ; il a parlé de gouvernement responsable devant la démocratie. Cela sous-entendrait que nous savons ce qui se passe, et que, par conséquent, nous avons une diplomatie publique. Ce n'est pas le cas chez nous. Il est évident que pour un projet de loi on peut faire tomber un ministère, après il en vient un autre qui continue avec les traités secrets. Ce n'est pas cela un gouvernement responsable. Nous devons nous préoccuper de la guerre économique ; contre cela, nous devons nous élever de toute notre énergie, de tout notre cœur, de toutes nos forces. Si nous recom-

mençons après la guerre, la guerre économique, ce serait une source
assurée d'une nouvelle guerre. Il n'est pas possible qu'on puisse dire
qu'un peuple sera inférioris é sur le marché mondial. Mettez à la place de
Guillaume, Liebcknecht ou tout autre en prison actuellement, croyez-vous
qu'il pourrait accepter que l'Allemagne se voie lésée par l'Angleterre.

Nous sommes d'accord pour les réalisations économiques, à condition
que le libre développement soit accordé à tous les peuples. On dit : Travaillons pour l'après-guerre. Pourquoi ne pas dire tout simplement : la
paix après la guerre. Que ce soit ici dans les Syndicats, au Parti socialiste,
quoi que vous fassiez, une seule question se pose, c'est la question de la
paix et vous ne l'éluderez pas. Il n'y a qu'un moyen de faire cesser la
campagne pacifiste, c'est de faire la paix. (*Mouvements divers.*) Les journaux nous ont dit un tas de choses contradictoires : l'Allemagne est
affamée. Eh bien ! ce n'est pas à nous qu'il faut venir raconter cela.
Rougerie a parlé de traités secrets. J'ai trouvé dans un journal du 27 septembre quelques notes à ce sujet. Le gouvernement du tsar avait conclu
des traités secrets et Briand, paraît-il, avait demandé pour la France la
rive gauche du Rhin pour faire contre-poids aux prétentions russes exagérées. Il y a autre chose de plus suggestif. Nous trouvons une note ainsi
conçue : Le 30 septembre, on télégraphie à Paris et à Londres pour dire :
Des compensations pourraient être accordées à la France et à l'Angleterre
comme celles qui sont données aux Etats-Unis en échange de leur concours. Qu'est-ce que c'est que ce marchandage-là ? Cela vous explique
pourquoi Lénine et Trotsky ont été portés au pouvoir. Le peuple russe
veut la paix et ne veut pas livrer son pays aux autres nations, fussent-
elles alliées...

Une voix. — Plutôt à l'Allemagne !

Mayoux. — Nous verrons tout à l'heure. Nous devons nous prononcer
énergiquement pour la suppression de toute diplomatie secrète. Il viendra
un temps où nous aurons des libertés plus étendues que maintenant ;
nous serons peut-être obligés de livrer de rudes combats pour avoir à
nouveau la liberté de la presse, bien illusoire parce que nous n'avons pas
d'argent, mais la liberté de réunion n'est pas complètement illusoire ;
il ne faut pas que quelques sous pour organiser des réunions où on peut
parler aux ouvriers. Nous avons pris, nous, les pacifistes, nos responsabilités. Nous ne nous en faisons pas gloire, nous étions pacifistes avant,
nous le sommes pendant, nous le serons après ; les responsabilités majoritaires sont terribles parce qu'elles sont liées à celles du gouvernement
actuel ; vous auriez dû au moins réserver l'avenir. En particulier quelle
sera votre attitude demain, à vous majoritaires, quand il s'agira de solder
les dépenses formidables créées par cette guerre ? Il me semble que notre
syndicalisme n'était pas étroitement corporatif avant la guerre ; il avait
pour but la transformation de la société capitaliste actuelle en société
de justice, par conséquent la suppression des privilèges capitalistes au
premier rang. Il se posera demain la question de la suppression de la
dette de guerre. Ne dirons-nous pas que les dettes contractées par le
gouvernement doivent être abolies avec indemnités temporaires au por-

teur? Vous ne le pourrez pas, vous aurez donné votre signature pour ces dettes, nous, nous aurons toute faculté pour les renier et faire vraiment du syndicalisme.

Camarades, malgré la tuerie, la folie et le crime qui sévissent partout, nous demeurons quand même confiants en l'avenir, nous vivons pour la France que nous aimons, pour l'Internationale à laquelle nous sommes plus attachés que jamais ; nous voudrions que la classe ouvrière prenne nettement parti et que dans la motion qui sera votée ici soient rappelés les principes de Zimmerwald qui, quoiqu'on en dise, ont sauvé l'honneur de l'Internationale. (*Exclamations; quelques applaudissements.*) Les camarades qui y sont allés ont créé un fait historique sans précédent, d'une portée considérable et qui demeurera dans l'histoire, quoique vous en pensiez.

Un Délégué. — C'est une opinion.

Mayoux. — Naturellement, je viens ici, vous exprimer la mienne et en particulier celle de nos camarades d'Angoulême qui, après une discussion approfondie, à trois reprises, nous ont mandatés Pajot et moi. Nous voudrions que, dans un sens très précis, soit marquée notre réprobation la plus énergique, la plus nette, contre toute menace de guerre économique, nous voudrions qu'il soit fait appel à la paix générale. Nous nous élevons naturellement contre la paix séparée de la Russie, mais il faudrait qu'il soit bien entendu que les gouvernements français et anglais, qui sont les plus forts, dégagent d'un façon absolue, nette, complète, totale, leur responsabilité dans cette paix séparée que la Russie va peut-être être obligée de faire.

J'en reviens à la question posée tout à l'heure : suppression franche, loyale, vraie, de toute diplomatie secrète. Alors l'Allemagne serait en présence de deux alternatives. Quand nous lui proposons la paix de Zimmerwald qui n'est pas une paix boche, sans conquêtes, sans indemnités, avec liberté pour les peuples de disposer d'eux-mêmes, l'Allemagne pourra ou accepter ou refuser. Si elle accepte, suppression immédiate des hostilités par armistice et discussion générale.

Bidegaray. — Et si elle refuse?

Mayoux. — A la condition que le gouvernement français supprime la diplomatie secrète et publie toutes les tractations. Nos combattants sauront parfaitement pourquoi ils se battent, pourquoi ils doivent tenir. C'est dans cet esprit-là que nous devons participer à une Conférence internationale, il faut mettre les gouvernements au pied du mur et dégager nos responsabilités. Et nous serons des défaitistes, nous qu'on traîne dans la boue, à qui on interdit formellement de nous défendre, si nous obtenions par le libre jeu de la diplomatie, de la force ouvrière organisée, ce que vous n'avez pu obtenir avec tous vos canons et le carnage, si nous l'obtenions par le libre jeu de la diplomatie publique, serait-ce du défaitisme, puisque la France est entrée dans la guerre pour défendre l'honneur et l'intégrité de son territoire, mais avec Zimmerwald son honneur est sauf. Si l'Allemagne n'acceptait pas, nous saurions pourquoi nous nous battons.

SAVOIE. — Vous ne seriez plus pacifistes.

MAYOUX. — Nous ne voterons, nous délégués de la Charente, qu'une motion nettement pacifiste dans le sens de Zimmerwald.

DRET. — Je vais essayer, autant que possible, d'abréger. Camarades, j'ai écouté attentivement les orateurs qui m'ont précédé. J'ai retenu ce qu'a dit Rougerie ; il a fait allusion au silence du gouvernement en France. On a trop oublié que de l'autre côté le même silence a existé et que cela a contribué également à très peu éclairer le débat. Nous pouvons être séparés, puisqu'on parle de tendances, mais il ne faudrait pas tout de même que l'on puisse supposer que, parce que nous sommes divisés sur les moyens qui amèneraient la fin de la guerre, nous sommes un parti guerrier, que nous voulons continuer la guerre pour le plaisir de la voir se continuer. Je vous demanderai d'accepter les explications que je vous donnerai. Moi aussi, je suis partisan de la paix, je suis pacifiste tout autant que les uns et les autres vous pouvez l'être. Nous devons aujourd'hui ici définir notre pensée. Lorsqu'on dit qu'il faut demander aux gouvernements de se prononcer sur leurs buts de guerre, je dis : Non, ce n'est pas exact, nous devons ici aujourd'hui définir quelles sont nos conditions de paix et faire que ces conditions de paix soient les buts de guerre de nos gouvernants. (Très bien.) Lorsque nous examinons ces buts de guerre, nous ne devons pas simplement fixer notre attention sur ce qui se passe sur la frontière actuelle ; nous devons tenir compte aussi qu'il est utile que la classe ouvrière précise sa pensée en face du flot de boue, du flot réactionnaire qui monte, pour que non seulement notre attitude soit précisée en ce qui concerne la conflagration actuelle, mais qu'aussi en face de ce danger qui menace nos libertés passées, comme il peut nous empêcher d'obtenir des libertés nouvelles, nous puissions nous dresser franchement et savoir ce que nous voulons.

J'ai retenu tout à l'heure avec plaisir la phrase prononcée par Rougerie parce qu'elle était l'expression exacte de la pensée de la majorité confédérale et nous l'avons précisée, cette pensée, dans un ordre du jour que vous avez voté hier en protestation contre tout acte arbitraire. Cette phrase dernière de l'ordre du jour voté signalait que l'intérêt de la classe ouvrière se confondait avec l'intérêt de la nation ; tout à l'heure Rougerie l'a proclamé et je suis heureux d'enregistrer cette adhésion à ce qui était notre pensée commune.

Mayoux nous dit : Nous sommes pacifistes et pour faire cesser toute campagne pacifiste, il faut la paix. Pour avoir la paix, n'est-ce pas, camarades, il faut faire cesser la guerre, mais pour faire cesser la guerre en avez-vous apporté les moyens? Si j'examine votre discussion, si j'essaie de la détailler, je ne veux pas même essayer de me servir de Zimmerwald pour étayer mon argumentation, je constate que nous sommes bien prêts de ce qui fut adopté à la Conférence de Leeds ; lorsque, par exemple, vous parlez de la suppression radicale, complète, de toute diplomatie secrète, c'est inclus justement dans les conditions de paix qui furent votées à la Conférence de Leeds. Je sais qu'il peut apparaître bizarre à quelques-uns que nous ayons figure de nous dresser simplement contre

l'hégémonie allemande, contre l'impérialisme allemand. Je constate que
là encore, à la Conférence de Leeds, nous ne nous prononçons pas simplement contre l'hégémonie, contre l'impérialisme allemands. Et certes,
je ne suis pas de ceux qui font grief aux industriels allemands d'avoir
pu asseoir leur hégémonie économique et politique sur le monde par leur
initiative et leur activité. Je constate seulement ce fait : c'est que nous
ne voulons pas non plus de guerre économique la paix obtenue, parce
que comme vous, Mayoux, nous savons très bien que ce serait là encore
une source nouvelle de guerre. Nous n'en voulons pas et c'est pour cela
que nous nous prononçons non seulement contre l'hégémonie allemande,
contre l'impérialisme économique ou guerrier allemand, mais que nous
nous prononçons contre toutes les hégémonies, contre tous les impérialismes guerriers ou économiques, et dans la motion votée à la Conférence
de Leeds, tout cela on le proclame. Ce que je ne comprends pas c'est
qu'on ne vienne pas dire qu'actuellement il est un désir commun à tous
les délégués, c'est de faire cesser la guerre, c'est de voir cesser l'horrible
carnage. Malheureusement, nous n'avons guère de moyens ou que des
moyens restreints pour arriver à ce résultat. Et si nous faisons grief aux
gouvernements passés de n'avoir pas fait connaître leur pensée, d'avoir
observé un silence qui, en certaines périodes, fut très grave, en effet,
nous le reconnaissons, nous ne sommes pas de ceux qui avons refusé
des conversations au point de vue international, parce que à maintes
reprises le Comité Confédéral lui-même s'est prononcé pour que ces
relations internationales soient renouées tout en les conditionnant au
transfert du siège du Bureau international. Vous savez que nous voulions
aller à Stockholm, à Berne, pour y discuter des conditions de paix, vous
le savez très bien. Si nous faisons grief au gouvernement de n'avoir pas
dit sa pensée, on ne peut faire grief à la classe ouvrière française de
n'avoir pas suffisamment défini la sienne. Comme vous, nous savons que
le silence du gouvernement, lorsque nous voulûmes aller à Stockholm,
a peut-être aggravé la situation pénible que traversait la Russie en ce
moment ; nous le savons, nous comprenons très bien qu'il faut aujour-
d'hui préciser quels sont les buts de paix, les conditions de paix que
nous voulons voir insérer dans les clauses du traité de paix. Il faut donc,
oubliant ce qui jusqu'ici a pu nous diviser peut-être d'une façon plus
superficielle qu'on le suppose, mais qui a été aggravé surtout par les mé-
chancetés ou les animosités personnelles, il faut que nous les précisions.
J'ai mandat, au nom de ma Fédération, de me prononcer nettement en
faveur de la motion votée à la Conférence de Leeds.

On se demandait ce qu'il fallait entendre par une paix sans conquêtes,
sans indemnités ; nous le disons nettement. Permettez-moi de préciser
la pensée à cet égard de notre Comité Confédéral. Il serait inadmissible
qu'on ne veuille pas tenir compte quand même des indemnités qui devraient être une juste réparation des dommages causés en certains pays ;
on ne peut pas ne pas tenir compte que sans ces indemnités il y aurait
en même temps une impossibilité pour la France de reprendre sa position économique et industrielle que vous voulez lui voir reprendre.

Comment, vous ne songez pas au sort misérable de la Belgique, de la Serbie, où tout est ravagé, d'où les machines sont parties? Comment voulez-vous que ces peuples dénués de ressources puissent reconstituer et les foyers détruits et ce qui faisait la force et l'activité du pays? Vous toléreriez qu'après avoir tout envahi, qu'après avoir enlevé ce qui faisait la force industrielle d'une nation, d'un pays, d'une région, les Allemands au moyen de ces usines, de ces machines, puissent encore concurrencer sur les marchés mondiaux toutes les productions de ces pays? C'est pour cela que nous, nous admettons une indemnité logique et juste. Pour évaluer les dommages, pour délimiter quels sont ceux qui sont à la charge de telle nationalité ou de telle autre, j'estime que cela doit-être déterminé non pas seulement par la volonté de nos gouvernants, mais aussi par des représentants ouvriers.

Voilà dans quel sens notre Comité demande que les délégués se prononcent. J'ai précisé certains points au sujet des indemnités. (*Une voix : Et la Russie?*) Lorsqu'on vient nous dire : Et la Russie, il me paraît bizarre que celui qui a commis l'attentat soit placé exactement sur le même terrain que celui qui en fut la victime. Il me semble dans la logique, même dans la logique socialiste, si je peux employer ce terme ici, que cela ne se peut pas. Or, nous devons inviter nos gouvernants à rompre le silence dédaigneux qu'ils ont observé, non pas seulement nos gouvernants, mais aussi ceux de l'autre côté de la frontière. Nous avons protesté, d'autres peuples ont protesté, contre la violation des nationalités, et là-bas de l'autre côté, bien plus tard, on a fait entendre de timides protestations.

Un Délégué. — Et Liebknecht?

Dret. — Je demande si vous voulez dire que nous voulons travailler en faveur de la paix universelle ; c'est pour cela que nous précisons nettement, clairement, quels sont nos buts de paix, nos conditions de paix ; faisons-les connaître, et nous ne devons pas craindre de les clamer bien haut en face de toute l'Internationale qui comme nous, comme vous, veut et désire cette paix universelle.

La séance est levée à 11 h. 30.

SÉANCE DE LA DEUXIÈME JOURNÉE
- Après-midi -

La séance est ouverte à 2 h. 50.

LE PRÉSIDENT. — Il nous arrive un mandat de l'Union des Syndicats Ouvriers de la Savoie, délégué Péricat. Nous le renvoyons à la Commission.

LUQUET. — Le mandat est régulier.

PÉRICAT. — J'avais une lettre dans ma poche depuis le début de la Conférence ; j'estimais que la lettre n'était pas régulière ; le mandat n'arrive qu'aujourd'hui et ce n'est pas de ma faute.

MERRHEIM. — Camarades, avant d'aborder la question qui est à l'ordre du jour, j'ai à lire une déclaration que la Commission exécutive des Métaux a pensé qu'il était de son devoir de faire pour situer la position qu'elle a à l'heure actuelle. Voici cette déclaration :

DECLARATION

La Fédération des Métaux a décidé de faire une déclaration d'ordre général au cours de cette Conférence.

Elle renouvelle sa protestation contre la tenue à Clermont-Ferrand de cette réunion.

Elle proteste surtout, d'abord, pour les prétextes invoqués pour éviter Paris, ensuite contre le procédé employé par le Bureau Confédéral qui consiste à ne soumettre au Comité Confédéral la demande motivée du Puy-de-Dôme que près de deux mois après sa réception en donnant l'impression qu'un accord préalable s'était établi entre les membres de la majorité.

Cette protestation faite, la Fédération des Métaux tient à confirmer ici la position prise par elle depuis le début de la guerre, attitude approuvée unanimement et sans réserves par son Comité Fédéral National de septembre 1917.

Nous ne referons pas l'historique de tous les évènements qui se sont déroulés depuis quarante mois et à l'occasion desquels la Fédération des Métaux a manifesté et précisé son opposition absolue aux méthodes et à l'action de la majorité du Comité Confédéral.

Les Syndicats, les Fédérations, les Unions, ont d'ailleurs encore à la mémoire nos successives protestations exprimées dès les premiers jours de la guerre, notamment contre une collaboration dangereuse avec le Gouvernement ou avec tout organe émanant de son inspiration ou de son initiative ; contre le départ à Bordeaux en accord avec le Gouvernement ; notre insistance pour que la C. G. T. réponde favorablement aux organisateurs de la Conférence de Copenhague en octobre 1914 ; notre hostilité à la Conférence de Londres (février 1915) ; notre protestation contre le refus de faire connaître aux organisations françaises l'appel aux ouvriers allemands rédigé par les partisans de Liebknecht et répandu en Allemagne ; contre l'escamotage de la *Bataille Syndicaliste* dans le but de soustraire l'organe qui lui succéda au contrôle des organisations ; contre la désinvolture avec laquelle on modifia le caractère, défini préalablement par le Comité Confédéral, de la délégation en Suisse (août 1915) ; contre l'acceptation par le Secrétaire Confédéral de l'invitation André Leben au banquet de l'Association des Industriels et Commerçants, première manifestation d'un programme de paix sociale, prélude de la loi Chéron ; contre le refus de protester au sujet du traitement infligé aux engagés polonais russes et les expulsions des émigrés russes.

Aujourd'hui la Fédération des Métaux ne saurait éviter de jeter un regard sur la situation actuelle et porter un premier jugement sur les conséquences constatées par tous et dont la gravité ne pourra que s'amplifier avec la durée même de la guerre.

La Fédération des Métaux, fidèle aux principes syndicalistes, respectueuse des affirmations de ses Congrès, n'a cessé de déclarer et déclare toujours que, contrairement au point de vue de la majorité du Comité Confédéral, la guerre ne fut, n'est pas et ne sera jamais un facteur de raison, de justice et de progrès. Que ses conséquences seront toujours en opposition avec les intérêts matériels et moraux de la classe ouvrière et de l'Humanité entière.

Qu'en présence de cette calamité, contre laquelle la classe ouvrière a préventivement mais impuissamment combattu, il appartenait aux organismes centraux de tous pays d'observer une attitude exempte de tout esprit de reniement, tout en examinant les évènements avec sang-froid, dignité et indépendance.

La majorité de la Confédération Générale du Travail a jugé, malgré d'immédiats et amicaux avertissements, de sacrifier son unité à l'union sacrée. Constante dans sa fidélité à cette formule, elle a approuvé, encouragé par son silence public, troublé seulement par quelques timides suppliques, la succession des fautes, des crimes, des attentats à la liberté d'écrire et de penser, à la mutilation du droit de coalition, concédé par l'Empire ; à la contestation du droit syndical ; à la tentative de déviation du mouvement économique contenu dans le projet Chéron, voté unanimement par les réacteurs du Sénat.

Enhardis par une torpeur générale, constatant la fermeté, l'irréductible et systématique hostilité de la majorité confédérale contre la minorité, les dirigeants, ne pressentant aucune opposition organisée, poussèrent la hardiesse jusqu'à sortir le projet Viviani qui consiste à faire enfin apparaître le droit et la liberté avec la paix sous la forme d'une prolongation de six mois après les hostilités du règne de la censure et d'un état de siège atténué.

Aujourd'hui, c'est une nouvelle loi, plus restrictive encore, élaborée d'abord dans un cerveau royaliste, qui devient le projet officiel. Loi contre l'idée pacifiste, arme effrayante entre les mains d'un pouvoir vindicatif ou trop faible pour résister aux pressions persistantes de la réaction.

Aucun citoyen troublé par l'horreur du carnage, aucun père angoissé ou meurtri dans ses affections, aucune épouse, aucune mère écrasée par l'irréparable douleur ne pourraient se croire à l'abri des tentacules hideuses d'une telle loi de mouchardage, de délation, de suspicion, de réaction et de folie.

Tels sont les premiers résultats tangibles et incontestables que nous pouvons enregistrer à ce jour. La majorité confédérale de son attitude si imprévue, si prudemment inactive, si docilement agitée ou si pratiquement résignée, n'a pu conquérir pour les travailleurs, au nom desquels elle prétend toujours parler, la moindre marque de confiance, la moindre parcelle de considération.

Le refus des passeports pour le Congrès international de Stockholm, dont le caractère et le but en avaient été si minutieusement déformés par l'assurance publiquement donnée que la mission des délégués français se limiterait à établir la responsabilité de la guerre uniquement imputable aux empires centraux, dénote en même temps que la défiance absolue envers la classe ouvrière, la grossière imprévoyance et la lourde faute du Gouvernement et du Parlement, méfiance et faute renouvelées pour la Conférence internationale syndicale de Berne.

Aujourd'hui encore, après quarante mois de guerre, la majorité confédérale, qui s'est livrée sans garantie comme sans condition, après avoir dû enregistrer périodiquement la véracité des nombreuses affirmations concernant les buts de guerre des Alliés, elle qui s'indignait violemment devant le moindre soupçon, elle qui était si intolérante et si indignée, réclame maintenant du Gouvernement français la précision publique de ses buts de guerre.

Nous avons fait ces déclarations trois ans plus tôt sous les injures et le parti-pris, et nous ne pouvons nous remémorer ces périodes fiévreuses sans nous indigner quelque peu.

Notre indignation est d'autant plus vive, plus légitime que certains qui protestèrent le plus vigoureusement contre nous ne devaient pas ignorer que le groupe socialiste parlementaire, qu'ils approuvent aujourd'hui, écrivait au même moment, dans l'ombre si peu nécessaire aux démocraties, des épîtres implorant l'abandon, le châtiment, la revision des méthodes, des fautes et des prétentions que nous dénoncions publiquement.

Aujourd'hui, à nouveau, sûrs que l'avenir imposera son implacable justice, nous protestons de toute notre énergie contre l'attitude de la majorité confédérale à l'égard de la Révolution russe. Nous protestons et nous nous indignons à la pensée que les plus basses calomnies sur les hommes et sur les évènements ne se soient pas heurtées, dès le seuil de la C. G. T. à une conscience de discernement et une volonté de contrôle que ne saurait parvenir à corrompre une presse de profit, de vénalités et de scandales.

A tous ceux qui, sincèrement, ou par une subtile déformation de notre pensée et de nos actes, prétendent continuer à contester toute différenciation essentielle entre majorité et minorité, nous déclarons hautement que nous ne voulons pas et ne serons pas dupes de leurs subterfuges. Nous sommes pour l'Unité dans les principes et dans l'indépendance du mouvement syndical.

Nous ne creuserons ni ne comblerons le fossé qui nous sépare. Nous voulons que la distance qui nous éloigne soit constatée, nous nous opposerons à toute confusion de position, de méthode et d'attitude.

Voilà, camarades, la déclaration que nous avons estimé nécessaire de faire ; nous l'avons estimé nécessaire parce que nous sommes, à l'heure actuelle, à un moment des plus critiques de la guerre et à un moment des plus critiques, non seulement au point de vue extérieur, mais au point de vue intérieur, et on veut trop laisser croire à la classe ouvrière que cette situation intérieure, cette absence totale de libertés pour nous qui n'avons pas le droit de parler, qui n'avons que celui de nous taire, que cela ne date que d'aujourd'hui, alors que toute l'attitude de la majorité confédérale date depuis le début de la guerre. (Applaudissements.)

Ceci dit, je passe maintenant à la question qui est à l'ordre du jour, et il m'est difficile de l'aborder immédiatement sans défendre un peu nos camarades russes et le peuple russe que l'on a trop accablés depuis qu'on a dit qu'ils trahissaient l'Entente en demandant non pas la paix séparée, mais la paix générale pour tous les peuples. Ce matin, Rougerie vous disait que le peuple russe avait droit de notre part à quelques paroles de réconfort. C'est exact ; nous avons essayé, nous, de lui donner ces paroles de réconfort, mais quand les représentants des Soviets vinrent au Comité

Confédéral, ils furent presque traités en suspects ; on n'osait pas le leur dire mais on leur posa la question pour savoir s'ils étaient bien représentants du gouvernement. On ne savait même plus à ce moment-là s'il existait de gouvernement en Russie ; c'était la première faute au point de vue de cette révolution russe, c'était de ne pas nous avoir rapproché immédiatement de nos camarades russes, car même ceux qui étaient pour la paix séparée à ce moment-là ne devaient pas oublier que la Russie tsariste elle-même avait par avance dénoncé le pacte de Londres, quand elle avait dit qu'elle se considérait comme dégagée de ce pacte de Londres si la Révolution éclatait en Russie. On ne le lui a jamais reproché, on ne lui a jamais dit un seul mot et quand nous avons voulu dire cela on nous a empêché de le dire aussi comme chaque fois que nous dénoncions la Russie tsariste voulant faire la paix séparée. Il ne fallait pas le dire pour Sturmer, Rapoutchine, mais on pouvait dénigrer les émigrés russes. Cela nous ne devons pas l'oublier, et nous ne devons pas oublier non plus la situation intérieure de la Russie et quelles ont été les causes de la révolution. La première a été un peu du côté de l'Entente. La révolution russe s'est déchaînée d'abord pour essayer d'empêcher la paix séparée qu'on voulait faire à ce moment-là. Quand les révolutionnaires eurent pris le dessus, quand on s'aperçut que la Révolution ne serait peut-être pas une révolution constitutionnelle avec un roi constitutionnel qu'on aurait voulu installer, mais que les éléments révolutionnaires russes prenaient le dessus, à ce moment-là on essaya de faire retomber sur le peuple russe la responsabilité de la paix qui découlait conséquemment de cette révolution. Eh bien ! je dis que la classe ouvrière n'a pas accompli son devoir, car si les gouvernements ont une responsabilité, nous en avions une aussi à ce moment-là. Au lieu de dire que nous aurions été à Stockholm pour établir les responsabilités de la guerre, nous aurions dû dire que nous avons été à Stockholm pour obliger tous les gouvernements à préciser leurs buts de paix. Je dis que c'était ce langage-là, que c'est encore ce langage que nous devons tenir ici. Nous allons à Stockholm, nous retournerons à Stockholm non pour établir des responsabilités, mais pour dire aux gouvernements : Quels sont vos buts de guerre, nous voulons les connaître, nous, classe ouvrière.

Telle est la situation et qu'on le veuille ou non, si demain la Russie même avait un autre gouvernement que celui qu'elle a aujourd'hui, elle serait dans l'impossibilité absolue de continuer la guerre. Que nous demandent nos camarades russes ? J'ai là sous les yeux l'appel qu'ont lancé les commissaires du peuple Trotsky et Lénine. Il contient ce que pensent tous les partis russes, même Martoff et les autres, car ce peuple est momentanément divisé sur la politique intérieure de la Russie. Il y a un point sur lequel ils ne sont pas divisés : c'est la paix nécessaire pour sauver la Russie. Nous ne devons pas oublier que cette Russie a eu cinq millions de morts, sept millions de blessés, que c'était une Russie saignée ; cela a été révélé au procès Sakhomniloff. On envoyait à la bataille des divisions tout entières avec un fusil pour deux hommes ; ce n'était pas à la bataille, mais au massacre.

On voudrait de certains côtés reprocher au peuple russe son désir de paix générale. Eh bien ! je dis qu'on n'a pas le droit de lui faire des reproches à l'heure actuelle et que nous n'avons qu'un devoir, c'est de l'aider dans la besogne qu'il a entreprise, car il est un fait à l'heure actuelle, c'est qu'on discute avec ses représentants, c'est qu'il y a une déclaration faite par Trotsky lui-même à l'ambassadeur de France ; et il ne s'est pas rendu à l'ambassade sans qu'on lui ait fait dire que s'il s'y présentait il y serait reçu. On lui a posé des questions, on lui a demandé notamment si l'Allemagne refusait les propositions que vous avez faites, que feriez-vous ? Trotsky répondit : Nous serons peut-être amenés à faire la guerre révolutionnaire. Voilà le langage de celui qu'on a accusé ici de vouloir la paix séparée, de trahir l'Entente, alors qu'on n'avait jamais rien dit contre ceux qui n'ont pas cessé de la trahir depuis la guerre. Que dit le texte de la proposition. Il dit ceci :

TEXTE DE LA PROPOSITION LENINE-TROTSKY

Tsharskoïé Sielo, 28 novembre.

Aux peuples des pays belligérants !

La victorieuse révolution des ouvriers et des paysans en Russie, a mis au premier rang la question de la paix. La période d'hésitation, d'ajournement et de la bureaucratie est finie. Maintenant *tous les gouvernements*, toutes les classes, *tous les partis de tous les pays belligérants* sont invités à répondre catégoriquement à la question : s'ils entendent ou non entrer avec nous en pourparlers au sujet *d'un armistice immédiat et d'une paix générale*.

De la réponse à cette question, dépend celle de savoir si nous éviterons une nouvelle campagne d'hiver avec toutes ses horreurs et ses misères et aussi si l'Europe continuera à être noyée dans le sang.

Nous, Conseil des Commissaires du Peuple, nous nous adressons *aux gouvernements de nos alliés*, de la France, de la Grande-Bretagne, de l'Italie, des Etats-Unis, de la Belgique, de la Serbie, de la Roumanie, du Japon et de la Chine. Nous leur demandons, *en face de leurs propres peuples*, en face du monde entier, s'ils entendront entrer en pourparlers pour la paix. Nous, le Conseil des Commissaires du Peuple, nous nous adressons aux peuples alliés, en première ligne aux *masses travailleuses*, s'ils veulent continuer le stupide massacre, aller aveuglément vers la perte de la civilisation européenne. Nous demandons que les partis ouvriers des pays belligérants répondent sans retard à la question, s'ils acceptent d'entrer en pourparlers. Nous posons cette question au premier rang.

La paix que nous avons proposée doit être la paix des peuples. Elle doit être une paix honorable d'entente assurant à chaque nation la liberté de son développement économique et cultural. La Révolution ouvrière et paysanne a déjà fait connaître son programme de paix.

Nous avons publié les traités secrets du tsar et déclaré ces traités comme non obligatoires pour le peuple russe. Nous proposons de conclure publiquement avec tous les peuples un traité nouveau sur la base de l'entente et de la collaboration. A notre proposition, les représentants officiels et officieux des Gouvernements alliés ont répondu par un refus de reconnaître le Gouvernement des Soviets et de se mettre en rapport avec lui au sujet des pourparlers-pour la paix. Le Gouvernement de la Révolution victorieuse est privé de la reconnaissance de la diplomatie professionnelle, mais nous demandons à ces nations si la diplomatie réactionnaire exprime leurs pensées et leurs aspirations, si les peuples permettront à la diplomatie de laisser tomber la grande possibilité de paix ouverte avec la Révolution russe.

A BAS LA CAMPAGNE D'HIVER !

VIVE LA PAIX ET LA FRATERNITE DES PEUPLES !

Le Commissaire du Peuple pour les Affaires étrangères : TROTSKY.	Le Président du Conseil des Commissaires du Peuple : Oulianoff LENINE.

Eh bien, je tiens ici à insister sur le caractère même de cet appel. Une fois encore, comme ils l'avaient fait pour Stockholm, nos camarades russes font appel à la classe ouvrière de tous les pays. Ils demandent à cette classe ouvrière d'agir auprès des gouvernements pour que les buts de guerre soient précisés, qu'ils disent et les obligent à dire ce qu'ils entendent par la paix, et ils ont déjà fait, eux, cette besogne pour leur propre compte, car en discutant à l'heure actuelle avec l'Allemagne, il y a quelque chose qu'on ne pourra pas méconnaître, c'est que du fait de discuter avec les représentants du peuple russe, les représentants de l'Allemagne seront obligés de faire connaître leurs buts de guerre. Ah ! je sais, ah ! oui, c'est vrai, au lieu d'examiner la question, vous comptez plutôt, vous, sur la diplomatie. Notre diplomatie, c'est nous, classe ouvrière, qui devons la faire par l'Internationale, c'est à Stockholm que nous devons forcer les gouvernements à préciser les buts de guerre. (Applaudissements.) C'est à cela qu'il faut aboutir, c'est à cela que nous devons travailler de toutes nos forces à l'heure actuelle, car, je le répète, la situation peut être plus terrible qu'elle ne l'est à l'heure actuelle, à tous les points de vue, au point de vue même des conséquences de la guerre pour nous qui, si nous ne sommes peut-être pas saignés au point où l'a été la Russie nous le sommes autant en proportion de la population que nous avons, et peut-être demain quand il faudra rappeler d'autres hommes encore, quand il faudra augmenter les forces nécessaires, est-ce que nous resterons indifférents à cette nouvelle saignée qui se prépare. Je dis encore une fois : Nous ne pourrons répondre, nous, classe ouvrière, qu'en tendant la main à nos camarades russes, en agissant avec eux pour une paix générale...

LUQUET. — Avec Martoff ou avec Lénine ? Nous ne sommes pas d'accord.

MERRHEIM. — Camarades, Luquet me pose une question à laquelle je suis obligé de répondre. Je vais répondre en disant exactement ce qui s'est passé, exactement. Il y a quelques jours, j'étais appelé au ministère de l'armement, où on m'avait fait venir pour une communication qu'on ne voulait me faire ni par téléphone, ni même par lettre, et on me dit . Voici; nous avons reçu, plutôt le ministère des Affaires étrangères nous a transmis pour vous un télégramme de Pétrograd, il est adressé à Longuet et à Merrheim ; nous vous en remettons le texte comme on nous a

chargé de le faire. C'est M. Petit, l'ami d'Albert Thomas, qui est à Pétrograd, qui nous transmettait ce télégramme. On me demanda de le lire
et de dire ce que j'en pensais. Je répondis immédiatement que le nom de
l'envoyeur me paraissait suspect, que le télégramme était suspect, et il
m'était suspect parce qu'il m'était envoyé par le même homme qui, au
moment de la Conférence de Stockholm, faisait dire au monde entier que
Kerensky était contre la France et que Kerensky demandait la paix immédiatement. Alors, j'ais mis mon télégramme dans la poche ; je n'en par-
lai à personne, sauf à mes collègues et je leur dis : Voilà la situation.
Nous faisons appeler le représentant des Soviets à Paris pour lui demander ce qu'il y avait de vrai dans le télégramme, c'est-à-dire que je me
renseignais, parce que si j'avais eu une affirmation, il y a quelqu'un qui
en aurait eu connaissance immédiatement après, c'était la C. G. T. ;
j'aurais demandé qu'on réunisse le Comité Confédéral pour examiner la
question et voir de qui venait le télégramme. Je regrette que Longuet, qui
l'avait reçu par la même voie et qui connaît mieux que moi la situation
au point de vue extérieur, n'ait pas pris les mêmes précautions que moi
afin de connaître ce télégramme.

En effet, j'étais un ami de Martoff quand il était à Paris ; je n'étais
pas d'accord avec Trotsky ni avec Lénine sur la tactique qu'ils suivaient,
et au moment le plus critique de la Russie, je savais que la Russie nous
conduisait à la paix séparée et je disais que nous étions des criminels de
ne pas le dire au pays. Sur la politique intérieure de la Russie, ils ne sont
peut-être pas d'accord, mais où ils sont tous d'accord c'est sur la paix
pour la Russie, voilà la vérité, là ils sont d'accord absolument. Au point
de vue où nous nous plaçons, ne venez pas parler si nous devons discuter
ni avec Martoff, ni avec Trotsky ; nous devons discuter avec ceux qui
représentent la pensée russe, et vous savez qu'il n'y a pas que Martoff, il
y en a d'autres parmi les partis en Russie, ce qui n'empêche pas d'être
sur la paix générale d'un avis quasi-unanime. Je dis que nous avons, à
l'heure actuelle le devoir d'apporter, je le répète, à nos camarades russes,
tout l'appui indispensable. Et je le répète ici, ce qui est regrettable, c'est
que nous ne sachions rien sur la Russie. J'ai un ami en Russie qui doit
m'écrire tous les quinze jours ; jamais une de ses lettres ne me par-
vient ; on me les sortira peut-être un jour pour m'accabler dans un
dossier, des lettres que je n'aurai pas connues. C'est cela dont nous
jouissons. Nous aurions dû nous indigner quand Trotsky arrivant au
pouvoir a suscité un débordement d'injures et de calomnies déversées
par la presse. Nous n'avons pas le droit de douter de la probité de
Trotsky et de Lénine qui ont donné des preuves qu'ils ne sont pas
traîtres, ni des hommes que la vénalité pouvait atteindre. On a dit d'eux
les pires infamies, pourquoi ? Parce qu'on attendait que Kornilof ait
rétabli l'ordre dans le sang du peuple russe pour qu'il vienne apporter
à l'Entente un nouvel espoir que l'on conçoit sans issue. On a laissé
pervertir le moral de ce pays par la presse, on a laissé passer et dire tous
les mensonges, toutes les calomnies, alors qu'on aurait dû être au rendez-
vous de Stockholm et les gouvernements à Brest-Litovsk pour discuter

les buts de guerre. Voilà la situation où nous nous trouvons à l'heure actuelle. Je ne veux pas tenir la tribune plus longtemps, car j'aurai peut-être l'occasion d'y remonter. Je m'attendais, moi, en face d'une situation nouvelle, au moins à un rapport qui aurait été soumis à la Conférence, je m'attendais au moins à des déclarations de notre camarade Jouhaux au début, exposant la gravité de la question, examinant la solution que nous aurions pu prendre, et pour ma part, je n'en vois qu'une pour terminer tout de suite, pour ne pas m'étendre longuement, c'est revenir ce que nous sommes, c'est-à-dire classe ouvrière, dire qu'il n'y aura pas de paix si l'Internationale ne se réunit pas ; ce n'est pas avec des diplomates autour de la table que doit parler la classe ouvrière, c'est autour de la table de l'Internationale. (*Applaudissements.*) Car si l'on va autour de la table des diplomates, on y va pour défendre l'action internationale des peuples, l'indépendance des peuples, la liberté des peuples, on va y défendre aussi les prétentions de ses propres gouvernants, et, ce matin, Rougerie l'a dit et vous a montré ce que faisaient les gouvernants : A nous, ils disent : paix du droit, guerre du droit, guerre de justice, guerre de liberté, et derrière ils signent des traités secrets. Et j'ai le droit de dire aujourd'hui que nous connaîtrons aussi peut-être les conditions dans lesquelles les Etats-Unis sont entrés avec nous dans la guerre, à ce moment-là les dispositions des traités russes ne seront peut-être rien, vous m'entendez bien, à côté des discussions qui nous attendent de ce côté-là. Et, par conséquent, nous avons ici le devoir de nous ressaisir, de revenir classe ouvrière, défendant le point de vue que l'Internationale réclame, je dis même qu'à l'heure actuelle il pourrait être encore l'honneur de la C. G. T. de réclamer elle-même cette convocation de cette Internationale, d'en prendre l'initiative pour que nous nous rencontrions, pour que nous examinions la situation et que nous voyions enfin non pas la responsabilité de tel ou tel gouvernement dans la guerre, mais la responsabilité de tous les gouvernements en face de la classe ouvrière de tous les pays.

TILMANS. — Je voudrais que Merrheim nous dise de quelle façon il prévoit la restauration de la Belgique et de la Serbie ?

MERRHEIM. — C'est une question à laquelle j'ai répondu à la précédente Conférence et à laquelle je répondrai aussi facilement aujourd'hui. Camarades belges, il n'y a pas que la restauration de la Belgique et de la Serbie, il y a la réparation de la Roumanie et la réparation de la Prusse orientale, il y a tout l'ensemble des réparations de la guerre qu'il y aura à examiner, et je dis que le meilleur moyen, vous m'entendez bien, d'assurer la paix dans l'avenir, ce n'est pas de dire que ce sera tel pays qui réparera les dommages accomplis dans tel pays, mais que le monde entier dans cette guerre mondiale doit une réparation intégrale à tous les pays ; voilà la vérité. Voilà comment nous entendons que cette question peut être examinée. Je sais que c'est pour nous que la Belgique a été envahie ; je le dis, je suis d'une région envahie, j'ai moi-même une partie de ma famille à l'heure actuelle dans les régions envahies ; je suis aussi sensible que vous, plus sensible peut-être aux souffrances de

nos camarades belges ou des autres régions envahies. Et-ce que quand
j'ai signé avec Hoffmann la motion de Zimmerwald, nous n'avons pas
dit que nous exigerions des réparations complètes et totales pour la
Belgique ? Est-ce que nous ne mettions pas en garde la classe ouvrière
contre quelque chose de plus grave que nous avait dit Ledenbourg, les
larmes aux yeux : Ce n'est pas la réparation de la Belgique, nos gouvernants, ils l'accorderont sans lésiner, il y a quelque chose de plus grave
pour la Belgique, et nous, socialistes, nous nous élevons contre cette
prétention, c'est de vouloir assujettir totalement la Belgique à l'Allemagne, et il ajoutait : Le meilleur moyen d'empêcher cet assujettissement
de la Belgique, c'est que vous, classes ouvrières de tous les pays, vous
nous aidiez, afin qu'on ne vienne pas nous dire en Allemagne quand
nous parlons : Vous voyez bien, tout le monde est unanime. Voilà le
langage qu'on nous tenait, n'est-ce pas Bourderon ? quand nous étions à
Zimmerwald. Pas un moment la pensée de la Belgique ne nous a aban-
donnés. C'est nous qui, dans une première déclaration, avons posé les
conditions de réparations pour la Belgique, mais nous ignorons tout de
même si on réussira à réparer les dégâts en Roumanie, en Belgique, en
Serbie, en Italie, partout, les dégâts de la guerre, en quelque sorte. Mais
ne nous accusez pas parce que nous voulons une action claire de la
classe ouvrière de nous détacher des intérêts des régions envahies. Nous
n'avons pas confiance dans les gouvernements, et quel que soit le gouvernement qui sera là demain, je tiendrai le langage que j'ai toujours
tenu. Je n'ai jamais eu confiance dans les gouvernements ; j'ai confiance
en la classe ouvrière, en ses organisations et nous ne voulons pas
condamner une autre classe ouvrière qui n'est pas plus coupable que
nous dans ce conflit, car s'il faut établir des responsabilités publiques,
nous en avons nous, les manifestations de la statue de Strasbourg, la loi
de trois ans ; le peuple français aussi est responsable de ne pas s'être
opposé à tout cela comme il le devait. Je dis : examinons la situation. On
a injurié les Russes, on les a traînés dans la boue, on les a traités d'agents
de l'Allemagne, on a refusé de discuter avec eux, et aujourd'hui Trotsky
est chez l'ambassadeur de France. Est-ce qu'il n'aurait pas été préférable
de le faire avant, d'examiner la situation avant d'avoir créé cet état
d'esprit. Et demain, quand on sortira en Russie ce qu'on a écrit dans
les journaux français qui n'auraient jamais dû écrire cela parce qu'ils
sont un peu de la classe ouvrière, quand on sortira toutes les saletés qui
ont été déversées, qui vous dit que des hommes comme Lénine et Trotsky
qui voudraient s'opposer à une paix séparée le pourraient ? Je dis que là
encore c'est nous qui avons une part de responsabilités.

Je termine en disant à nos camarades belges qu'ils peuvent compter
que nous n'abandonnerons jamais la question de la Belgique en premier
lieu, mais il y a aussi la Serbie, la Roumanie, tous les dégâts de guerre,
il n'y a pas que la Belgique à penser ; elle a souffert comme toutes les
populations, comme nous-mêmes. Nous ne vous abandonnerons pas ; ne
pensez pas qu'il y ait dans notre esprit une moindre pensée contre cela.
Mais ce n'est pas avec des diplomates de gouvernements qu'il faut aller

à la paix, c'est avec l'Internationale, et nous ne le pouvons qu'en allant à Stockholm discuter avec nos camarades et dire aux gouvernements ce que nous voulons.

PÉRICAT. — Camarades, Merrheim a soutenu, en somme, la thèse de la minorité ou tout au moins une expression de la minorité. La guerre est déclarée, il s'agit de trouver les moyens de la faire cesser. Le syndicalisme en France a pris depuis quelque temps une nouvelle force. Nous étions rentrés dans l'Union sacrée, nous marchions d'accord avec les gouvernants, la Confédération Générale du Travail était rentrée corps et âme dans la guerre. Nous disions nous, au début de la guerre : Nous subissons la guerre, nous ne l'approuvons pas. Nous continuons à penser comme nous pensions avant la guerre, et certainement dans la majorité je suis considéré par certains camarades majoritaires comme un extrêmiste. Eh oui, en ce sens qu'avant la guerre, je disais : Avant la France, l'Internationale ; une seule patrie : l'humanité ; un seul ennemi : le capitalisme.

BLED. — Patrie !

PÉRICAT. — Oui, patrie, Bled, mais pas la même que la tienne.

BLED. — C'est assez drôle.

PÉRICAT. — Ce n'est pas aussi drôle que cela et on peut sortir la preuve que vous avez pensé comme moi avant la guerre des déclarations dans les Congrès confédéraux, et ce n'est peut-être pas Péricat qui aura prononcé les paroles que vous qualifiez d'outrancières et qui étaient antipatriotiques et antimilitaristes. Eh bien ! les paroles d'avant la guerre, je continue de les approuver : antipatriote hier, antipatriote aujourd'hui, antimilitariste avant la guerre, antimilitariste aujourd'hui, et j'estime que je n'ai pas à savoir les buts que poursuivent les gouvernants. J'ai à savoir que depuis la guerre, la classe ouvrière, comme disait Rougerie, a fait tout son devoir, plus que son devoir ; moi, je soutiens la thèse contraire, je dis que la classe ouvrière internationale n'a pas fait son devoir, elle a fait le contraire et qu'elle aurait dû se dresser en face des gouvernements conformément aux résolutions mêmes de nos Congrès confédéraux français, c'est-à-dire pour la grève et l'insurrection. Mais je sais bien, la récompense de l'Union sacrée, de la collaboration gouvernementale, nous l'avons obtenue par la répression, nous l'avons obtenue en laissant disparaître non pas nos libertés, mais nos semblants de liberté, nous l'avons obtenue en perdant nos us et coutumes, en sacrifiant femme et enfants à l'usine, au chantier, à l'exploitation à outrance. D'un côté, le devoir, le sacrifice, l'abnégation ; de l'autre côté, les bénéfices, l'exploitation, c'est toujours la même thèse dans la guerre comme avant la guerre, il y a les exploiteurs du patriotisme, les journalistes patriotards depuis les journaux ouvriers, en partant de *la Bataille* en passant par l'*Humanité* et les autres journaux qui font du patriotisme à 5, 10 ou 20 francs la ligne.. Voilà le patriotisme français, le patriotisme du *Journal* de Charles Humbert, du *Rappel* et de la plupart des organes de la presse bourgeoise et autre. Le patriotisme, c'est pour eux du commerce.

LUQUET. — Et le *Journal du Peuple* qui émarge. Péricat se sert comme arguments de journaux qu'il a énumérés et qui n'ont rien à faire dans le débat ; il les accuse de faire du patriotisme à cent sous la ligne. C'est un peu risqué, tout au moins pour certains journaux. J'ai bien le droit de rappeler qu'un journal qu'il n'a pas nommé et qui probablement a de lui quelque tendresse, le *Journal du Peuple*, émarge lui pour sa publicité qu'il fait en faveur de l'emprunt de guerre, alors que l'*Humanité* ne touche pas des indemnités.

PÉRICAT. — Je n'ai pas besoin de défendre le *Journal du Peuple*. S'il fait payer sa publicité pour l'emprunt cela vient renforcer ma thèse que tous les journaux font de la politique de guerre, de l'action commerciale et c'est avec ça que l'on bourre les crânes prolétariens. Nous sommes contre cela. Dans l'*Humanité* vous avez parlé des grèves de la Loire comme d'un mouvement de solidarité, oui, mais aussi il faut le dire, mouvement contre la guerre, en faveur de la paix. Tout de même, il faudrait dire la vérité. Pour la Conférence de Berne comme pour la Conférence de Stockholm, qui donc au Comité Confédéral a toujours et toujours réclamé pour la C. G. T. une action internationale, sinon les minoritaires ? Et qui donc a obtenu cette Conférence ? Les minoritaires, parce que vous n'en vouliez pas. Nous, nous voulons la paix et nous le disons clairement, malgré tout et quand même, quoique vous en pensiez. Vous, vous dites vouloir la paix seulement quand vous vous prononcez pour la Conférence de Stockholm et immédiatement vous cherchez les responsabilités de la guerre, savoir qui est le coupable, qui a commencé, vous voulez établir les responsabilités et alors vous écrasez sous ces responsabilités ou le prolétariat allemand, autrichien ou tout autre. A nous, ce n'est pas notre thèse, nous voulons une Conférence internationale et nous voulons surtout chercher les moyens d'arrêter la guerre. Le gouvernement français a refusé des passeports parce que d'un côté il avait en face de lui un Parti socialiste avachi, sans énergie, et la C. G. T. qui faisait pendant au Parti socialiste. Vous pouvez rire, je sais bien que nous ne sommes pas d'accord et nous n'y serons pas tant que vous n'aurez pas changé d'attitude. Vous y venez petit à petit.

UN DÉLÉGUÉ. — C'est toi qui y viens, ce n'est pas nous.

RÉAULT. — Ce n'est pas le discours de Merrheim qui nous prédisposera à venir vers votre tendance.

PÉRICAT. — Parce qu'il apporte aux camarades russes un témoignage de sympathie ?

CHANVIN. — Avant lui on l'a apporté.

PÉRICAT. — Je demande au Président de fermer le bec à ce Monsieur ; il me fera bien plaisir.

UN DÉLÉGUÉ. — On te connaît, ça va !

PÉRICAT. — Quand nos camarades majoritaires nous parlent d'apporter à la Belgique, à la Serbie, aux pays envahis notre sympathie, nous, nous la donnons toute, mais nous estimons que c'est là que nous nous départageons. Vous donnez votre sympathie à la Belgique, à la Serbie en obtenant la victoire par la guerre ; nous, c'est par la paix, ce n'est pas

6

le même moyen, pas le même procédé. Nous disons, nous, que si vous aviez voulu vous, les majoritaires, entamer une action en France, déjà depuis longtemps on aurait obligé les gouvernants à entamer des pourparlers et à causer. Ah ! la guerre du droit, la guerre de la liberté, de la civilisation, nous la voyons, nous en constatons les effets. D'une part, les ouvriers de la métallurgie, du bâtiment, les autres mobilisés dans les usines, quand ils veulent soutenir leurs droits, affirmer le principe syndicaliste, c'est le départ pour le front ; pour les femmes, l'exploitation à outrance, pour les enfants aussi, c'est la récompense de l'Union sacrée, des concessions que vous avez faites au gouvernement ; nous le voyons encore par le refus des passeports pour Stockholm, et pour Berne ; quand nous avons demandé qu'à l'ordre du jour de la Conférence soit inscrite la question de la paix, vous avez repoussé cette idée.

Un Délégué. — C'est Bourderon qui ne l'a pas voulu. On ne veut pas se faire berner.

Péricat. — Vous n'avez pas voulu être bernés, mais pendant ce temps-là vous berniez ceux qui sont en train de se faire tuer sur le front.

Keufer. — Cela, c'est une opinion.

Péricat. — Elle n'est pas la vôtre.

Keufer. — Et je m'en félicite.

Péricat. — Ceux que nous critiquons, ce sont ceux qui, avec nous, avant la guerre, ont déclaré qu'il n'y avait pas de patrie, qu'ils ne connaissaient pas de frontières, que la guerre se retournait toujours contre les peuples, contre la classe ouvrière, qu'ils n'avaient pas à la faire quelle qu'elle soit, défensive ou offensive. Eh bien, je dis devant la Conférence qu'il n'y a pas de question de guerre offensive ou défensive, que le prolétariat sera roulé.

Moussard. — Ce n'est pas nous qui avons envahi la Belgique !

Péricat. — Ce n'est pas moi non plus, mais les peuples sont responsables de l'envahissement de la Belgique. Est-ce que tous les soldats qui sont sur le front, les soldats allemands, russes, autrichiens eux-mêmes, ne sont pas des soldats esclaves ? Si aujourd'hui on posait à travers l'Internationale, à travers le monde, à travers la France, un referendum demandant à la classe ouvrière si elle veut continuer la guerre ou l'arrêter, que répondrait-elle ? Si vous posiez la même question aux soldats sur le front et sur tous les fronts, aux soldats de l'Internationale et qui aujourd'hui se massacrent, eh bien la réponse serait claire, elle serait nette et précise. Les soldats ont assez de la guerre, seuls ceux qui en vivent veulent continuer à la faire. La Russie révolutionnaire, par la voix de Lénine et de Trotsky, a proposé aux gouvernements belligérants d'entrer en pourparlers ; il est encore possible de le faire. Un camarade a parlé des indemnités. Merrheim a répondu à cette question ; il appartient à l'Internationale de les payer ; ce n'est pas par la continuation de la guerre que vous obtiendrez le paiement des indemnités. Si vous arrivez à arracher la victoire sur l'Allemagne et l'Autriche, qui paiera les indemnités ? Les peuples allemand et autrichien ; si, au contraire, c'est la coalition des empires centraux qui triomphe, ce sont les peuples de

France, d'Angleterre, d'Italie qui paieront ; alors que, au contraire, si on créait un enthousiasme pour faire cesser le conflit, on pourrait arriver à établir une caisse internationale pour payer les effets, les crimes de la guerre.

Il y a un moyen d'empêcher la guerre de continuer : c'est de dresser le prolétariat français, tout le prolétariat international en face des gouvernants. S'ils disaient aujourd'hui : Vous en êtes au quatrième, au cinquième emprunt de guerre, de plus en plus vous augmentez l'intérêt de cet emprunt ; eh bien, vous pouvez augmenter vos intérêts d'emprunt, nous, prolétariat, nous ne paierons point d'impôts de guerre.

CLAVERIE. — Allez raconter çà à Lénine !

PÉRICAT. — Nous sommes deux hommes différents. Vous avez deux enfants au front et vous êtes partisan de la continuation de la guerre ; ce n'est pas vous qui faites la guerre, ce sont vos enfants. Je suis de ceux qui disent ce qu'ils pensent. Il me semble que j'entends dire que je suis un goujat.

DRET. — C'est une expression de goujat vis-à-vis d'un père de famille ; n'insiste pas.

PÉRICAT. — J'ai un fils, il va avoir seize ans et demi ; je ne suis pas comme lui, mon fils, il ne m'appartient pas, il est sa propriété, il est maître de son individu, mais je n'ai pas le droit d'en disposer pour défendre ce que vous appelez la patrie. S'il estime, lui, comme vous, avoir une patrie et devoir la défendre, il le fera.

UN DÉLÉGUÉ. — On les embusque dans la métallurgie.

UN DÉLÉGUÉ. — Qu'on aille les remplacer au front.

DUMAS. — N'interrompez pas ; quand il aura terminé, il laissera sa place à un autre.

GAUTHIER. — Il a dit à Claverie qu'il avait envoyé ses fils à la guerre.

PÉRICAT. — Je proteste ; c'est lui qui l'a dit ; je dis, moi, qu'il n'a pas le droit de disposer de ses enfants pour s'en faire une arme de tribune.

Plus tard, nous verrons, quand la classe ouvrière aura le sang froid et le temps d'examiner certaines attitudes, certaines déclarations, nous verrons peut-être si je suis un goujat, mais en tout cas si je prononce des paroles criminelles la classe ouvrière saura me condamner.

Si je prononce des paroles maladroites, c'est vous qui m'y obligez par vos interruptions à jet continu. Si vous m'aviez laissé parler librement, il est probable que ces paroles-là n'auraient pas été prononcées. Il y a des thèses contraires, nous ne sommes pas d'accord, vous ne voudriez pas avoir la prétention que je cause comme un majoritaire. Laissez-moi parler. En tout cas, je dis pour conclure et pour laisser la place à un autre, que la C.G.T. a eu une attitude à prendre. Pour obtenir une Conférence internationale, il faudra prendre une autre attitude que celle du passé, il vous faudra dénoncer l'Union sacrée, il faudra qu'on ne collabore plus à l'action gouvernementale, il faudra qu'on soit en dehors de toute attache et qu'on veuille continuer une action véritablement ouvrière et non pas verbale, une action pratique, d'actes en faveur de l'Internationale. Et pour terminer, j'envoie mon salut aux camarades de

Russie, à Lenine, à Trotsky, qui eux sont des socialistes, non de verbalisme, mais mettant leurs actes en conformité avec leurs paroles. Il y a
plus de six mois qu'on vous a demandé de vous prononcer pour la paix
sans annexion, ni indemnités ; le gouvernement a fait la sourde oreille ;
c'est qu'en arrière, en secret, il y a des traités et les puissances se parta-
geaient le monde ; chacun voulait un morceau du gâteau, la France, l'Alsace-Lorraine et la rive gauche du Rhin ; la Russie, je ne sais pas, toutes
les puissances étaient à la curée. Et c'est cela que vous appelez la guerre
du droit, la guerre de la liberté. Non, ce n'est pas cela, il est peut-être
probable que quand vous la ferez vraiment nous serons alors avec vous.
C'est la faute des capitalistes des empires centraux contre les capitalistes
des Etats alliés ; chacun veut arracher un morceau de territoire, chacun
veut des mines, bassin de Briey ou autres, et c'est nous qui payons les
pots cassés. Comme au début de la guerre, comme avant, nous disons :
Nous sommes pour la paix et nous voulons la cessation de la boucherie ;
si nous arrachons ainsi 100.000, 200.000 camarades à la mort, nous aurons fait un petit peu notre devoir, et je termine.

FLAGEOLLET. — C'est incidemment que je suis appelé à venir à cette
tribune ; tout à l'heure, lorsque Péricat a parlé du mouvement de la
Loire, il y a eu une protestation. Je puis vous assurer que le mouvement
dans la Loire ne s'est pas simplement élevé parce que Andrieux était
frappé, mais c'est parce que la Loire est lasse, fatiguée comme le prolétariat international tout entier. Dans ce mouvement de la Loire il y avait
des idées par derrière la tête dès le premier jour. Lorsque Andrieux a été
arrêté, ses camarades l'ont fait prisonnier, l'ont empêché de partir ; il
a fallu qu'Andrieux leur dise : Lâchez-moi, ce serait le Conseil de guerre.
Lorsque Blanchard, la dernière soirée, a annoncé la reprise du travail, le
soir même il y a eu une autre réunion tumultueuse ; on ne voulait pas
reprendre le travail, on voulait autre chose.

CHANVIN. — Peut-tu dire de combien de personnes se composait la réunion du soir et combien dans la réunion de l'après-midi?

FLAGEOLLET. — 2.000 environ le soir.

CHANVIN. — Où les places-tu? Ils étaient tous autour de la tribune, ils
étaient 150.

BLANCHARD. — Il ne faut pas dire qu'il y avait des idées derrière la tête,
tout se basait sur un barême.

FLAGEOLLET. — Je suis bien placé pour connaître nos sentiments. Blanchard n'est resté que trois jours là-bas. Il y avait de la lassitude voilà
tout.

LE PRÉSIDENT. — Je vous invite à ne plus faire d'interruptions. Nous
avons déjà dix orateurs inscrits.

SAVOIE. — Lorsque Mayoux a pris la parole ce matin et a fait l'exposé
de la question qui est à l'ordre du jour telle qu'il l'envisage, je lui avais
posé une question à laquelle il m'a répondu ; étant partisan de la paix,
il nous demandait que la C. G. T. fasse une action pour obliger les
différents gouvernements à faire connaître leurs buts de paix. Je demandais : Si un gouvernement comme l'Allemagne posait des conditions de

paix qui ne puissent être acceptées, non seulement par le gouvernement français, mais même par la classe ouvrière française, que feriez-vous? Lui, de me répondre : Nous serions obligés de continuer la guerre ; par conséquent, il ne pourrait plus rester sur sa position de pacifiste et il serait obligé de devenir guerrier. Eh bien ! camarades, il y a là une question très délicate, car je suis certain que parmi les camarades minoritaires, tous ne pensent pas comme lui et il serait peut-être nécessaire de s'expliquer un peu plus amplement et clairement. Je voudrais savoir s'il y a parmi les camarades de l'opposition des camarades qui veulent reprocher à la C. G. T. l'attitude qu'elle a prise le 2 août 1914, et si cette attitude a été une violation des décisions de Congrès. Car il faudrait s'entendre, si pour mon compte personnel je n'approuve pas entièrement l'attitude de la majorité confédérale dans la suite, je ne peux pas accepter que des camarades viennent ici créer une équivoque sur l'attitude du début, car au début je ne connaissais pas de camarades minoritaires.

Il n'y avait aucun camarade qui, à ce moment-là, aurait suspecté d'autres camarades d'être des vendus, des traîtres, parce qu'ils prenaient l'attitude qu'ils jugeaient nécessaire de prendre à ce moment ; il n'est pas un seul camarade qui puisse dire ici qu'il y avait parmi les camarades qui ont délibéré au Comité Confédéral des traîtres et des renégats ; il y avait une situation devant laquelle tout le monde a été obligé de s'incliner et il serait trop adroit que, par la suite, devant la longueur des évènements, petit à petit, des camarades puissent se dégager de cette attitude pour la laisser retomber ensuite sur les épaules d'une autre fraction de camarades. En tout cas, pour mon compte, je n'accepte pas de partage ; la responsabilité que j'ai prise le 2 août je l'accepte avec le Comité Confédéral tout entier qui a pris une décision à l'unanimité.

Et il est certain que lorsqu'au Comité Confédéral, à la veille de la déclaration de guerre, aux réunions qui ont eu lieu, pendant ces quelques jours où nous avons vécu dans une angoisse que chaque camarade qui était là a connue, il est certain que lorsque nous prenions cette situation, cette position, nous ne voulions pas nous livrer complètement, pieds et poings liés, et donner notre confiance entière à la bourgeoisie pour ce qui pourrait se passer par la suite ; et pour mon compte personnel, j'ai déclaré à différents camarades, et même par lettres que j'écrivais alors que j'étais mobilisé pendant deux années, je disais que nous avions pris une attitude aujourd'hui qui était indispensable, qui ne pouvait être autre étant donné les événements ; nous ne pourrons juger cela que quand la guerre sera finie. Je disais que cela ne veut pas dire qu'à un moment donné la C. G. T. ne pourrait pas prendre une autre attitude, suivant les évènements, que celle qu'elle prit le 2 août. Eh bien ! oui, il est certain que les évènements se succèdent avec rapidité et qu'il est quelquefois assez difficile pour le Comité Confédéral et même pour une Conférence comme celle-ci de prendre une décision qui peut-être dans quinze jours, dans un mois, n'aurait plus de valeur, parce que les évènements auront encore marché et qu'il y aura encore des changements dans la situation générale. Il faut donc que nous examinions exactement quelle position nous devons prendre et si le moment est venu de prendre une autre position, une autre attitude, que celles que nous avions prises le 2 août. Des camarades nous disent, et ils le disent depuis longtemps, qu'il faut prendre une autre position, d'autres, en majorité, ont considéré que le moment n'était pas venu. Eh bien ! malgré tout je sens et vous sentez tous que la gravité des évènements fait que petit à petit la C. G. T. quand même va être appelée, avec tout le prolétariat français, à examiner le problème, à regarder les choses de très près, et à se demander si vraiment il n'y a pas quelque chose à faire actuellement. Des camarades nous proposent de mettre le gouvernement dans l'obligation de faire connaître ses buts de guerre ; d'autres laissent entendre que ce devrait être nous, classe ouvrière, qui devrions indiquer les buts de guerre ou tout au moins les conditions de la paix. Et des deux côtés, il y a une situation très délicate, il y a un problème vraiment délicat à résoudre et cela demande beaucoup d'étude, beaucoup de doigté, car les faits et les circonstances sont suffisamment graves pour que nous réfléchissions avant de faire un vote quelconque. Peut-être que les buts de guerre connus, en admettant que nous réussissions à amener le gouvernement à les faire connaître, nous donneraient satisfaction, et d'un autre côté, lorsque nous disons dans quelles conditions la paix doit être signée, encore là ce sera un terrain de luttes, de désaccords, car tous les camarades n'auront pas la même conception. Et je ne sais pas jusqu'où ce rôle de la classe ouvrière d'indiquer quelles seront les conditions de la paix peut aller, car nous ne savons pas exactement ce que l'on pense de l'autre côté de la frontière. Des camarades nous ont dit qu'on aurait pu signer la paix depuis longtemps, que l'Allemagne a offert une certaine paix, tout au moins de discuter les conditions de paix, mais elle n'a pas fait connaître ses conditions.

Peut-être qu'il y a des gens plus renseignés qui savent quelles sont ces conditions de paix, mais en admettant qu'officieusement et par voie détournée l'Allemagne ait fait connaître ses conditions de paix, la classe ouvrière ne peut se contenter de ce système de diplomatie secrète. Il faut que l'Allemagne fasse connaître publiquement les conditions dans lesquelles elle est prête à signer la paix. Si l'Allemagne avait fait cela lorsqu'elle proposait une discussion, peut-être serions-nous même un peu plus éclairés et plus aptes à voir le chemin que nous devons suivre. Tandis qu'actuellement, nous ne savons pas du tout dans quelles conditions l'Allemagne est décidée à conclure une paix ; je ne sais pas ce que font nos camarades allemands de l'autre côté pour imposer à leurs gouvernements, ce que peut-être nous ici nous sommes décidés à faire, c'est-à-dire faire connaître des buts de guerre précis en ce qui concerne la conclusion des hostilités.

Eh bien ! camarades, malgré tout, je considère que la C. G. T., maintenant, doit examiner le problème, que la situation est suffisamment grave, notamment en raison des évènements de Russie. Tout à l'heure, Merrheim rappelait toutes les insultes qui ont été adressées aux camarades russes, toutes les erreurs, toutes les faussetés que la presse bourgeoise a déversés sur le mouvement russe. Nous ne savons pas jusqu'à quel point ces erreurs sont grandes, mais il est certain que nous devons supposer que les journaux ont certainement servi les intérêts qu'ils ont l'habitude de servir et que par conséquent nous ne pouvons pas avoir une confiance bien grande dans le reportage qu'ils font en Russie ; mais il y a ce fait, c'est que les camarades russes prêts à discuter la paix avec l'Allemagne, n'ont pas provoqué en Allemagne un mouvement analogue à celui qu'ils ont fait chez eux. Et pourtant les camarades russes espéraient, les militants russes l'ont déclaré, qu'en Allemagne un soulèvement se produirait, ils espéraient que la classe ouvrière allemande ferait un acte, et camarades, si avant la guerre, nous avons lutté contre la guerre que nous sentions venir, si avant la guerre nous avons fait de la propagande antimilitariste, nous avons fait tout notre possible pour empêcher que la guerre éclate, déjà nous sentions qu'en Allemagne la classe ouvrière ne répondait pas coup pour coup à ceux que nous portions.

Aujourd'hui, une situation à peu près semblable va se créer ; après la révolution russe, les travailleurs de France vont-ils peut-être, par leurs réclamations, par leur action, par leur agitation, demander au gouvernement de faire connaître ses conditions précises de paix, et les Allemands resteront toujours muets, et on ne sentira rien en dehors des actes d'un Liebknecht que personne, je crois, n'a critiqué et qu'on ne peut venir nous jeter dans les jambes, à part lui et quelques camarades, on ne sent pas un mouvement en Allemagne en faveur de la paix, pour demander au gouvernement de faire connaître ouvertement ses buts de guerre. Eh bien ! voilà pourquoi il faut avancer avec une certaine précaution sur ce terrain ; il ne faut pas être des dupes, car en étant des dupes, on ne gagne pas du terrain.

Camarades, malgré tout notre désir de paix, malgré tout notre désir de voir cesser le carnage, il faut bien penser que nous ne sommes pas les maîtres tout seuls, que malgré toute la bonne volonté, toute l'énergie que nous pourrons mettre pour arriver à ce que finisse ce carnage, il n'est pas certain que nous serions les maîtres de la situation, et peut-être, nous pourrions embrouiller la situation et la rendre encore plus dangereuse. Voilà pourquoi je demande aux camarades de faire bien attention. Lorsqu'il s'agissait, avant la guerre, de faire de la propagande antimilitariste contre la guerre, même antipatriotique, ah ! nous n'étions pas dans la situation où nous nous trouvons, et avant la guerre, malgré notre énergie, malgré toute la force d'action que nous dépensions, nous n'étions pas les maîtres encore ; les gouvernements nous mataient, ils étaient encore les maîtres de la situation. Il ne faut donc pas escompter trop sur ses forces ; aujourd'hui il y a une situation plus critique et le gouvernement, par l'état de siège, dispose de lois plus draconiennes qu'avant la guerre ; avant, si un mouvement ne réussissait pas, si une grève de protestation échouait, une agitation aussi, ma foi, les conséquences n'étaient pas bien grandes, mais aujourd'hui, camarades, il n'en est pas de même ; nous n'avons pas le droit de nous tromper dans ce que nous voulons faire ou entreprendre. Voilà pourquoi, je crois, que nous sommes arrivés à un moment où sans vouloir passer l'éponge, et je parle ici à nos camarades minoritaires, sur tout ce que l'on a reproché à la majorité Confédérale, je crois qu'en ce qui concerne la guerre, nous devrions pouvoir réussir à trouver un terrain d'entente, une ligne de conduite, d'action, qui nous permettrait d'être une force dans l'action que nous devons entreprendre, de ne pas être divisés ; que chacun de nos camarades fasse une petite concession, car on peut le faire aussi bien dans la minorité que dans la majorité. Dans la minorité, il y a des camarades extrémistes, comme Péricat, qui ne voient absolument que la paix malgré tout ; cela, c'est facile à dire à une tribune, mais lorsqu'il y a état de guerre, lorsque plus de dix nations sont lancées dans un cataclysme comme celui-là, ah ! on ne résout pas le problème avec une aussi grande facilité. Il faut faire un peu plus attention à ce que l'on dit et à ce que l'on fait. Est-ce que vraiment, même parmi nos camarades minoritaires, Mayoux le reconnaissait ce matin, si l'Allemagne disait : Nous avons l'intention de maintenir notre main-mise au point de vue économique sur la Belgique, de conserver le bassin de Briey en France, vraiment est-ce que les minoritaires eux-mêmes ne pourraient pas être obligés de revenir à la situation du 2 août 1914 et de dire : Nous sommes dans la même situation et nous sommes obligés encore de nous incliner, et de laisser les gouvernements, auxquels nous n'avons pas grande confiance mais qui sont maîtres de la situation, de laisser faire ces gouvernements et toute la responsabilité sur les reins. Eh bien ! ce qui m'éloigne de la majorité confédérale c'est justement sur certains points où on a cru devoir aller plus loin que la résolution prise le jour de la déclaration de guerre ; plus tard on discutera cela avec les hommes qui ont vécu ces moments-là. J'étais mobilisé alors, je ne sais quels sont les faits qui ont entraîné la majorité à aller plus loin qu'au point de départ ; de cela, nous nous expliquerons après la guerre, dans un Congrès où chacun parlera librement. Eh bien ! cela n'est pas une cause suffisante de division pour que le fossé auquel faisait allusion Merrheim ne puisse pas se combler, particulièrement en ce qui concerne la guerre, pour trouver une formule d'action à l'issue de cette Conférence, une formule qui donnera satisfaction dans la mesure du possible aux deux tendances, qui serait rédigée par une Commission, car j'espère bien que si nous devons voter quelque chose, s'il doit sortir une résolution de cette Conférence, nous ne voterons pas comme hier soir la proposition Dret, mais que nous étudierons au préalable, sérieusement, les termes d'une résolution qui doit nous engager dans une action très grave. (*Très bien !*) Je suis partisan de la reprise des relations internationales. Si à un moment donné la majorité a été contre, par deux fois, et a exprimé sa volonté de reprendre les relations internationales pour Stockholm et Berne, que les conditions qu'elle y mettait ne plaisent pas à toute la classe ouvrière et à certains camarades, cela se peut, mais c'était peut-être parce qu'il y avait des raisons qui commandaient d'avoir cette attitude ; peut-être qu'aujourd'hui les raisons d'hier sont atténuées, les évènements font que peut-être aujourd'hui on pourrait reprendre les relations internationales et discuter dans une certaine mesure. Voilà pourquoi je fais appel à tous, non pas que je pense que chacun s'embrasse, oublie tout ce qui s'est passé, cela n'est pas possible, mais pour que tout au moins devant la situation si grave devant laquelle nous nous trouvons, devant les lourdes responsabilités qui tombent sur nos épaules, car de plus en plus nous sentons bien que les gouvernements n'ont pas droit à une grande confiance de notre part à voir la façon dont les choses se sont passées depuis plus de trois ans et dont elles se passent actuellement, lorsqu'on regarde dans les plans de la politique gouvernementale on y voit des choses qui ne permettent pas beaucoup à la classe ouvrière de fonder de grands espoirs sur son gouvernement pour arriver à une solution rapide et convenable de la guerre, et qui permettront peut-être que la classe ouvrière vienne s'affirmer et déclarer qu'il faut que les gouvernements trouvent le moyen de discuter et faire connaître leurs conditions de paix ; alors, nous les discuterons, nous, si elles ne nous plaisent pas, nous ferons de l'agitation pour arriver à obtenir des conditions de paix qui ne soient pas à tendances impérialistes au point de vue territorial ou économique ; nous aurons droit de causer à ce moment-là, nous le prendrons comme avant la guerre, peut-être en coûtera-t-il; mais il arrive des moments où chacun doit prendre ses responsabilités ; nous les prendrons sans faire d'actes d'imprudences. J'espère que la Conférence acceptera de nommer une ou deux Commissions, une des minoritaires, une des majoritaires, qui rédigeront chacune une déclaration ; elles se réuniront ensuite pour essayer de se mettre d'accord. Je fais appel ici à l'esprit de fraternité de tous nos camarades ; je les prie d'oublier un peu les gros mots que bien souvent on se lance à travers la tête et auxquels on ne pense pas ; dans l'ardeur de faire prévaloir sa manière de voir, trop souvent des termes qui n'expriment pas la pensée vraie s'échappent ; cela ne veut pas dire que nous sommes des ennemis les uns et les autres. Il faut comprendre que devant ce qui se passe dans le monde entier, en France, il n'est pas possible que la classe ouvrière ne soit pas capable de pouvoir être unie, de faire bloc, afin d'être prête aux évènements qui se passeront demain.

DUMAS. — Camarades, nous avons entendu ce matin Rougerie qui n'a pas attaqué les décisions du Comité Confédéral ; il a attaqué par-dessus la tête de la C. G. T. les opinions et l'action du gouvernement ; mais, en fait, si l'on se réfère à cette déclaration, nous sommes dans l'ensemble parfaitement d'accord avec lui lorsqu'il proclame qu'il y a un droit national, un droit français, que nous avons à défendre notre pays, par conséquent, que nous avons un intérêt de patriotes dans le sens que les socialistes français ont toujours donné à ce mot, car le terme d'Union sacrée n'est pas un terme nouveau, un terme de guerre, un terme bourgeois. C'est celui que Blanqui opposait en 1871 aux manœuvres de la bourgeoisie française qui était à ce moment en train de vendre le pays à l'Allemagne. Si on avait entendu les révolutionnaires de l'époque, on n'aurait peut-être pas une deuxième guerre, conséquence de la première. Nous sommes d'accord avec Rougerie sur la diplomatie secrète, l'entente des nations, l'arbitrage obligatoire ; au Comité Confédéral, nous avons essayé d'obtenir du gouvernement des déclarations formelles sur ces points. Mais il y a des camarades qui apportent ici des critiques trop unilatérales. Ah ! Merrheim, il est facile de faire en France la campagne que tu fais depuis trois ans, c'est une campagne qui a pour résultats, d'une façon systématique, d'innocenter l'Allemagne. Je demande si dans le discours de Merrheim il y a une autre déclaration de guerre que celle adressée au pays auquel il appartient ; c'est contre l'Angleterre et la France que Merrheim a toujours dirigé ses coups.

Au jour de la préparation de la révolution russe, savez-vous comment, camarades, des diverses tendances ont accueilli la nouvelle, je fais appel aux camarades du Comité Confédéral, lorsque nous nous sommes rencontrés, c'était une joie sans mélange parce que nous voyions dans la révolution russe deux choses à la fois, l'émancipation d'un grand peuple et en même temps la fin de la trahison tsariste que nous pressentions. Il n'en a pas été de même d'un autre côté. Il y a des camarades qui ont dit : La révolution russe, au lieu de rapprocher la paix, signifie deux ans de guerre de plus, parce que à ce moment-là on ne pouvait supposer que c'étaient les révolutionnaires russes qui accepteraient de pactiser avec l'Allemagne impérialiste. Savez-vous le résultat de cette paix séparée que Péricat proclame excellente? C'est d'abord d'arrêter immédiatement tout le mouvement démocratique qui avait surgi en Allemagne. Je vous rappelle les faits : Au lendemain de l'initiative prise par Kerensky de faire diversion sur le front russe, nous avons vu à ce moment la république allemande ; les parlementaires allemands proclamaient des droits nouveaux, prenaient une attitude catégorique contre les droits exorbitants de l'état-major et du kaiser ; il y avait chez nous l'espérance de voir surgir un mouvement, oh ! simplement un mouvement démocratique sans épithète parmi les camarades allemands. Mais il y a eu le revers de la médaille, c'est l'attaque allemande, et immédiatement toutes les velléités de revendications populaires démocratiques allemandes se sont tues comme par enchantement, tout a disparu et c'est en ce moment la réaction allemande qui triomphe sans conteste, comme ici à l'heure actuelle si nous sentons la réaction française prendre de plus en plus d'autorité, si nous perdons du terrain ou risquons d'en perdre, c'est parce qu'il y aura la révolution russe à faire miroiter devant les masses en démontrant la faillite d'une révolution socialiste. C'est cela que signifie la paix séparée russe. Je serais heureux d'apprendre qu'il n'y a rien de conclu, que nous avons encore des camarades qui, même n'étant plus capables de combattre au moins par principe, se refusent à ce que j'appellerais une trahison, à ce que les soldats sur le front appellent une trahison, car ce sont eux qui vont supporter le lâchage des Russes, c'est contre eux que les divisions qui viennent de là-bas sur le front français vont être jetées. C'est pourquoi nous ne pouvons pas envoyer notre salut fraternel aux Russes ; c'est pourquoi nous considérons, jusqu'à preuve du contraire, que les noms de Lenine et de Trotsky ne doivent être prononcés dans une réunion simplement démocratique, car ils sont la faillite d'une démocratie.

A un moment il s'est agi de protester contre les expulsions ; à ce moment-là il y avait à leur égard des doutes, et même sur la provenance des fonds...

MERRHEIM (interrompant vivement de son banc). — Je proteste. Trotsky a été condamné par contumace par l'Allemagne pour avoir fait une brochure contre les empires centraux. C'est ignoble ce que tu dis là, c'est aussi ignoble que le jour où tu as dit que l'Union des Métaux avait touché de l'argent.

BROUTCHOUX. — On ne te permettra pas d'insulter les Russes qui font leur devoir.

DUMAS. — Je suis venu défendre mes idées.

BECIRARD. — Pas les tiennes.

BROUTCHOUX. — Ce sont celles de l'*Echo de Paris* !

MAYOUX. — Vous proférez des calomnies infâmes. Vous n'avez pas de preuves. Vous êtes un vil calomniateur !

DUMAS. — Il y avait des doutes sur la provenance des fonds servant à l'émission du journal de Trotsky. J'ajoute qu'il y a quelques jours à peine, à la Chambre, je causais avec un des camarades de retour de Russie, je donnerai son nom s'il le permet ; il m'a dit qu'il est incontestable que Lenine est un homme de bonne foi, mais que Trotsky c'était tout autre chose.

MAYOUX. — Cite le nom.

DUMAS. — Vous ne faites qu'allonger le débat et encore je ne réponds pas aux interruptions.

MERRHEIM. — Dumas vient de faire allusion au journal que Trotsky dirige ici ; or, tout le monde sait, et dans les milieux socialistes plus que partout ailleurs, que ce sont les ouvriers russes qui, par souscription, soutenaient le journal, et j'ose dire qu'il y eut des moments où les typos qui composaient le journal de Trotsky gagnaient vingt sous par jour, ils faisaient ce sacrifice. J'ai connu Trotsky qui, quoique correspondant d'un journal d'Odessa dont on n'a jamais pu mettre en doute la sincérité pendant la guerre, ne pouvait pas recevoir l'argent que ce journal envoyait à son correspondant. Et Trotsky allait manger dans les soupes populaires ! Voilà l'homme que vous avez calomnié. J'ajoute contre l'affirmation de celui qui est venu de Russie rapporter cela, que nous avons celle des délégués du Soviet qui ont passé ici et qui nous ont montré tout ce qu'il y avait de fondé dans les infamies colportées contre nos camarades russes. Ils nous ont dit : Oui, l'Allemagne a pu avoir des agents parmi les Russes, mais ils n'étaient pas parmi nos camarades ; l'Entente en avait aussi ; le jour où la guerre sera terminée, la vérité éclatera sur cette guerre de pourritures et de calomnies que subit la classe ouvrière. Nous ne devrions pas mettre en doute en tout cas les paroles de gens qui ont fait quelque chose que personne ne pourra défaire.

DUMAS. — Merrheim nous a parlé de l'intervention des délégués du Soviet ; il a même dit qu'on les avait reçus froidement, c'est la vérité, et j'ajoute que leur attitude n'a pas été faite pour qu'il en soit autrement. Pendant deux séances nous avons essayé de savoir exactement où nous allions avec eux et ce qu'ils exigeaient de nous. Ils nous ont dit : Il faut que vous fassiez des concessions à la Russie révolutionnaire, et il faut aller à Stockholm affirmer que la classe ouvrière française, organisée sur le terrain économique, ne poursuit pas de buts de conquêtes.. Nous avons adhéré, je dois le dire, la mort dans l'âme, du moins quelques-uns d'entre nous. Nous avons accepté d'aller à Stockholm, nous rendant compte qu'il y avait là encore une sorte de guet-apens de l'Allemagne ; que ce qui était en train de se tramer devait aboutir à la situation actuelle. Si nous sommes obligés de nous prononcer à nouveau sur une Conférence internationale, il faudra que ce soit avec le maximum de garanties, de façon que nous ne fassions pas le jeu de l'ennemi, car il y a une chose sur laquelle tout le monde se trompe, Merrheim comme les autres. Je relisais ces jours-ci des articles qui ont paru dans la *Vie Ouvrière*, où on nous annonçait la prochaine guerre, la guerre de l'Allemagne contre l'Angleterre. Il y avait à ce moment-là en Angleterre un camarade qui avait vu la situation d'une façon plus claire : il y avait un grand journaliste socialiste anglais qui a été obligé de quitter le Parti après cet article, qui disait : Vous ne voyez pas que l'Allemagne s'arme jusqu'aux dents, qu'elle augmente son budget de guerre dans des proportions effrayantes, toute son activité est tournée vers la guerre, elle veut attaquer la France et l'abattre seule pour se retourner demain contre l'Angleterre. C'était cela la véritable thèse. Ce qu'il fallait à l'Allemagne, c'était compléter son organisation industrielle. Nous avons la prétention de juger, nous, du point de vue économique, comme des orateurs syndicalistes. On peut dire que le développement de l'Allemagne est dû aux conditions de son peuple, elle est due au charbon que l'Allemagne peut avoir 1/3 meilleur marché que l'Angleterre, 1/2 meilleur marché que la France. Ce qu'il fallait à l'Allemagne, c'est la raison de la guerre, pour pouvoir le lendemain lutter contre l'Angleterre à armes égales, et supérieures, c'était le fer qui lui manquait encore. Et le peuple allemand, dans son entier, a marché pour la guerre, le peuple allemand était derrière le fils de l'empereur, plus que derrière l'empereur lui-même.

Vous voulez mettre en regard l'attitude de quelques petites sociétés françaises, comme la Ligue des Patriotes, qui comprenait quelques milliers d'adhérents, et vous ne citez pas là-bas les Ligues maritimes, militaires, qui se chiffraient par millions d'adhérents. C'est toute l'Allemagne qui participait à l'action de guerre, alors que la presque totalité de la France était contre la guerre, même la bourgeoisie.

Je ne veux pas allonger le débat ; c'est la première fois que je prends la parole dans une Conférence nationale. J'ajoute ce que j'ai dit à Merrheim : Aujourd'hui, la situation est grave, d'autant plus qu'il y a des alliés qui, pour une raison ou une autre, se retirent de la lutte ; nous allons demain recevoir un choc formidable qui peut décider de l'avenir de notre pays. Et vous voudriez qu'à côté de la guerre nationale on introduise la guerre civile. Mais oui, c'est la guerre civile. Celle-là serait la fin totale de notre nation. Les Russes n'ont pas résolu la question de la paix ; ils sont en pourparlers avec l'Allemagne, peut-être feront-ils la paix sans notre concours, mais c'est la Russie divisée en trois camps ; ce sont les socialistes divisés, les bourgeois se battant contre les troupes socialistes, et vous voudriez que nous le fassions chez nous. Nous devons l'éviter chez nous. Il y a une façon de faire une paix honorable, c'est de proclamer vos buts de guerre, c'est de déclarer que vous ne voulez pas d'annexions, pas d'indemnités autres que celles qui consistent à rembourser ce que vous avez détruit et ce que vous avez volé. Une paix qui laisserait entre les mains de l'Allemagne, au lendemain de la guerre, les ateliers, les grandes usines métallurgiques de la Belgique, de draps du nord de la France, mais vous auriez ainsi gagné la guerre au profit de l'Allemagne. Vous, vous voudriez cela et vous vous en tireriez par une pétition de principes. Nous ne voulons pas la destruction du peuple allemand, nous voulons qu'il puisse vivre aussi libre que nous, mais nous voulons qu'une leçon soit donnée à ce peuple infatué de sa personnalité, qui a voulu la guerre, qui l'a imposée à ses dirigeants. Jusqu'à présent on n'a apporté aucune preuve que notre pays était responsable dans la déclaration de guerre. Vous avez apporté des doutes, je sais tout.

Rougerie. — Vous n'apportez pas de preuves non plus que notre nation n'a aucune responsabilité dans la guerre.

Dumas. — Mais la France, comme l'Angleterre, ont cherché à éviter la guerre en exigeant des concessions de leurs alliés. Il y a deux petits peuples, le Luxembourg et la Belgique qui ont été attaqués sans aucune raison. Et quand on dit : C'est l'Angleterre qui a voulu la guerre, je n'ai qu'à demander à nos camarades anglais de démontrer que depuis longtemps l'Angleterre n'avait pris aucune initiative d'augmenter son armement, qu'elle comptait 200.000 hommes dans son armée ; si elle avait voulu préparer la guerre contre l'Allemagne, elle se serait armée. Notre pays était en danger, nous l'avons défendu...

Rougerie. — Voulez-vous me permettre une question : La publication des traités secrets avec les gouvernements alliés et que le peuple russe a publiés, ne vous a pas ému sur la valeur des différents incidents qui ont pu précéder la guerre?

Un Délégué. — Cela ne compte pas.

Bidegaray. — Nous avons tous lu avec émotion les traités secrets des nations alliées avec la Russie, mais ce que nous attendons aussi, non sans émotion et sans impatience, c'est la publication des traités allemands avec la Russie. Cela ne s'est pas fait.

Péricat. — Ce sont les mêmes ; les Allemands ne valent pas mieux que les Alliés, c'est la même chose !

Dumas. — Rougerie me pose une question. Oui, Rougerie, nous avons été émus par cette publication, mais on n'a pas encore publié les traités allemands et ensuite je fais remarquer que cela est postérieur à la déclaration de guerre ; ce qu'il faut apporter, pour démontrer une part de responsabilité de la France dans la guerre, c'est une preuve antérieure.

Un Délégué. — Et le traité franco-russe?

Dumas. — Comment s'est posée la question de l'Alsace-Lorraine en France avant la guerre et comment se pose-t-elle aujourd'hui? Avant la

guerre, nous étions tous d'accord pour désirer, aussi bien du côté alsa-
cien-lorrain que du côté français une indépendance suffisante de l'Alsace-
Lorraine qui lui assure le développement de sa nationalité propre. Les
Alsaciens l'avaient déclaré officiellement comme nous l'avions fait nous-
mêmes, comme l'avaient accepté le Parti socialiste et la C. G. T. Comment a répondu l'Allemagne? Par les incidents de Saverne, par une
compression plus énergique encore de l'Alsace-Lorraine. Aujourd'hui, la
question se pose du point de vue international. Nous avons constaté que
tant que cette question existerait elle diviserait les deux peuples. Une
situation nouvelle est née de la guerre. Une déclaration de guerre, même
du côté français, n'avait pas à ce moment-là pour but la conquête de
l'Alsace-Lorraine. Les Allemands nous ont déclaré à plusieurs reprises
que ce qu'ils avaient voulu c'était faire une guerre préventive qui laisse
la France mal organisée, mal armée, qui atteigne la Russie au moment
où elle se relevait à peine de sa guerre avec le Japon, ce sont les déclarations des écrivains les plus réputés d'Allemagne ; si nous n'avions pas
fait la guerre, nous l'aurions eue dans quelques années, parce que la
Russie se développait, elle faisait des lignes stratégiques. Voilà pourquoi,
contre les Alliés, l'Allemagne avait intérêt à faire la guerre ; le peuple
entier ne la voulait pas, mais il l'a subie aussi bien que l'élément bourgeois. Il y a une partie de la bourgeoisie qui a souffert aussi, si une
partie s'est engraissée. En somme, le peuple français a défendu son indépendance et nous ne devons pas faire le jeu de l'Allemagne; pour cela
je ne marche pas, je ne marche pas pour faire la révolution dans la rue
tant qu'il y a un soldat ennemi chez nous.

BOURDERON. — Camarades, j'essaierai de mon mieux d'apporter quelques raisons à côté de celles que Merrheim, tout à l'heure, a produites si
judicieusement devant vous. Je souscris à celles qu'il a dites. Notre attitude, dans ces dernières années, fut souvent convergente, d'un complet
accord, et il y eut même dans bien des cas, la décision formelle que
nous nous solidarisions dans tout ce que chacun de nous deux pouvait
faire même séparément, et l'appui de cette attitude objective était d'avoir
été, n'est-ce pas, peut-être des hommes de foi et de sincérité envers les
décisions de nos Congrès, ce qui nous faisait un devoir, même dans la
guerre, de ne pas conserver la haine au cœur contre ceux qui étaient
nos ennemis dans la guerre actuelle. Tout à l'heure, des camarades ont
dit qu'après la guerre nous examinerions les errements, les imprévoyances, que nous avons pu quelquefois commettre les uns et les autres au
début de cette guerre. On rappelait l'attitude confédérale le 2 août, où une
Commission, ce dimanche, se réunissait salle de l'Egalitaire pour rédiger
cette affiche où il y avait là inévitablement l'indication de l'impuissance
de la classe ouvrière organisée de lutter contre cette guerre qui était un
fait qui s'accomplissait. Oui, sans doute, si cette attitude-là était la seule
que nous ayions à déplorer, nous serions probablement restés complètement d'accord. Dans cette lutte intérieure au sein de la Confédération,
les personnalités n'ont pas toujours joué, ce sont les idées aussi qui ont
été défendues. Comme vous, je désire que la C. G. T. ait une attitude

unique, mais examinons quelle doit être cette attitude ; nous avons fait des critiques l'année dernière à pareille époque sur l'attitude pendant la période qui s'était écoulée de la Conférence de 1915 à décembre 1916. La Confédération avait clôturé ses travaux sur une décision et en réalité cette décision exprimait les sentiments hautement humains qu'exprimait Wilson quelques jours avant la Conférence.

Ce point posait en réalité l'attitude que la classe ouvrière devait observer ; on a dit ici que la classe ouvrière était indifférente à tout ce qui se passait, que dans la tourmente actuelle elle était incapable de se relever et d'agir, mais le Comité Confédéral qui croit, lui, qu'il agissait pour elle, qu'a-t-il fait? Qu'avons-nous fait dans cette année écoulée? Certes, camarades, je n'examinerai pas la conduite de la guerre au point de vue militaire, je suis en cette matière trop profane pour pouvoir apporter ici des critiques, ce que j'essaierai d'examiner, c'est ce que pouvait être une conduite politique, non pas de la part des gouvernements ou de nos gouvernants, mais dans la classe ouvrière. La classe ouvrière a-t-elle lié son sort après le 2 août à celui du gouvernement pour la conduite de la guerre?

Si le sort de la classe ouvrière est le même et qu'il fut lié par une collaboration quelconque, alors vous direz : C'est la nation et nous n'avons pas ici d'adversaires en France ; ceux qui ont conduit la guerre l'ont conduite au nom de toute la France et non de la classe ouvrière. Nous avons abdiqué des droits que tout à l'heure on disait qu'il faudrait reconquérir, peut-être au prix de grands efforts, et nous n'agirons que quand les hommes d'en haut nous en donneront la permission ou l'autorisation. Tout de même, je crois que la classe ouvrière a méconnu son rôle dans la guerre ; c'est pourquoi au sein du Comité Confédéral nous nous sommes heurtés et nous avons apparu nous heurter contre des individualités. Non, c'est contre des méthodes, contre des idées que nous n'approuvons pas. Dans le fait, la Confédération a bien fait même, elle ne nous a rien dit, nous ne connaissons rien de façon détaillée ou concluante de ce qui se passe dans les Commissions multiples auxquelles appartiennent certains membres du Comité Confédéral, où dans ces Commissions il y a inévitablement à définir d'une attitude de la classe ouvrière dans les conditions politiques ou économiques du pays. C'est pourquoi je dis que là inévitablement la classe ouvrière se trouve entraînée fatalement par une sorte d'action à laquelle elle ne participe pas directement, à une attitude observée par un certain nombre d'hommes, de militants qui sont à la tête du gouvernement, ce qui fait qu'ils ne résistent pas suffisamment contre les prétentions de nos gouvernants qui ont aliéné nos libertés acquises. Vous pouvez nous faire le reproche de n'avoir pas produit des résultats par les efforts que nous avons donnés. Ah ! c'est vrai, il a fallu non seulement lutter contre ceux qui sont les adversaires de la classe ouvrière, essayer, si on peut dire par des moyens de fortune, et vous savez dans quelles conditions pouvaient être les nôtres, de réveiller une opinion publique qui, en réalité, résiste ou hésite à se manifester contre la guerre, nous avions non seulement, n'est-ce pas, le gouvernement avec tous ses rouages de répression contre nous, l'épée de Damoclès des poursuites suspendue sur la plupart de ceux qui agissaient, mais nous avions aussi l'opprobre de nos camarades d'à-côté qui disaient que notre attitude avait pour conséquence de faire durer la guerre au lieu de l'abréger. Je demande : qu'avez-vous fait alors, vous, si la collaboration des délégations de la classe ouvrière avec les rouages gouvernementaux a été un moyen pour abréger la guerre ? Vous viendrez ici établir dans quelles conditions vous avez discuté avec ces hommes délégués de ministères ; il faudra ici le dire, mais jusqu'à présent nous l'ignorons. Si vous dites que c'est votre attitude qui prévaut pour l'abréviation de la guerre, il faudrait au moins la connaître, il faut nous l'exposer. Hélas, nous n'avons pas été, nous, ni les uns, ni les autres, les maîtres des événements, et tous les peuples sont les victimes de tous les gouvernements. Nous qui nous sommes situés, comme la Fédération des Métaux le disait, dans une attitude où il convenait que l'action internationale existe, pour que des conversations puissent s'engager, grandir, créer pour ainsi dire une atmosphère d'adhésion, de sympathie dans le pays, nous avons trouvé contre nous toute l'opposition possible que tout à l'heure j'indiquais. Aujourd'hui, je suis heureux de voir que cette opposition diminue au fur et à mesure malheureusement que les événements se déroulent, de terribles événements où le sang du prolétariat tout particulièrement coule à flots. Ah ! camarades, je crains qu'un trop grand nombre de membres de la classe ouvrière ne soient imbus de ce chauvinisme qu'on nous a inculqué quand nous allions à l'école, et que l'éducation que nous nous sommes mutuellement faite ait disparu au moment de la tourmente, que c'est seulement cette exaltation de vaillance, de gloire française qui vous entraîne, et que vous croyez que c'est exclusivement par la force des armes, par la force brutale, que la conclusion de la guerre peut aboutir.

Je crois être resté fidèle à la conception de mon Parti socialiste et aussi à la doctrine syndicaliste à laquelle j'ai adhéré depuis très longtemps, à laquelle j'ai milité aussi énergiquement que ceux qui, jadis, m'ont qualifié de réformiste parce que je n'étais pas partisan de la grève générale ; j'étais partisan de la conquête des pouvoirs publics pour que triomphe la classe ouvrière. Mais je crois que je suis resté conséquent avec ce socialisme auquel j'ai adhéré depuis 1881, aux décisions qui firent la charte, en réalité, de nos Congrès internationaux. Si la guerre s'est déclarée, il convient que la classe ouvrière s'entremette pour la faire cesser promptement. C'est là une attitude internationale, et toute autre attitude est une attitude de nationalisme. On a cru au début de la guerre que la puissance de nos armées jointe à celle de nos alliés devait inévitablement vaincre les empires centraux et briser le militarisme allemand, et, mes amis, nous avons réveillé dans le monde un militarisme qui est aussi cruel, qui est le même que le militarisme allemand, c'est le militarisme tout court. Nous considérons, et vous l'avez dit unanimement, que la diplomatie secrète, par ses hommes irresponsables, a causé aux nations les plus cruelles déceptions, les tourmentes les plus douloureuses ; aujourd'hui, il convient qu'il y ait une diplomatie publique. La classe ouvrière pouvait avoir la sienne, elle devait l'avoir. L'a-t-elle eue ? Oh ! oui, camarades, vous avez raison quand vous adressez des critiques aux peuples, aux travailleurs des nations en guerre avec les alliés ; sans doute, là, on n'a pas fait tout l'effort désirable ; on rappelait tout à l'heure l'appel des révolutionnaires russes à la démocratie allemande ; sans doute, j'aurais souhaité que la démocratie allemande ait cette velléité de prendre un exemple sur la Russie ; nous considérons que le kaisérisme était en réalité aussi nuisible, aussi néfaste à l'évolution démocratique des peuples que le tsarisme, mais je ne suis point sûr que vous ne vous seriez pas mis d'accord avec votre oligarchie française et que vos alliés eussent dit aux Allemands : Nos troupes n'iront pas plus loin que la ligne de front où elles sont. Je crains fort que vos alliés auraient eu ce nationalisme invétéré par l'atavisme, par l'éducation même qui a été jetée dans nos cerveaux, et que tous aient dit à ce moment : Nous pouvons être maintenant les maîtres de l'Alsace et de la rive gauche du Rhin.

PLUSIEURS VOIX. — Jamais ! C'est une supposition !

CLAVERIE. — C'est une hypothèse !

BOURDERON. — Hélas ! vraiment, tout est hypothétique.

CLAVERIE. — Sauf les faits.

BOURDERON. — C'est exact, mais je pose ce point : avant la guerre, la classe ouvrière s'était tracée une attitude ; a-t-elle pu, a-t-elle continué dans la guerre à avoir la même attitude ?

UN DÉLÉGUÉ. — Elle ne pouvait le faire.

BOURDERON. — Je ne sais pas si elle le pouvait... Ne compliquez pas la discussion ; vous devez bien savoir que l'ouvrier Bourderon a les cellules organisées pour un débat qu'il a préparé ; si vous me posez des multiples questions il me sera difficile d'y répondre. Que pouvait la classe ouvrière ? Mais a-t-elle essayé quelque chose ? Ceux qui sont restés à la direction confédérale, à la direction de la classe ouvrière ont-ils tenté quelque chose ? Mais non, non, tous les faits sont là, on n'a rien tenté, et je ne veux pas savoir ce que nous aurions fait. Nous avons lié notre sort, forgé nos chaînes ; nous nous sommes attachés au maître, nous avons marché avec lui, il nous traîne avec son char qui roule dans la boue, le sang et la vanité des conquérants, alors que la classe ouvrière avait résolu d'agir contre lui.

Oh ! je peux flageller Lénine, il est aussi coupable que ceux qui, parmi nous, ont agi comme lui ; vous obligez les gens à se défendre.

JOUHAUX. — Tu as raison de formuler ton opinion ; il est bon que la Conférence la connaisse.

BOURDERON. — Puisque le Comité Confédéral n'a pas lui-même posé la question, puisque en réalité nous nous trouvons devant le néant ou l'incertain, les hypothèses possibles ou impossibles, nous exposons ici, n'est-ce pas, ce qui est notre point de vue, ce qui est une critique et nous continuerons tout à l'heure par l'indication d'une attitude. Mais voyons tout de même, l'effort que nous avons donné dans une critique n'a pas été admis par vous ; vous avez eu une attitude dans une autre directive, mais enfin vous expliquerez la beauté de la vôtre, si elle est belle, vous expliquerez les résultats que la classe ouvrière a obtenus, vous nous direz dans quelles conditions vous avez agi pour pouvoir hâter la fin de la guerre et la préparation de ces buts de paix que l'on disait ce matin devoir être les buts de guerre du gouvernement. Je n'ai point entendu le détail de quelques-uns mêmes des principes de ces conditions de paix ; cela n'est point dit, mais même si cela l'était, est-ce que vous croyez que je l'admettrais ? Je ne sais pas si le gouvernement accepterait les décisions de la classe ouvrière ; nous ne sommes point là pour prétendre que nous jouons aux diplomates, que nous faisons la paix ; non, nous essayons dans notre milieu de faire une atmosphère, une opinion, une attitude qui se manifestent dans la classe ouvrière organisée, ainsi il y aura des consciences qui se réveilleront ou se révèleront. Ces camarades verront que chacun des gouvernements alliés ou belligérants a une part de responsabilités. Un des derniers orateurs a prétendu que la lutte était plus particulière entre la puissance économique allemande et la puissance économique anglaise. Cela est possible, cela est une raison que nous avons dite au début...

Dumas. — Je dis le contraire.

Bourderon. — Eh bien ! je trouve dans votre bouche en réalité la confirmation de ce que nous avons dit nous-mêmes. C'est l'antagonisme des impérialismes qui s'opposant, qui luttant ensemble, a déchaîné cette terrible guerre. Vous avez ouvert l'hypothèse de l'attaque faite par l'Allemagne, attaque préventive, parce que, disent les Allemands, si nous attendons, la Russie sera organisée, l'Angleterre peut prendre des précautions et les conditions de la guerre seront plus favorables au point de vue des armes. Alors, il faut dire que même nos propres gouvernements, nos propres alliés se préparaient à la guerre. Eh bien ! il y a des fautes qu'il faut reconnaître, vous ne pouvez les nier, elles existent. Nous disons comme vous, nous sommes ceux que l'on conduit, et nous ne faisons rien pour réagir contre cela. Nous vous demandons aujourd'hui d'agir comme nous l'avons demandé l'année dernière, comme nous n'avons cessé de le demander depuis la Conférence de 1916 jusqu'à celle-ci, par l'action internationale ; nous l'avions demandé antérieurement, et aujourd'hui si notre action peut se produire, si elle se produit dans le sens où nos camarades le disent, par une résolution commune où les idées peuvent converger, c'est possible, mais alors vous reconnaîtrez qu'il ne faut pas adhérer à cette résolution la mort dans l'âme ; il ne faudrait pas, aussi, qu'après nous restions dans l'inertie la plus grande, que nous nous livrions à la bienveillance du gouvernement pour qu'il nous donne des passeports pour Stockholm ou autre part. Quand on entre dans une détermination la mort dans l'âme, on n'a aucune sincérité dans l'attitude effective de pouvoir concrétiser cette résolution. C'est ainsi que le Parti socialiste en réalité détruit, trahit sa décision du 28 mai ; il ne faut pas que nous prenions une décision qui ait ce caractère et qu'on vienne ensuite agir pour en entraver l'exécution. Dans le débat, vous avez mélangé les deux Conférences : Stockholm et Berne, comme ayant le même sens, le même caractère. Si d'abord Stockholm avait existé, Berne était inopérant ; nous aurions essayé de faire à Stockholm la besogne que nous supposions devoir faire. (*On crie : Ce n'était pas possible. Ce sont deux questions.*) C'est possible, mais vous sentez bien, même avant le déplacement du Bureau international, que mon attitude, que ma pensée, que mon action convergent là-bas pour agir dans une Conférence internationale, œuvrer contre la guerre et pour la paix. C'est cela qu'il convient de faire. Je veux cependant essayer de me débarrasser de certains insinuations qui ont fait leur chemin, qui ont été dites, que l'on reprend. Oui, on a qualifié d'hommes qui agissaient presque pour le compte de l'Allemagne ceux qui acceptaient la paix à tout prix. Et dans quel moment, dans quelles circonstances et où ces propos ont-ils été tenus ? Je montrerai tout à l'heure aux délégués belges la publication de Zimmerwald que Merrheim rappelait si éloquemment en parlant de notre attitude de septembre 1915. Je ne vous lis que ces deux passages parce qu'ils déterminent tout de même l'état d'âme que nous avions en 1915 et qui n'a cessé d'être le nôtre.

(Lecture : « Nous réprouvons de toute notre énergie, etc. »)

Alors que nous faisions cette déclaration franco-allemande que Merrheim et moi, que Ledebour ont signée réciproquement, une en allemand, l'autre en français, on a dit que nous agissions pour une paix à tout prix. Je dis que vous avez ainsi répandu une erreur grossière. Si vous-mêmes vous aviez agi dans notre sens, la pensée que devrait avoir la classe ouvrière serait bien plus grande qu'elle l'est aujourd'hui. Au contraire, on a tout fait contre nous. Et aujourd'hui, ligottés, encadrés comme nous le sommes, quand nous sortons nous n'avons pas la possibilité d'aller répandre notre foi qui est sincère et qui est puisée dans la doctrine socialiste et syndicaliste, et nous retrouvons toutes les forces de répression du gouvernement qui empêchent à X... et à Y... d'aller ici et là, et vous, membres de la majorité de la C. G. T., vous avez des avantages, vous avez dans la classe ouvrière la possibilité de circuler et de dire ce que vous jugez bon de dire ; certains délégués ont parcouru la France, nous trouvons cela dans les ordres du jour, alors que la C. G. T. elle-même n'a pas organisé de tournées. Nous voyons que X..., du Comité Confédéral, est allé à Bayonne, alors que quand j'ai voulu aller à Bourges, j'ai trouvé le commissaire à la descente du train qui m'a prié de retourner à Paris, il m'a signifié un arrêté d'expulsion. Eh bien, aujourd'hui, voilà la situation. Ne dites pas que nous nous sommes trouvés sur un plan égal pour la propagation de nos idées respectives. Je vous reproche cette attitude trop insuffisante, pas assez débarrassée de la tutelle du pouvoir d'en haut ; je vous reproche de ne pas avoir fait l'effort qui convenait pour hâter une rencontre internationale, de ne pas avoir su, sur ce terrain, dans cet ordre d'idées, encourager l'attitude des travailleurs allemands. Ah ! n'allez pas dire qu'en Allemagne, comme on le disait tout à l'heure, le peuple allemand a imposé la guerre à son gouvernement par sa pensée d'hégémonie sur le monde, par ses prétentions culturales, par sa supériorité d'organisation. Je ne peux pas admettre cette idée qui a été dite ici. Le peuple allemand est la victime, comme le peuple français, des aberrations des impérialistes, comme nous de nos colonisateurs, de notre oligarchie capitaliste. On a empêché au peuple allemand l'exercice des droits qu'il avait conquis. En Allemagne, on traque le peuple allemand qui ose manifester, il y a des emprisonnements, des poursuites, et malgré cela il y a des tracts répandus d'une façon nombreuse qui ont troublé quelquefois la quiétude du gouvernement allemand. Eh bien, à ces hommes, vous n'avez pas répondu et nous avons été aussi impuissants à répondre. Nous n'avons pas trouvé auprès de vous l'adhésion, l'aide, la collaboration que nous aurions dû trouver si nous étions restés dans l'attitude d'avant la guerre et que nous devions conserver. Que devait penser le peuple allemand de la C. G. T. française, du peuple français. On a manifesté en Allemagne contre les hobereaux. Est-ce que vous, vous avez manifesté ? Alors, vous sentez très bien qu'en entraînant cette atmosphère, en agissant par le jeu de la presse qui ne nous facilite pas, nous sommes arrivés à nous éloigner au lieu de nous rapprocher. Toute attitude différente aurait été utile. Il fallait manifester notre intention de rapprochement, alors qu'il n'y en avait que quelques-uns qui le manifestaient, c'était insuffisant pour encourager le peuple allemand à agir.

Et puis, vous arrivez à dire des choses bien regrettables. Vous ne pouvez pas, sans preuves, dire contre les Russes des paroles que je trouve pénibles. Ah oui, camarades, quand vous dites que la Russie trahit, je vous assure que vous méconnaissez l'histoire. Je ne prétends pas la connaître complètement, mais je pourrais tout de même vous rappeler quelques faits qui vous montreront que vous faites erreur et que vous devriez vraiment faire amende honorable aux paroles injurieuses dites à cette tribune. A Zimmerwald, Lénine a appartenu à ce qu'on a appelé la gauche de Zimmerwald ; il n'était point d'accord avec Trotsky, il y avait un petit fossé entre eux. Vous voyez que dès le début, dans les rapports de ces hommes essayant de revivifier l'Internationale, il y avait des nuances. Aujourd'hui vous ajoutez que Lénine est sincère et que Trotsky ne le serait plus. Sur quoi vous basez-vous ? Nous avons vu Trotsky, nous avons discuté avec lui, quelquefois même nous nous sommes trouvés séparés, opposés dans nos vues.

Trotsky, qui fut en réalité expulsé de France, fut obligé d'aller en Espagne, de traverser l'Océan pour gagner l'Amérique et revenir ainsi dans son pays quand la révolution était commencée ; il est entré dans l'action comme un homme viril, comme un socialiste-révolutionnaire doit le faire. Roubanovitch est venu à la C. A. P. du Parti socialiste nous faire l'exposé de faits qu'il connaissait ; cette conférence a eu lieu il y a quelques six semaines. On lui a posé cette question : « Que pensez-vous de Lénine ? » Il nous a répondu : « Nous le considérons tous comme un homme d'une profonde sincérité. » Et Roubanovitch disait cela alors qu'il ne partage pas du tout le point de vue de Lénine, qu'il en est séparé par une assez grande distance au point de vue sociologique. Et alors que Trotsky n'est même pas dans la thèse complète de Lénine, vous l'injuriez ici, vous apportez une sorte de diffamation. Ah ! croyez-vous que ce soit comme cela, par une telle attitude, que nous pourrons prendre contact avec l'Internationale, en établissant la suspicion. Vous rejetez ces gens-là brutalement dans l'action de leur nation propre et ils se désintéresseront de ce qui peut advenir de la classe ouvrière ; vous injuriez ceux que la nation russe a élevés à son gouvernement. Tout de même, réfléchissez quand vous parlez à cette tribune qui est un peu publique, puisque la presse y est admise. Ces paroles contre Trotsky, ne sentez-vous pas qu'elles peuvent avoir un retentissement. Mais je crois qu'elles n'en auront pas, car s'il y a de grands cœurs, ils diront : « Les malheureux, ils ne savent pas ce qu'ils disent. »

Alors, les Soviets ont envoyé en France des délégués. Ces délégués, nous les ignorions le samedi 1er août, je peux faire une erreur de date ; ils sont venus, nous croyions les recevoir ; ils sont venus à Paris et ne vinrent pas à la C. G. T., parce que, par une erreur, une impression, j'essaie d'atténuer, puisque vraiment il ne peut pas être établi ici que les délégués des Soviets avaient été invités ce même soir qu'ils ont débarqué à Paris, ils avaient été invités par la C. G. T. à se rendre à son siège ; nous avons manifesté notre profond désir de les voir, de les entendre ; nous avions trouvé pendant un moment au sein du Comité Confédéral une résistance presque opiniâtre, et c'est le Secrétaire confédéral qui a considéré que cette résistance n'avait pas sa bonne raison puisqu'il convenait de connaître ce que les délégués des Soviets pouvaient nous apporter, des renseignements utiles sur ce qui s'est passé en Russie. Vous sentez que je revis encore quelque peu ce moment, alors que le samedi, jour de leur arrivée, nous étions réunis pour les entendre et qu'ils ne vinrent pas parce que non convoqués, eh bien ! nous avons quelque peu causé de cela. Vous vous rappelez bien que vous aviez envers eux des défiances, mais des défiances qui se sont manifestées huit à dix jours après, qui ont continué, et ce fut les questions posées à Godenberg qui représentait bien le gouvernement russe, et ceci et cela, mais n'auraient-ils pas représenté le gouvernement russe, les délégués des Soviets venaient nous demander d'agir rapidement dans l'Internationale pour sauver la Révolution russe, pour hâter la paix générale de tous les belligérants, alors qu'à ce moment-là nous agissions, vous nous faisiez à ce moment grief de prendre des dispositions pour aller à Stockholm ; vous aviez de l'indécision pour y aller, nous agissions sur vous. Ces délégués des Soviets étaient tout simplement des socialistes-révolutionnaires qui ne sont pas du tout dans le plan de Lénine et de Trotsky, et aujourd'hui vous jetez votre amertume sur Lénine et sur Trotsky et la veille vous l'aviez jetée sur ceux qui étaient près du gouvernement de Kerensky. Je répète là des faits historiques pour établir ici votre attitude ; on peut lire les procès-verbaux et on verra si vous avez été à ce moment-là pour causer avec l'Internationale. J'établis la répétition de faits vécus, de discussions où j'étais, j'établis que vous n'avez pas agi.

Je ne méconnais pas que vous ayiez aujourd'hui l'intention d'agir ;
cette attitude désirable pour tous d'agir avec l'Internationale vous a été
offerte maintes fois. Les événements nous débordent ; demain, nos gouvernants seront sans doute obligés d'admettre que l'Internationale pourrait bien se réunir, agir, et aussi là peut-être on serait heureux dans les
gouvernements alliés de rendre responsables ceux qui, en réalité, étaient
les premiers pionniers pour préparer la paix, les rendre responsables
d'une paix qui ne satisferait pas tout le monde. Ah ! il y en a ici qui
ont parlé d'une paix victorieuse. Mais il y a longtemps que nos manifestations se sont faites contre la paix des vaincus contre les peuples
écrasés ; nous ne voulons pas des opprimés et vous avez encore cette
aspiration d'opprimer. Nous l'avons dit et les Allemands minoritaires
à Zimmerwald l'ont dit avec nous, au nom de la fraction du peuple
allemand de qui ils tenaient la confiance, nous ne voulons l'oppression
d'aucun peuple, d'aucune nation ; nous voulons la réparation des dommages causés, et aujourd'hui vous établissez des considérations sur des
contributions de guerre ; il y a une nuance cependant entre les réparations des désastres de la guerre et les contributions de guerre. Si vous
voulez que les vaincus se présentent les mains enchaînées, je crains fort
que dans un avenir probable ou prochain, il y aurait une ruée des ennemis sur notre pays et il faudra y résister encore. Et je termine en disant :
Classe ouvrière, ne lie pas ton sort à tes maîtres ; tes maîtres ont des
intérêts, ils ont fait des traités secrets, mais brise-les, maudis-les, ce ne
furent jamais tes buts de guerre ; les annexions amoindrissant des peuples
voisins ne furent jamais tes aspirations ; dégage-toi des responsabilités
de tes maîtres, redeviens ce que tu étais avant la guerre, prends
conscience de ton attitude dans la nation et dans le monde. Souviens-toi
que tes maîtres t'opprimeront dans l'après-guerre, qu'il faut que tu
épargnes le sang des tiens qui sont sur le front ; il faut garder encore
de tes fils encore vivants, car trop ont déjà pourri dans les charniers.
Nous sentons le besoin d'une paix de conciliation, de rapprochement,
d'une paix qui exclue la haine, demain comme aujourd'hui. Je serrerai
la main d'un Allemand dans un Congrès aussi fraternellement qu'avant
la guerre ; il n'est rien resté au fond de moi-même comme inimitié, je
n'en ai jamais eu et c'est pour cela que je demande à la Conférence
de décider d'agir, il faut qu'elle soit résolue à faire une action virile de
propagande ; il ne faut pas que nous attendions la bienveillance des
gouvernants, il faut que nous agissions dans l'opinion publique pour
que les gouvernants admettent les droits de la classe ouvrière, et vraiment si on ne veut pas nous les donner, comme vous le disiez Savoie, qui
n'êtes pas avec nous, il faudra agir. Aussi soyons vigilants, soyons pré-
voyants, je dis même que nous ne l'avons pas été suffisamment. C'est
pour cela que la résolution que nous allons voter doit incarner notre
volonté de la reprise des rapports internationaux. Et après avoir obtenu
une paix équitable nous reprendrons l'examen des questions économiques
qui sont notre obsession. Ne soyons pas de ceux qui voulons nous établir
dans la guerre comme trop d'hommes s'y sont établis, comme un fata-

lisme devant lequel on se résigne. Luttons contre cette adversité, ayons l'énergie pour essayer de la vaincre, et après, camarades, oui, à la reprise économique, la place qui nous revient dans notre nation et qui nous fut toujours méconnue, nous l'exigerons s'il est possible, nous continuerons la bataille, et après cela sans doute entre nous l'unité pourra peut-être être totale, définitive. Maintenant un accord ne peut s'établir qu'à la condition que nous soyons résolus d'agir et que nous reprenions la marche abandonnée depuis trop longtemps.

TILMANN. — Il y a un passage dans le discours de Bourderon qui m'a profondément touché. Il nous a dit qu'il était socialiste depuis 1881, mais il me permettra, comme ancien syndicaliste depuis 1886, pacifiste avant la guerre comme lui, de lui rappeler quelle fut notre attitude lorsque la Belgique a été violée. Quand l'ultimatum a été envoyé à la Serbie nous avons fait tout notre possible pour que la guerre fut évitée. Vous connaissez l'organisation belge, nous avons le droit de parler sur la voie publique, et au moyen de tambours et de clairons on réunissait la population que nous engagions d'être prête, en cas de guerre, à décréter la grève générale. Je crois qu'en France vous avez fait de même, partout, nous étions du même avis. Lorsque le camarade Jaurès est venu à notre grand meeting du Cirque Royal, notre camarade Haas, député minoritaire, avait promis que les socialistes allemands feraient tout leur possible pour que l'Allemagne ne fasse pas la guerre ; il n'a pas tenu ses engagements. Il a été appelé par le chancelier, nous avons la certitude qu'il a été roulé. Vous connaissez la situation ; l'Allemagne ayant donc sournoisement préparé cette guerre monstrueuse, qu'avons-nous fait, nous les militants syndicalistes belges. Nous nous sommes engagés, je me suis engagé à quarante-trois ans, laissant femme et enfants, pour défendre avec nos libertés syndicales la liberté du genre humain, du monde entier. Nous avons pris les armes, nous, antimilitaristes et plus que jamais antimilitaristes, nous avons revêtu l'uniforme et nous sommes allés à l'assaut contre les millions de soldats barbares qui violaient notre territoire pour vous écraser ensuite, vous, démocratie française.

Nous avions ce sentiment de liberté que les Boches ne possèdent pas encore. Oui, nous restons internationalistes jusqu'au bout, mais vous devez convenir comme nous que la conception socialiste allemande, comme a dit Volkaert, n'est pas encore faite pour être antimilitariste. Avant tout, leur Kaiser, leur Dieu ! Voilà la conception même des socialistes, ce sont avant tout des patriotes. Il y a quelqu'un qui fait exception, je le veux bien, c'est Liebknecht, pour lequel j'ai de l'admiration, et d'autres qui le suivent ; malheureusement, ils sont très peu nombreux. Il est de notre devoir de continuer la lutte et de persévérer. Je ne puis pas comprendre que le camarade Bourderon vienne dire que nous ne sommes plus socialistes parce que nous avons revêtu le costume militaire.

Si je ne le possède plus, c'est que je suis en congé, sans solde, mais si je pouvais y retourner demain, moi, antimilitariste, pour défendre nos camarades, nos femmes et nos enfants, demain j'irais encore au sacrifice de ma vie.

Camarades, la situation est là. Est-ce que c'est l'Allemagne qui désire la paix ? Non. Scheidemann, en tête, à la solde, sous la botte de son maître, le kaiser, les Allemands continuent à faire le travail du militarisme prussien contre les démocrates ; cependant, ils n'ignorent pas ce qui se passe chez nous, ce qui se passe en France, et malgré cela, les Scheidemann n'ont pas la conception socialiste, ils ont eux aussi pour devise : l'Allemagne au-dessus de tout !

Je regrette, je m'emporte un peu, je ne suis pas dans la situation de prendre la parole, mais je dis que nous ne pouvons absolument pas rester sous cette domination boche. Je dis aux camarades qui ont passé par Bruxelles et ailleurs, qui savent les libertés que nous avions en Belgique, que vous aviez ici, je leur dis : Consultez donc les femmes belges qui sont mariées à des Français, qu'on a expatriées, demandez-leur comment agissent les Allemands envers elles, demandez-leur dans les régions envahies du Nord de la France, comment on les arrange et vous voudriez avoir la paix avec ces gens-là par une paix prématurée, une paix où ils seraient triomphants, où plus que jamais les peuples seraient sous leur domination, vous voudriez cela vous qui avez des libertés, vous qui, actuellement, pouvez exprimer votre opinion. (*Quelques cris : Ce n'est pas vrai !*) Ce serait alors la ruine des démocraties. Il y a encore un point que je dois soulever, c'est la question de la brochure sur la Belgique. Vous dites que vous êtes partisan de la restauration de la Belgique, mais qui en paiera les frais ? Comment ce sont eux qui cassent les pots et c'est nous qui devrions payer la casse ! L'Allemagne est venue chez nous, c'est l'agresseur, eh bien, c'est elle qui paiera tous les pots cassés.

BOURDERON. — Notre camarade belge ne me pose pas une question ; il a développé une argumentation. Je constate que notre Conférence est une Conférence dite nationale.

JOUHAUX. — Bourderon, je te le demande tout de même ; nous ne pouvons demander à nos camarades délégués étrangers, quels que soient les sentiments qui puissent les animer, de rester en dehors d'un débat qui est nôtre ; mais notre camarade belge a été amené par sa situation particulière à faire une protestation ; il voulait poser une question et il a été amené à faire cette protestation ; ne disons pas, pour cela : notre Conférence a perdu son caractère national.

PÉRICAT. — J'ai un sentiment contraire ; j'estime que cette réunion peut avoir un caractère international et que nos camarades belges ont le droit d'exprimer leur pensée.

BOURDERON. — Je vais très brièvement répondre à Tillmann. Il a dit qu'il avait fait son devoir au début de la guerre. Mais nous avons fait le nôtre aussi ce jour-là, et, camarades, moi qui ai une nombreuse famille, puisqu'actuellement j'ai six enfants vivants, je ne vous dis pas quel est mon devoir, je l'ai fait, qu'importe, je n'ai pas besoin de l'étaler ici. Je vous rappelle le débat qui eut lieu le lundi 27 juillet à Bruxelles, où Jaurès était réuni avec le Bureau socialiste international, où Haas y assistait comme délégué, au moment où les événements se précipitaient ;

alors Haas a fait une promesse qui ne pouvait être tenue, que logiquement il ne pouvait tenir qu'à la condition qu'il y ait réciprocité à Paris. Laissez-moi rappeler des faits que beaucoup ignorent. Comment Haas avait-il dit qu'il agirait ? Comme Jaurès disait qu'il agirait.

Un Délégué. — Tu oublies de dire ce qui s'est passé au Ministère des Affaires étrangères.

Boudet. — Et que les troupes françaises n'ont pas franchi la frontière, qu'elles ont été retirées à six kilomètres en arrière.

Bourderon. — Je ne veux pas rendre responsable Haas de la violation de la frontière française par les troupes allemandes. Oh ! Laissez-moi ; on me pose une question et on inculpe un homme en qui je crois avoir quand même confiance. Je veux dire des choses qu'on a pu ignorer ou oublier. Haas était le 27 juillet, à Bruxelles, au Bureau international, où les délégués prirent l'engagement d'agir chacun en ce qui les concernait dans leur milieu pour éviter la guerre ; il s'agissait de manifester contre les crédits. Les événements se précipitaient. Il y eut une conversation le 29 juillet au sein des délégués de la Commission parlementaire du Reichstag et mission fut donnée à Muller de venir en France. Muller, délégué du Parti, est venu en France, amené par Huysmans de Bruxelles à Paris en automobile. Il y est arrivé le soir de l'assassinat de Jaurès ; il s'est réuni avec les camarades du Parti. La question fut posée d'une attitude réciproque. Mais la guerre devenait imminente ; il s'agissait que les deux partis démocratiques aient une attitude conforme, convergente. Qu'a-t-on répondu à Muller ? Que l'Allemagne était agresseur et qu'on voterait les crédits de guerre. Muller fut reconduit avec sécurité, parce que la frontière se fermait. Il rentrait le 1er août en Belgique, en emportant cette réponse. Alors, le groupe au Reichstag s'est réuni et a décidé ce qu'il convenait de faire devant la réponse française que Muller rapportait. Ah ! il est possible que Muller ne fut pas arrivé avant que la décision ne fut prise, mais il y eut dix-neuf membres du groupe socialiste du Reichstag qui refusèrent de voter les crédits ; Haas, président du groupe, était du nombre. Et il fut obligé, contraint de se résigner à lire la déclaration qu'il a lue le jour du 4 août, dans la journée où simultanément à Paris et à Berlin étaient votés les crédits de guerre. Haas a exécuté un mandat comme un homme discipliné. Vous l'accusez aujourd'hui de ne pas avoir tenu ses promesses ; je dis qu'il en est de même des socialistes français ; la promesse faite le 27 juillet à Bruxelles, dans la fameuse séance, n'a pas été tenue par un seul député français ; aucun n'a été dans le groupe parlementaire contre les crédits, alors qu'en Allemagne il y eut dix-neuf députés qui furent contre les crédits.

Volkaert. — Je ne voulais pas intervenir, mais si vous voulez avoir, hors séance, des renseignements, je vous prouverai que vous n'êtes pas au courant. J'ai confiance en votre bonne foi ; nous sommes tous des amis ; au lendemain de la guerre, la bourgeoisie s'occupera bien de nous mettre d'accord. Nous discuterons dehors, si vous voulez bien, de la question.

Bourderon. — Tout de même, la personne de Haas ayant été mêlée au débat, c'était de mon devoir de répondre. J'ai pour les minoritaires allemands une profonde admiration pour la lutte qu'ils ont menée au sein de leur pays contre leur gouvernement. Je me suis appuyé dans ma réponse sur des documents publiés par le groupe parlementaire socialiste français. Vous apprécierez. Nous nous retrouverons dans l'Internationale. Oui, sans doute, nous avons tous commis des fautes, des errements, mais ce qu'il convient, avant tout, c'est d'agir pour hâter si je puis dire la fin du carnage.

MERRHEIM. — Je voudrais ajouter un seul mot pour montrer combien nous avons tous été surpris par les événements. Jouhaux se rappellera que nous étions délégués de la C. G. T. auprès de Jaurès, de retour de Bruxelles. Nous avions le sentiment que la guerre était proche, nous étions le 2 août. Jaurès nous disait dans sa grande bonté : la guerre n'est pas si proche que vous croyez. Jaurès, à ce moment-là, nous a convaincu qu'il fallait reporter notre meeting au 9 août, que nous avions le temps. Que reproche-t-on à Haas ? D'avoir été, comme nous, victime des gouvernants, surpris par les événements, car Jaurès, retour de Bruxelles, croyait qu'on pouvait attendre jusqu'au 9 août pour faire notre meeting contre la guerre. C'est un fait cela.

BIDEGARAY. — On veut établir des faits d'histoire et chacun le fait à sa façon. J'en appelle à Bourderon qui, comme moi, milite dans le Parti socialiste pour une action qui n'est pas déshonorante.

MERRHEIM. — Ce n'était pas nous qui le disions.

BIDEGARAY. — Eh bien, il y a un point d'histoire que Bourderon connaît. A la Maison de Bruxelles, les délégués au Bureau socialiste international déclarèrent qu'ils feraient une action maxima dans leur propre pays pour éviter le carnage. Chacun rentrant chez soi devait mettre en pratique les décisions théoriques prises dans ce meeting. En France, nous pouvons dire que par la voix de celui qui a été la première victime de cette guerre, notre grand Jaurès, nous avons agi avec le Parti socialiste auprès du gouvernement et obtenu de celui-ci la promesse formelle qu'aucun fusil ne partirait de notre front contre les soldats allemands, nous avons obtenu que les troupes soient retirées à 10 kilomètres de la frontière pour éviter des chocs inopportuns. Et du côté allemand, nous avons vu se produire le contraire. Sous prétexte qu'un aéroplane avait survolé Nuremberg, nous avons vu avant la déclaration de guerre tomber le caporal Peugeot, la première victime des Allemands ; avant la déclaration de guerre, nous avons vu la Belgique envahie. Le Parti socialiste qui est Français, quoique internationaliste, n'avait qu'un devoir, voter les crédits pour la défense du pays menacé.

BOUTET. — Je demande que, vu l'heure tardive, on tienne, ce soir, une séance de nuit. Il y a de nombreux délégués qui sont obligés de reprendre dès demain soir le train pour Paris et ailleurs. Je propose qu'on tienne séance ce soir jusqu'à minuit pour déblayer la première question à l'ordre du jour, laissant la journée de demain pour la deuxième question, intéressante au premier chef également.

BERLIER. — Les séances de nuit n'ont jamais rien produit. J'estime qu'un seul délégué par tendance est suffisant pour prendre encore la parole, au lieu de laisser chacun produire des discours où on réitère sans cesse les mêmes arguments. Je demande qu'il n'y ait pas de séance de nuit.

Le Président. — Sont inscrits : Réault, Keufer, Broutchoux, Jeanne Thevenot, Luquet, Dret, Escabasse, Jouhaux et Laurent, de l'Alimentation. Je mets aux voix la proposition de tenir une séance de nuit.

(Rejeté à une grosse majorité.)

Jullien. — Devant les difficultés que nous avons pour trouver du pain dans les restaurants, la séance doit être levée à 7 heures, autrement nous ne pouvons pas souper.

Réault. — Je serai très bref. De tous les discours entendus aujourd'hui, j'en retiens deux qui constituent pour moi les deux extrêmes, d'une part celui de Rougerie qui constitue à mon point de vue un discours d'union, de rapprochement des tendances, discours qui, j'en suis certain, a dû produire une profonde impression sur tout l'assemblée ; je place à l'autre extrémité le discours de Merrheim qui, lui, au contraire, a prononcé un discours qui cimente davantage les divisions, qui, mieux, les catalogue pour l'Internationale et l'histoire socialiste.

Merrheim a discuté comme s'il détenait la formule intégrale de la vérité ; en dehors de lui, point de salut, en dehors de son opinion, pas de place pour d'autres opinions. Notre camarade Rougerie n'était pas placé jusqu'à ce jour parmi les plus ardents des minoritaires ; il a su se placer à un point de vue qui réserve l'avenir, qui permettra plus tard aux différentes tendances de trouver un point d'appui, de concorde, pour les luttes nouvelles. Il n'en est pas de même avec la thèse soutenue par Merrheim. Si on a apporté ici de virulentes critiques, nous attendons encore que ceux qui ont apporté ces critiques nous apportent le moyen pratique d'obtenir ce que nous désirons tous, c'est-à-dire la paix. Ah ! certes, discourir c'est bien dans la manière française, dans notre tempérament, mais lorsqu'il s'agit d'envisager les réalités, nous nous cuirassons dans notre indifférence, dans notre individualisme, nous nous chicanons et ne faisons rien de positif. Je défie l'homme de meilleure foi de déduire de tout ce qui a été dit quelque chose qui nous permette de nous mettre d'accord comme action ; il n'y a que cela qui compte. On est surpris aujourd'hui d'entendre Merrheim produire des critiques aussi acerbes, aussi virulentes contre la majorité confédérale, quand on se reporte à des débats qui n'ont pas une très grande ancienneté, à la Conférence ordinaire de juillet 1913. Nous y trouvons une proposition qui avait pour but d'agir contre l'application d'un projet de loi, ce n'était encore qu'un projet de loi. Marchand proposait à ce moment-là d'agir pour empêcher que la classe qui se trouvait encasernée et qui devait être libérée cette année ne soit retenue plus longtemps à la caserne ; Marchand proposait une action qui n'avait rien d'extrasyndicale. Je ne me préoccupe pas de savoir si sa proposition était inopportune ou non ; je n'envisage que le point de savoir qu'elle était dans la tradition du syndicalisme français ; il proposait une grève de vingt-quatre heures pour donner un avertissement aux pouvoirs publics. Et Merrheim à ce moment-là, n'était pas partisan d'une action extrasyndicale, il le disait d'une façon très nette.

MERRHEIM. — Me permets-tu un mot ? En ce moment-là je luttais contre une tactique gouvernementale qui entraînait la C. G. T. dans une action à côté pour mieux la démolir. C'est exact. Aujourd'hui, je lutte encore contre une tactique gouvernementale qui consiste à entraîner la classe ouvrière dans une action à côté pour lui faire négliger son action principale.

PÉRICAT. — En ce qui concerne la Conférence de 1913, je suis du côté de Marchand avec Broutchoux.

RÉAULT. — Ce que je veux dire, c'est que Merrheim a fait des élèves en syndicalisme, c'est qu'il n'a pas le droit de trouver surprenant aujourd'hui que des camarades qui ont le souci de l'organisation syndicale autant qu'il peut l'avoir lui-même, ne veuillent se lancer avec des irresponsables dans un mouvement qui pourrait compromettre les avantages du prolétariat, tout autant sinon plus que la guerre elle-même. Ce que Merrheim devrait comprendre, c'est qu'il y a aujourd'hui une situation bien plus délicate. Et vraiment, nous paraissons bien superficiels de nous renfermer ici entre quatre murs et de vouloir élaborer un système de diplomatie nouvelle ou de trouver entre quelques camarades le moyen de faire la paix. Il y a une chose que nous reprochons aux pacifistes à tout prix, parce que si vous ne l'êtes pas tous dans vos rangs il y en a, nous vous reprochons une simple chose : c'est de ne pas nous avoir apporté la paix que vous désirez tant.

C'est parce que ce n'est pas dans vos moyens, pas plus que ce ne l'est dans les nôtres, il faut bien oser le dire ici. Et c'est parce que le 4 août 1914 vous avez senti l'impossibilité matérielle qu'il y avait à se dresser devant un courant d'opinion aussi formidable qu'il était alors, que vous avez pris une résolution qui n'avait rien de commun avec les résolutions antérieures prises dans vos Congrès. Avec vos résolutions plus théoriques que pratiques, vous avez senti l'impossibilité de faire quoi que ce soit de positif. Depuis le temps a passé et vous essayez d'oublier les impossibilités du début, elles restent toutes à votre honneur ; vous avez bien fait d'agir comme vous avez fait. A l'heure actuelle, comme en 1914, il vous est bien difficile, nationalement parlant, d'envisager les problèmes de paix, parce que la guerre est d'origine internationale, parce que si nous avions le sens des réalités, il y a longtemps qu'on aurait tenu à créer un organisme international qui permette sur des buts tangibles, positifs, aux Anglais, aux Belges, à tous les alliés, d'examiner le problème. Ah ! nous aurons fait une belle besogne quand nous aurons trouvé le moyen de nous mettre tous d'accord sur un texte et les moyens d'application. Et si demain, les Américains, les Anglais repoussent vos propositions comme inacceptables, que ferez-vous alors ? Est-ce que cela nous aura rapproché de la paix ? Il est plus facile de sourire que d'apporter des moyens pratiques, mais nous sommes en guerre, vous voulez la paix, apportez-nous les moyens pratiques de la faire. Vous voulez aller à l'Internationale, mais nous voulons y aller également. Est-ce que vous allez faire un grief à la majorité confédérale de n'avoir pas obtenu de passeports nécessaires pour Berne ou Stockholm ? Est-ce que nous avons dit que le gouvernement avait bien fait d'interdire aux délégués syndicalistes d'aller à Stockholm ? Allez-vous nous faire assumer la responsabilité qui reste sur la tète des dirigeants ? Nous étions d'accord pour donner les satisfactions que les Russes nous demandaient, nous voulions leur enlever le seul argument actuel que si nous étions allés à Stockholm ils n'auraient pas fait la paix séparée. Ne croyez-vous pas qu'il serait temps, si vous voulez obtenir une solution, de créer un organisme souple, tout au moins avec les Alliés avant de nous rencontrer dans l'Internationale où nous trouverions les Allemands, les Autrichiens sur le même pied que les Belges, les Anglais et les Français ? Vous ne pouvez pas encore vous entendre avec les alliés et vous parlez de résoudre les problèmes de la guerre ! Pour arriver à la paix vous vous proposez de vous rencontrer avec les Allemands ; si vous n'arrivez pas à vous mettre d'accord quand il s'agit d'aller à Berne avec les Anglais et les Américains, permettez-moi de douter que vous vous mettrez d'accord avec les Allemands pour conclure la paix. Certains orateurs de la minorité demandaient ce qu'on avait obtenu de cette prétendue collaboration gouvernementale que vous rendez plus effective qu'elle n'est en réalité. Je vais vous dire comment nous avons concilié le point de vue syndical avec le point de vue de la situation actuelle. Chez nous, nous restons en contact continuel avec nos camarades syndiqués qui sont en même temps des combattants. C'est grâce à la présence des militants syndicalistes que non seulement pour les marins du commerce, mais pour les états-majors avec lesquels nous nous sommes rencontrés, avec lesquels nous avons établi un rapprochement, nous avons pu obtenir du gouvernement que l'on mette des canons à bord des bateaux de commerce pour que nos camarades puissent se défendre contre l'action des sous-marins ; si nous n'avions pas fait une pression, jour par jour, il est absolument probable que nos navires marchands ne seraient pas encore armés, qu'il y aurait davantage de nos camarades au fond de la mer et moins de tonnage à votre disposition pour vous apporter les importations indispensables à votre nourriture, non seulement des armées, mais de la population civile. Nous ne nous sommes pas préoccupés seulement de ce côté, j'entends bien que cela n'a pas grande importance pour beaucoup d'entre vous, mais nous nous sommes préoccupés aussi de faire augmenter les salaires de nos camarades, nous n'avons pas abandonné la question syndicale. Nous avons obtenu des augmentations de salaires de 3o à 4o % ; nous sommes à la veille d'un nouveau mouvement, ces salaires seront augmentés de nouveau.

Je termine. Je crois de toutes mes forces que tant que vous vous bornerez à examiner le problème de la paix dans des réunions nationales, vous n'arriverez à rien de positif, parce qu'il faut que cette solution soit d'ordre international, qu'elle soit discutée sur le même jour, dans les mêmes conditions que toutes les puissances alliées. Vous parlez d'aller à Stockholm ou ailleurs. Il faut que tout d'abord vous obteniez des pays alliés qu'ils veuillent se rallier à votre proposition parce que je ne crois pas que vous puissiez rêver d'Internationale dans laquelle il n'y aurait que les Allemands et les Autrichiens à l'exclusion des pays alliés.

Le Président. — Il reste à nommer la Commission. On propose neuf membres. (Adopté.)

On crie : Luquet, Jouhaux, Toulouse, Rougerie.

Rougerie. — Je vous déclare que je ne suis d'aucune tendance.

Boudet. — Que les camarades désignent quatre membres pour chacune des deux tendances et Rougerie.

Péricat. — Vous avez décidé que chacune des tendances désignerait des orateurs ; laissez à chacune de ces tendances le soin de désigner les membres de la Commission ; elles feront double besogne. (Adopté.)

La séance est levée à 6 h. 5o.

SÉANCE DE LA TROISIÈME JOURNÉE
- Matinée -

La séance est ouverte à 9 h. 15.

Président : Bidegaray.

Assesseurs : Gauthier et Chéreau.

Bidegaray. — Hier soir les deux tendances ont décidé de choisir un orateur. Nous sommes restés sur le discours de Réault. Je demande aux délégués de la minorité d'envoyer leur délégué pour continuer le débat.

Broutchoux. — Merrheim n'est pas encore arrivé. Maintenant, pour que le débat soit clôturé d'une façon loyale, nous vous demandons s'il y a un orateur pour la majorité et un autre pour la minorité ; il ne faudrait pas que la majorité nous amène un deuxième orateur en la personne du Secrétaire du Bureau Confédéral.

Bidegaray. — Tu es trop au courant de l'organisation syndicale pour ne pas concevoir qu'il est permis au Secrétaire général de répondre aux critiques faites sur la gestion.

Péricat. — Dans ces conditions-là ce n'est pas à l'orateur de la minorité de prendre la parole le premier, c'est à celui de la majorité.

BIDEGARAY. — Il s'agit de commencer notre séance ou sans cela je vous laisse la présidence. Je demande au premier orateur inscrit de venir ici prendre la parole.

LUQUET. — Camarades, j'espère que la manifestation pacifiste à laquelle nous venons d'assister n'empêchera pas que nous terminions ce Congrès par la conclusion de la paix entre nous. Les camarades de la minorité ont décidément la partie belle et je tiens à souligner au début de mon intervention, qu'il est bien commode quand on a désigné quelqu'un pour parler en son nom de s'arranger pour ne parler qu'après, il suffit d'arriver en retard ; j'aurais pu faire comme l'autre orateur, arriver en retard moi aussi et cela aurait pu durer longtemps ainsi. Aussi bien j'ai la conviction que les arguments que peuvent apporter les uns ou les autres n'ont, sur la décision que la Conférence va prendre, qu'une importance tout à fait relative. A la vérité, l'opinion est faite ; chacun a pu juger, malgré l'obscurité dans laquelle les évènements se déroulent, où est le bon sens. Je ne doute pas un seul instant que de cette Conférence sorte une résolution qui raffermira la politique confédérale en la maintenant dans la voie où elle s'est engagée dès le début de la guerre, où elle s'est maintenue jusqu'ici. Oh ! non pas, camarades, que les évènements, les circonstances, n'aient pas d'influence sur l'esprit des uns et des autres, et nous le constatons trop d'ailleurs que ces évènements ont une influence profonde, laissez-moi dire pernicieuse, sur l'esprit d'un certain nombre de camarades.

Il n'y avait pas, au début de la guerre, de minoritaires et de majoritaires. Personne ne s'est dressé au 2 août, lors des obsèques de celui qui à l'heure actuelle est revendiqué abusivement par les minoritaires, comme le guide de leur conscience, aux obsèques de notre grand Jaurès, personne ne s'est élevé contre le discours prononcé par Jouhaux, au nom de la C. G. T. et chacun avait le sentiment intime et profond qu'à ce moment Jouhaux parlait au nom du prolétariat de France tout entier. Il affirmait, sur la dépouille de celui qui fut le plus grand des pacifistes en même temps que le plus grand des Français et aussi le plus intelligent des pacifistes, il affirmait, au nom de la classe ouvrière, le sentiment pacifiste et internationaliste de la classe ouvrière française et il ajoutait : Cette guerre, nous ne la voulons pas, mais puisqu'on n'a pas pu obtenir de l'autre côté de la frontière qu'on eut la même attitude que de ce côté-ci, puisque le kaiser, l'impérialisme et le militarisme le plus redoutable dressent leurs cohortes contre la démocratie, il faut que le peuple démocrate résiste à l'envahisseur et qu'il fasse son devoir et tant pis si pour atteindre le kaiser, l'impérialisme et le militarisme allemands, nous devons nous heurter à des poitrines ouvrières. Voilà à peu près le langage de Jouhaux le 2 août et personne n'a protesté. Vous pensiez comme nous, alors, camarades minoritaires. Oh ! j'entends qu'avec la prolongation de la guerre, la fatigue, la lassitude soient venues et vous avez recherché dans le vieil arsenal des résolutions de nos Congrès une justification à la modification de notre attitude. Oh ! non pas que je n'éprouve pas les mêmes sentiments que vous ; il n'est personne qui ne soit las de la guerre,

il n'est personne qui n'en soit meurtri autant que vous l'êtes vous-mêmes.
Et puis, vous avez trouvé quoi dans les résolutions des Congrès? J'entendais hier Péricat les évoquer et les retourner contre la majorité et dire à celle-ci : Vous n'avez pas respecté les majorités des Congrès ! Péricat, si c'était vrai, ce serait trop tard pour le dire ; c'est dès le début qu'il fallait le dire, c'est au moment même de la mobilisation.

PÉRICAT. — Je l'ai fait.

LUQUET. — Si vous avez la prétention de limiter mes moyens, j'avoue que je préfère descendre de la tribune, et si vous prétendez que dans mon argumentation je n'aurai pas le droit de citer des noms, j'avoue qu'il est difficile de discuter ; c'est une question de loyauté entre nous et si je me trompe quand je m'adresse à quelqu'un, je ne refuse pas qu'on m'interrompe. Tu as protesté, dis-tu, Péricat, mais tu l'as fait avec une telle discrétion que personne ne s'en est aperçu. Oui, si les résolutions de nos Congrès avaient eu le caractère que certains camarades leur prêtent, il eut fallu alors proclamer ou que nous nous étions trompés et nous n'avions plus qu'un devoir après nous être trompés, c'était de disparaître dans la masse et de cesser de jouer un rôle actif, ou de déclarer qu'il fallait appliquer les résolutions de ces Congrès et nous devions, nous, militants, y laisser notre peau. Nous n'avons fait ni l'un, ni l'autre, vous n'avez fait ni l'un, ni l'autre. Non, Péricat, les résolutions de nos Congrès en ce qui concerne l'attitude de la classe ouvrière française en cas de guerre ne sont pas ce que tu les dis, tu en altères le sens. Il suffirait de reprendre le texte pour te convaincre de ton erreur.

PÉRICAT. — Tu veux que je te donne les textes ; si on me permet de les lire, je les lirai.

LUQUET. — Mais où est donc dictée la voie et l'attitude de la classe ouvrière pendant la guerre? Quel est le Congrès qui s'est prononcé? C'est Marseille qui a déterminé l'attitude que devait avoir la classe ouvrière française en cas de déclaration de guerre. Que dit la résolution de Marseille? Oh ! j'entends bien que certains camarades ont proposé à Marseille une résolution aux termes de laquelle il fallait faire la grève générale et l'insurrection envers et contre tout, sans autre considération en cas de guerre. C'est celui qui était alors votre ami qui a inspiré un tel texte, c'est Hervé, le pitre de la *Victoire*, qui était à ce moment le pitre de la *Guerre Sociale*, mais il était votre directeur de conscience et c'est sa motion que vous apportiez au Congrès de Marseille. Mais ce ne fut pas sa motion qui fut votée, j'en appelle à Merrheim. Ensemble nous l'avions rédigée, nous n'étions pas nombreux, un certain nombre de militants étaient à ce moment-là victimes de la répression clémenciste, après les répressions de Villeneuve-Saint-Georges, c'est Merrheim, Desplanques et moi-même qui avons travaillé en commun à cette résolution de Marseille. Que dit-elle? Elle fait un devoir à la classe ouvrière de répondre à la déclaration de guerre par la grève générale, mais par la grève générale simultanée, camarades, ce qui implique pour qui veut lire les textes, et non pas en dénaturer le sens, que la grève générale de la classe ouvrière française en cas de mobilisation était conditionnée, je ne dis pas subordonnée, était conditionnée par un geste identique venant des pays que l'on pouvait dresser contre nous. Est-ce vrai, Péricat?

Péricat. — Je vais te lire la résolution de Marseille et te dire que c'est bien celle qui fait force de loi pour la C. G. T.

Considérant que les frontières géographiques sont modifiables au gré des possédants, les travailleurs ne reconnaissent que les frontières économiques, séparant les deux classes ennemies : la classe ouvrière et la classe capitaliste.

Le Congrès rappelle la formule de l'Internationale :

Les travailleurs n'ont pas de Patrie! Qu'en conséquence toute guerre n'est qu'un attentat contre la classe ouvrière, qu'elle est un moyen sanglant et terrible de diversion à ses revendications.

Le Congrès déclare qu'il faut, au point de vue international, faire l'instruction des travailleurs afin qu'en cas de guerre entre puissances, les travailleurs répondent à la déclaration de guerre par une déclaration de grève générale révolutionnaire.

Vous, comme nous, au Congrès extraordinaire contre la guerre, nous n'avons pas déclaré qu'il était question de guerre offensive ou défensive, mais nous avons dit qu'en cas de guerre, nous ferions la grève générale et l'insurrection ; j'ai mieux que ça, si je m'en rapporte à l'Union des Syndicats de la Seine, si j'avais apporté son texte, je lirais la formule qu'il contient ; mais en tout cas, au Congrès de Marseille, nous avons dit : non pas nous déclarerons la grève générale et l'insurrection en cas de guerre, mais nous avons dit : dès que la mobilisation serait décrétée. Par conséquent, nous n'avions pas à ce moment-là à attendre la déclaration de guerre, à savoir qui déclarait la guerre, mais dès la mobilisation décrétée, immédiatement, nous devions déclancher la grève générale et l'insurrection. Nous ne l'avons pas fait, nous avons manqué à notre devoir, nous n'avons pas été courageux ni les uns, ni les autres.

Je termine par ces simples mots. Nous disons, nous, nous le répétons encore aujourd'hui, nous avons reconnu notre impuissance et je voudrais que vous soyez tout de même assez logiques pour reconnaître que j'ai demandé l'application des décisions des Congrès. Je reconnais, moi, que nous n'étions pas capables de le faire, je reconnais nous être trompés, mais à côté de nos décisions de faire la grève générale, pour ne pas déclarer notre impuissance, cela ne voulait pas dire collaborer. C'est à partir du moment où notre impuissance a été constatée, que vous avez fait la collaboration, et si personne n'a protesté à l'occasion du discours prononcé sur la tombe de Jaurès, c'est que personne n'était plus là, mais, nous, nous avons protesté.

Laurent. — Au début de la guerre, il y a eu une motion votée et dans la Commission qui l'a élaborée, vous avez nommé un rapporteur qui est ici. Que dit cette motion? Elle dit : lors de la déclaration de guerre, les travailleurs n'auront pas à attendre de mot d'ordre, ils devront se rendre dans leurs Bourses du Travail et se préparer à résister contre la guerre. Il n'a jamais été dit que nous devions déclancher la grève générale et l'insurrection. A quoi rime ce déclanchement et que pouvait faire le

8

Comité Confédéral lorsqu'il s'agit d'une action ordinaire. On déclare que le Comité Confédéral doit puiser son action dans la classe ouvrière tout entière et on n'admettrait pas autrement que le Comité Confédéral eut indiqué, et par quels gestes, son devoir à la classe ouvrière. A la vérité, le Comité Confédéral a modelé son action sur l'attitude de la classe ouvrière qui dans son unanimité à répondu à l'appel aux armes.

LUQUET. — J'en arrive à regretter d'avoir provoqué Péricat ; il a placé un véritable discours.

PÉRICAT. — J'ai oublié de dire que c'était Luquet qui avait proposé la motion de Marseille.

LUQUET. — Je l'ai précisé et j'ai voulu que Péricat ne puisse pas altérer cette résolution. J'ai retrouvé la justification de notre attitude dans cette résolution de Marseille. Mieux que cela, malgré les conditions quelque peu risquées dans lesquelles avait été organisé le Congrès contre la guerre en 1913, malgré qu'il n'eut que le caractère d'une manifestation contre la guerre et qu'il n'était pas possible, étant donné l'atmosphère dans laquelle le Congrès se déroulait, d'y prendre des résolutions réfléchies, je dis que je trouve dans la réponse de Jouhaux à Bled la justification de l'attitude des militants français lors de la déclaration de guerre. Mais j'y insiste, ce n'est que fort longtemps après, plusieurs mois après, tout à fait à la fin de 1914, que les opinions des uns ont changé, reprochant amèrement aux autres de ne pas les suivre, c'est lorsque nous reçumes de neutres une lettre nous demandant si nous approuvions la tenue d'une Conférence en pays neutre à Copenhague que nous vîmes certains camarades du Comité Confédéral modifier leur attitude, et à ceux qui nous adressent des reproches, je dis en passant, de ne pas vouloir reprendre les relations internationales, de bouder à l'Internationale, de renier notre internationalisme, je leur rappelle que dès ce moment-là, la majorité du Comité Confédéral était pour qu'on réponde favorablement aux initiateurs de la Conférence de Copenhague ; nous voulions unanimement au Comité Confédéral, ou presque unanimement, qu'on y répondit, et si Merrheim et Monatte avaient consenti à ce que nous replacions dans notre réponse les termes mêmes qui étaient dans la lettre qui nous était adressée, nous y aurions répondu, il y eut eu une grosse majorité, mais c'est parce que Merrheim et Monatte ne voulaient pas alors qu'on dise dans quel esprit nous étions favorables à cette Conférence, parce qu'ils ne voulaient pas que nous disions que pour nous une Conférence ne pouvait avoir quelque valeur et signification relativement à la guerre que si elle posait en principe qu'avant tout il fallait protester contre l'envahissement, la violation de la Belgique, que nous réclamions avec le prolétariat du monde entier la libération de la Belgique, rappelez-vous que c'est parce que vous n'avez pas voulu qu'on répète les termes des instigateurs de cette réunion, que nous n'avons pas répondu. Et vous venez dire que c'est nous qui boudons à l'Internationale. Non, mais à la vérité, si internationalistes que nous soyons, nous ne voulons pas faire cette Internationale avec les agents de l'impérialisme, mais nous sommes la classe ouvrière et si nous voulons être sévères pour les dirigeants de ce pays, ne serait-il interdit de l'être au moins autant à l'égard des dirigeants des autres pays, et quand nous voyons dans la classe ouvrière allemande des complaisances aussi marquées de Legien et des manifestations d'impérialisme économique aussi accusées, vous voudriez que ce soit avec ceux-là que se renouent les relations internationales. Il peut se faire qu'au prochain Congrès international, à Stockholm ou ailleurs, nous soyons dans l'obligation de reprendre contact avec Legien ; c'est bien là qu'apparaît la nécessité de poser la question des responsabilités ; je le dis tout de suite, pour ma part, je pense aux responsabilités. Je pense beaucoup moins à établir celle de la social-démocratie ou du syndicalisme allemand que celle du kaiserisme, des hobereaux, des impérialistes allemands. A la vérité, on a beaucoup trop cédé à ce sentiment de l'esprit public en France et qui montre avant le kaiser, avant les hobereaux, comme responsable de la guerre la social-démocratie allemande. C'est une habileté de la presse réactionnaire française qui est évidemment beaucoup plus gênée pour établir la responsabilité des chefs d'états que celle des peuples, surtout lorsqu'il s'agit de la social-démocratie. Pour ma part, je ne veux pas céder dans cette voie. Je considère que le procès qu'il importe de faire au point de vue des responsabilités, c'est surtout celui du kaiser, de l'impérialisme, de la classe dirigeante allemande, mais, tout de même, lorsqu'il s'agira de remettre debout, d'affirmer la vie de l'Internationale, il est bien entendu que nous ferions une besogne vaine si nous la remettions debout avec des gens qui ne peuvent plus appartenir à l'Internationale parce qu'ils ne sont plus socialistes.

JULIEN. — Parlez-nous de syndicalisme ; nous ne sommes pas des socialistes

BIDEGARAY. — Il est plus honorable d'être socialiste qu'impérialiste, ce me semble.

JULIEN. — Je suis adhérent au parti socialiste comme toi, mais je viens faire ici du syndicalisme.

LUQUET. — Parce que internationalistes nous sommes restés et parce qu'internationalistes nous avons pris l'attitude que nous avons adoptée dans la guerre. Lorsque nous pourrons reprendre les relations internationales, je le répète, ce sera du point de vue syndical avec des gens qui ne se seront pas faits les complices des fauteurs de la guerre, et ce sera au point de vue socialiste, j'y insiste, je me le permets, d'autres se le sont permis avant moi, ce ne sera qu'avec de véritables socialistes qui n'auront pas compromis la doctrine avec l'impérialisme. Et c'est dans cet esprit que nous désirons ardemment, plus ardemment que vous peut-être, j'en ai le sentiment, nous rencontrer dans une Conférence internationale au cours de laquelle même nous ne redoutons pas de nous trouver à côté de ceux-là qui se sont faits les complices du kaiser, mais nous revendiquons le droit, parce que c'est une obligation, c'est le devoir syndical, de même que le devoir social de le faire en même temps que le devoir international inséparable des deux premiers, d'établir toutes les responsabilités. Camarades, si nous ne sommes pas allés à Stockholm, alors que vous nous le reprochez si amèrement, êtes-vous bien sûrs que vous n'en êtes pas pour une part responsables? Quel a été le gros argument des adversaires de la tenue d'une Conférence internationale pendant la guerre? C'est qu'à la vérité, il n'était pas certain que dans la délégation française ou autre il n'y aurait pas des socialistes, des syndicalistes, qui compromettraient la défense nationale de leur pays. Avant toute collaboration avec d'autres socialistes, il fallait s'assurer de la qualité de ceux avec lesquels on voulait travailler. Et vous, vous ne l'avez pas voulu. Aussi nous n'avons pu aller ni à Stockholm, ni à Berne, et je le regrette plus que vous parce que si nous y étions allés à temps, il n'est pas douteux que nous aurions empêché la Russie de commettre ce qu'avec votre permission ou non, je considère comme une faute capitale. C'est pour cela que Kerensky désirait si ardemment la tenue de cette Conférence ; il savait bien que c'était par elle, et par elle seule, que pouvait progresser le moral de la Russie. C'est parce que nous n'y sommes pas allés que Kerensky a été discrédité et que Lénine et Trotsky, je vais dire un mot qui va vous choquer, ont usurpé le pouvoir pour faire de cette Russie révolutionnaire un jouet entre les mains de l'Allemagne impériale. Et le pire, c'est qu'ils préparent en plus de cela, inconsciemment, j'en ai la ferme conviction, le lit du tsarisme. Ils sont aujourd'hui, de degré en degré, descendus jusqu'à se trouver dans l'obligation de traiter avec le kaiser lui-même.

LORIOT. — Parce que vous ne leur avez pas répondu.

LUQUET. — C'est avec l'Allemagne impériale qu'ils traitent.

Oui, c'est de notre faute, mais convenez que la faute est tout de même moindre pour la majorité confédérale que celle de la minorité. Nous nous gardons de porter un jugement sur Lénine et Trotsky.

PLUSIEURS VOIX. — Vous n'avez pas désavoué Dumas.

BOUDET. — Je voudrais à ce moment précis fixer un point. Au moment de la réception des Soviets russes au Comité Confédéral, il a été posé par les camarades une question à Goldenberg : Est-ce que les bruits de paix séparée qui courent ont un fondement quelconque? Goldenberg a répondu : Il est impossible qu'on nous prête cette idée, car la Russie ne peut pas faire une paix séparée, puisqu'elle serait obligée dès le lendemain d'être en guerre avec ses propres alliés. Or, Goldenberg était lui-même membre du gouvernement de Lénine ou tout au moins il y occupe encore une situation prépondérante comme commissaire du peuple.

PLUSIEURS VOIX. — C'est inexact !

LUQUET. — Il est un point sur lequel, je l'espère, nous serons d'accord : c'est de considérer qu'une paix séparée de la Russie ne précipite pas la fin de la guerre mondiale. Non seulement c'est un retard dans la conclusion de la paix générale, mais c'est encore certainement une mauvaise paix qui en résultera. Voilà où a conduit la politique que certains d'entre nous ont dressée contre la politique syndicale, et toujours, à toute heure, internationaliste, de la majorité confédérale. Cette politique, camarades, regardez-là en Italie. Voyez-en les effets. Elle fut, d'ailleurs, j'en conviens, beaucoup plus active que la vôtre, plus dangereuse et pour nos idées et pour la paix elle-même.

MERRHEIM. — Je vous apporterai les preuves contraires.

LUQUET. — Je ne dis pas que cette politique a déterminé la catastrophe d'il y a deux mois, mais je constate que ces pacifistes depuis la guerre ont été au lendemain de la catastrophe obligés d'appeler le peuple italien tout entier à participer à la défense nationale. Ils ont fait la trève des partis. Il y en a encore qui restent, me direz-vous, mais une hirondelle ne fait pas le printemps. Ils ont compris que leur internationalisme ne pouvait triompher dans le monde avec les principes socialistes eux-mêmes qu'à la condition que l'Allemagne et les empires du centre, responsables de la guerre, soient battus. Oui, Merrheim sait beaucoup de choses. Il nous a parlé hier de l'attitude des Etats-Unis, il nous a dit que nous serions peut-être effrayés lorsque nous connaîtrions les conditions des Etats-Unis. Allons, voyons, est-ce sérieux?

MERRHEIM. — Je ne lis pas le *Matin* et le *Journal*.

LUQUET. — Mais tu ne lis pas davantage les journaux anglais et allemands ; tu es comme moi, tu ne connais ni l'Anglais, ni l'Allemand. On te les lit sans doute, je ne suis pas bien sûr qu'on te lise bien que ce qu'il y a et tout ce qu'il y a. Mais, voyons, est-ce que nous n'étions pas d'accord pour féliciter l'Amérique de son attitude avant même qu'elle n'entre en guerre, pour féliciter le Président Wilson en particulier. J'ai l'espoir, moi, que l'Amérique continue la guerre dans les mêmes conditions qu'elle y est entrée, pour protéger et défendre les nationalités, les principes démocratiques et pour la réalisation de la Société des Nations. C'est tout de suite qu'il faut nous prouver que l'Amérique est cupide et perfide, afin que nous puissions prendre des mesures contre ses prétentions ; ce n'est pas dans six mois. Je ne veux pas reprendre toute la déclaration que Merrheim nous a faite hier ; elle est émaillée de faits sur lesquels bien des réserves seraient à faire ; elle ne comporte, d'ailleurs, que des observations et rien que cela, mais pas de preuves. Ah ! si, une preuve : c'est que Jouhaux est allé à un banquet que présidait M. Lebon. Sur ce point, je l'ai regretté autant que toi, mais je ne m'en suis pas fait, comme toi, une arme contre Jouhaux. Il s'en est expliqué et il n'a pas perdu ma confiance pour cela. A part cela, où sont les preuves dans le réquisitoire dressé par l'Union des Métaux contre le Comité Confédéral? Est-ce qu'il suffit de faire le procès des autres pour justifier sa propre conduite? Notre mouvement syndical s'est développé pendant la guerre.

Le pacifisme tient un peu au paradoxe ; plus on veut faire la paix avec l'ennemi, plus on fait la guerre contre soi. On vient dans une interruption de me dire que le mouvement syndicaliste s'était développé grâce aux minoritaires. Je ne veux pas nier leurs mérites, mais est-ce que les grèves de l'habillement, ce formidable mouvement qui s'est déroulé dans Paris, dans les rues, sur les places, comme jamais on ne l'avait vu, étaient des mouvements minoritaires. La semaine anglaise a triomphé au cours de la guerre et ce ne pas les minoritaires qui l'ont fait triompher. Et sont-ce des minoritaires seulement qui ont permis aux cheminots de s'affirmer auprès de leurs Compagnies, comme depuis si longtemps ils le cherchaient. Je ne veux rien retrancher des mérites de

Merrheim, ni de ceux de la Fédération des Métaux, mais pourtant j'ai la ferme conviction que vos succès eussent été encore plus grands si vous aviez mieux pratiqué. Vous ne pouvez pas affirmer que nous avons tout sacrifié des intérêts ouvriers, que nous avons abdiqué devant le pouvoir, devant le patronat ; Jouhaux, d'autres militants, moi-même, faisons partie d'un certain nombre de Commissions ; sommes-nous les seuls qui soyons appelés à aller voir les ministres? Tout cela ce n'est pas sérieux et c'est grave, parce que si vous jetez le discrédit sur les militants de nos organisations, vous jetez le discrédit du même coup sur l'organisation elle-même. Les critiques que nous faisons ici, nos sévérités de jugement, ont leurs échos à l'extérieur et croyez-le bien ce n'est pas ainsi qu'on favorise le développement du mouvement syndical. Jouhaux disait, au cours d'une réunion du Comité Confédéral, j'eus même l'impression à ce moment-là qu'il allait un peu loin : « Même si parmi nos camarades minoritaires, quelques-uns avaient des défaillances, pour ma part je considérerais que nous ne devrions pas les dénoncer, mais les couvrir ». Ainsi il servait le mouvement syndical, tandis que vous, sans vous en rendre compte, vous portez préjudice au mouvement syndical ; et dans la masse on croit que nous sommes des clans, des petits clubs dans lesquels on passe son temps à s'injurier ; après avec quelle autorité voulez-vous que nos organisations parlent. Vous nous reprochez de n'avoir rien fait. A mon tour, je vous demande : Qu'avez-vous fait? Vous vous êtes séparés de nous ; vous avez créé à côté de l'organisation régulière des comités pour la reprise des relations internationales, et vous avez créé sous ce prétexte, une Internationale dissidente. Etrange façon d'être internationaliste. Vous avez créé un Comité de défense Syndicaliste, comme si le syndicalisme était compromis, mais s'il l'est, je crois l'avoir démontré, il ne le serait que par vos propres erreurs. Et puis, avec tout cela, avez-vous le sentiment que vous avez empêché d'un jour, d'une heure, la prolongation de la guerre? Non, j'ai la conviction contraire. J'ai la conviction qu'une unanimité au sein de la classe ouvrière nous eut permis d'aller à Stockholm ; nous aurions là rallié à la cause des Alliés le monde entier dressé contre l'Allemagne, responsable de la guerre, qui seule n'a pas voulu éviter la guerre et nous aurions précipité l'heure de la paix. Aussi, j'ai la prétention que c'est nous, les majoritaires, qui avons le plus utilement travaillé à la cause de la paix. Mais tenez, même en Allemagne, votre attitude a eu son écho et ses conséquences. Croyez-vous que lorsque vous affirmez légèrement que les gouvernements de tous les pays ont des responsabilités dans la guerre égales, croyez-vous que l'Allemagne impérialiste ne s'en sert pas, et c'est pour cela que la voix de Liebknecht n'a pas eu tout son écho, pas plus que la révolution russe. Plus pratiquement que vous au sens internationaliste nous travaillons à la réalisation de la paix. Quand viendra-t-elle? Je ne dis pas que cela viendra uniquement des opérations militaires ; à côté de l'action armée, il doit y avoir une action diplomatique, une action des classes ouvrières. Croyez-vous que cette action des classes ouvrières ne peut s'affirmer que dans des réunions internationales. Si je désire ces réunions, je ne veux pas perdre de vue qu'avant tout, il faut que chacun dans son propre pays fasse sur sa diplomatie l'effort de contrôle et de direction nécessaire. Pouvez-vous nier que nous l'ayons fait en France? Il n'y a qu'un moyen pour que cet effort donne de meilleurs résultats, c'est qu'il soit moins divisé ; c'est par là que je veux terminer en vous demandant d'éviter de creuser davantage le fossé ; mieux que cela, je vous demande de reprendre entre nous cette confiance, Merrheim. qui nous unissait avant la guerre, qui nous a unis aux premiers mois de la guerre. Je vous demande, camarades, de ne pas persévérer dans une attitude où il y a, laissez-moi vous le dire sans blesser personne, un peu plus d'orgueil que de raison. Je vous demande d'examiner avec nous, en camarades, comme avant la guerre, Bourderon, Merrheim, Blanchard, d'examiner avec sérénité, sans prévention les uns contre les autres, avec tout notre cœur, avec toute notre conscience, les problèmes qui se posent de tout ordre. L'heure est grave et aujourd'hui les libertés conquises au cours de la guerre, comme celles d'avant-guerre, risquent d'être compromises ; à l'heure où nous sommes le clémencisme n'est pas pour nous une garantie que les principes que vous défendez, plus encore que les principes que nous défendons, pourront triompher. Je vous demande, camarades, de nous ressaisir tous et nous tendre encore la main fraternellement et de collaborer en commun au mieux-être de la classe ouvrière du monde entier. Ne nous illusionnons pas, ne soyons pas des illuminés, ne nous imaginons pas que ce sont des formules qui impressionneront le monde, mais nous devons travailler plutôt ensemble à réaliser les formules au lieu, comme des anathèmes, nous les jeter à la face les uns des autres.

MERRHEIM. — Camarades, j'avoue qu'il m'est pénible de remonter à cette tribune et d'aborder le débat sur le terrain où Luquet vient de le placer. J'aurais voulu que nous restions sur le point précis qui forme l'ordre du jour de la Conférence et que nous essayions de trouver là un nouveau terrain d'entente et d'accord. Mais hier, d'abord Réault a essayé d'opposer l'attitude que j'ai eue à la Conférence de 1913 avec l'attitude que j'avais aujourd'hui. Il ne s'est trompé que du tout au tout. Mon attitude à cette époque est la même qu'aujourd'hui. Et j'avoue tout de suite, pour le dire à Luquet, que l'attitude que nous avions à Marseille était la même que celle que j'ai aujourd'hui et que j'avais à la Conférence. Il y a chez moi, qe vous le vouliez ou non, une ligne de conduite, qui essaie autant que possible à travers les évènements qui, trop souvent, nous dépassent, et que nous n'avons jamais su dominer, parce que nous n'avons jamais su regarder en face.; il y a à travers ces évènements quelque chose que je prends comme ligne de conduite, et reprenant ici le début de la guerre, ni minoritaires, ni majoritaires, même attitude qu'à Marseille, même attitude qu'à la Conférence, même attitude que nous avons aujourd'hui, quand nous demandions à nos camarades qui allaient au Comité du Secours national de ne pas faire un pas plus avant, que si peut-être il était maladroit de refuser de participer avec ce Comité, il fallait faire attention de ne pas se mélanger plus avant. C'était au début de la guerre, deux ou trois jours après l'enterrement de Jaurès ; au départ

de Bordeaux, nous nous retrouvons face à face, divisés sur les conséquences de ce départ. Nous avons fait à ce moment-là toutes les concessions que nous estimions possibles, mais alors nous étions loin d'avoir
cette unité puisqu'on se présentait au Comité Confédéral avec trois ordres
du jour différents, de Luquet, de Jouhaux et le nôtre. Voilà ce qu'on
appelle l'unité.

LUQUET. — Tu te rappelles que vous n'avez pas voulu qu'on insère dans
la réponse les conditions de principe qui devaient présider aux travaux
de cette Conférence ; la lettre parlait de la violation de la Belgique et de
la libération de la Belgique, et vous n'avez pas voulu, quand je demandais qu'on reprenne les termes mêmes de cette lettre qu'on y réponde
favorablement. Il fallait indiquer dans quelles conditions nous étions favorables à la tenue de cette Conférence.

MERRHEIM. — Nous nous sommes placés sur ce terrain, qu'il était du
devoir de la C. G. T. d'envoyer sa sympathie aux organisateurs de la
Conférence ; quand vous nous avez demandé ensuite de faire allusion à la
Belgique, nous avons mis dans la résolution une phrase où nous demandions aux nations neutres de se prononcer. Nous avons lu la nouvelle
rédaction et nous sommes tombés d'accord pour que cette rédaction soit
présentée au Comité Confédéral. C'est seulement alors que nous avons
connu les deux ordres du jour, celui du Bâtiment et celui de Luquet.

Je pose un point important, c'est le discours de Jouhaux sur la tombe
de Jaurès qu'on nous présente comme un discours-programme. Il faut
bien se reporter à l'état d'esprit dans lequel nous étions, lorsque à l'Egalitaire, nous avons reconnu loyalement notre impuissance à faire quelque chose contre la guerre. Mais nous nous sommes bornés là ; nous
n'avons pas dit que nous devions nous associer ensuite aux responsabilités des gouvernants dans la guerre ; nous n'avons jamais dit cela. On
avait donné mandat à Jouhaux de prononcer un discours sur la tombe
de Jaurès, c'est tout, mais si avant nous en avions connu les termes, il
est peut-être possible que malgré notre désolation à ce moment-là, nous
aurions fait quelques réserves. Nous avons connu le discours de Jouhaux
quand nous l'avons entendu et nous nous disions : Jouhaux s'est très
bien tiré de la situation délicate dans laquelle il se trouvait. Il n'y avait
pas dans notre esprit le moindre parti-pris.

Même attitude qu'aujourd'hui quand nous combattions à la Conférence des Alliés, à Londres, où nous avons dit que c'étaient tous les
gouvernements, tous les impérialismes qui étaient responsables. C'est
dans la résolution de Londres du 15 février. Quand je refusais de voter
la résolution de Londres pour demander que l'Entente ne poursuive pas
l'écrasement économique de l'Allemagne, c'est encore la même ligne de
conduite.

Et maintenant, passons sur ces détails, car, camarades, je vous donne
ma parole que s'il y avait dans mon esprit le moindre sentiment de
haine, d'orgueil, comme on l'a dit, dans la situation où je me suis placé,
je ne serais pas à cette tribune, et on a répété par toute la France que

l'attitude que j'avais n'avait qu'un but, remplacer Jouhaux au Bureau du Comité Confédéral.

LUQUET. — Je ne le pense pas.

MERRHEIM. — Toi peut-être, mais tout à l'heure tu m'as donné cette impression en parlant de l'orgueil des individus. Non, il n'y a pas d'orgueil ; je pourrais vous lire le procès-verbal de la Commission Exécutive des Métaux où je n'acceptais pas le poste de Secrétaire de la C. G. T. Je l'avais déjà déclaré un jour à Griffuelhes, au moment de l'affaire de la Maison des Fédérations ; je ne serai jamais Secrétaire général de la C. G. T. J'estime avoir une besogne de confiance plus grande à faire aux Métaux. Sur ce point, j'en ai fini.

J'en arrive maintenant à la question de Stockholm. Luquet vient nous rendre responsables que l'on ne soit pas allé à Stockholm ; mais nous nous sommes ralliés et nous avons voté la délégation pour Stockholm. Vous dites : Vous avez en quelque sorte discrédité Kerensky. Ah ! Luquet, Kerensky fut discrédité le jour où un ministre français alla sur le front russe avec lui faire des discours et quand on exigea ensuite de la Russie qui n'en voulait plus, une nouvelle offensive, qui fut la plus malheureuse des offensives. Kerensky fut discrédité pour ces raisons-là, c'est ce qui permit à Lénine et Trotsky de parvenir au pouvoir. Nos camarades russes demandaient que la situation soit examinée.

Entre aller à la Conférence loyalement discuter, examiner la situation internationale, y déterminer une action, et y aller en posant comme condition unique et principale la responsabilité des gouvernements dans la guerre, je dis qu'il y a une différence, et c'est cette différence que vous avez faite et que vous n'aviez pas le droit de faire.

J'arrive à un autre point : on nous jette dans les jambes la débâcle italienne, c'est, dit-on, la politique de nos camarades socialistes officiels italiens qui a conduit à cela. J'ai suivi Luquet en relisant les traductions de tous les documents officiels publiés par nos camarades italiens et qu'on ne laissait pas passer ici, que la censure impitoyable dénaturait même, comme on a dénaturé dans toute la presse l'attitude de nos camarades italiens, jusqu'à donner des télégrammes absolument inexacts des parties du discours de Turati, qui déformaient totalement sa pensée. J'ai lu cela, et j'ai formé mon opinion avec ces traductions, et non pas avec les mensonges fabriqués dans la presse et les télégrammes fabriqués à la Maison de la Presse, où on distille le mensonge. Voilà ce que dit un correspondant de guerre d'un journal américain, en date du 4 novembre 1917 :

DEBACLE ITALIENNE

On entend déjà dire aux Italiens que si les Alliés avaient fait leur devoir et leur avaient envoyé des munitions, ils auraient échappé à la défaite.

Je ne crois pas cela exact. L'état-major italien était si occupé de sa propre offensive qu'il avait perdu de vue la possibilité d'une contre-offensive ennemie.

Si les Alliés leur avaient envoyé des munitions, ils les auraient employées sur son centre, et son flanc n'aurait pas été moins vulnérable.

La victoire allemande est avant tout celle d'une stratégie supérieure.

Franck SIMONDS.

(New-York Tribune, 4-11-17).

Ainsi donc, ceux qui voyaient les évènements jugeaient ainsi de la situation. D'autres citations de correspondants de guerre montrent que l'état-major italien a commis les mêmes fautes que l'état-major allemand avait commis sur la Marne et la débâcle ne venait donc pas de la propagande de nos camarades italiens.

LUQUET. — Je me suis même défendu de dire cela, et j'ajoute que si je le pensais je ne le dirais pas.

MERRHEIM. — Quand je t'ai arrêté, tu exprimais exactement cette pensée-là. Je regrette de n'avoir pas apporté un autre document : les mêmes socialistes officiels italiens ont fait la grève, mais le parti socialiste italien a publié une déclaration qui est censurée de plus des trois-quarts par la censure italienne, dont quelques bribes seulement nous sont parvenues. Il n'y a pas deux jours, la Chambre italienne était obligée de suspendre sa séance parce que Morgari a prononcé un discours qu'on n'a pas entendu ailleurs sur la responsabilité de l'Italie. Je dis encore : Nos camarades italiens sont restés fidèles à leur point de vue international.

J'en arrive à l'Amérique. Oui, hier je l'ai dit, j'ai le droit de dire : nous ne connaissons rien et nous n'avons pas connu les traités secrets passés avec la Russie ; quand on signe, par exemple, en février-mars 1915 que Constantinople ferait retour à la Russie, nous avions des ministres au pouvoir et nous n'en avons rien su ; quant à la rive gauche du Rhin, je ne peux pas dire la réponse qui a été faite. Nous n'avons rien su, nous ne connaissons rien des conditions d'un ministre d'Italie pour faire sa guerre. Et est-ce que nous connaissons quelque chose d'Amérique? Est-ce que nous pensons que l'Amérique ait pu entrer dans la guerre au point de vue de ses déclarations antérieures? Non, il y a eu des faits nouveaux, il y a des conditions que nous ne connaissons pas.

Maintenant, on nous dit : Vous avez été heureux, camarades minoritaires comme nous majoritaires, quand les Etats-Unis sont entrés en guerre. Ah ! non, nous n'avons pas été heureux. Nous étions avec Wilson l'année dernière à la Conférence ; nous avons fait toutes les concessions pour voter les résolutions de la Conférence, mais c'était Wilson qui avait dit : Ni vainqueurs, ni vaincus dans la guerre...

Mais quand je vois que tous ces impérialismes se heurtent, quand je vois qu'on n'a pas pu après cette Conférence entre alliés dire même une parcelle, je ne dis pas toute la vérité, à la France, je doute. Entre les impérialismes vaincus et les impérialismes disparus, il y a une différence, et je dis que, à moins de désespérer de la classe ouvrière, du peuple, si la guerre terminée, après tant de sacrifices, tant de souffrances, les peuples ne comprennent pas qu'ils doivent vaincre l'internationale de l'impérialisme dans la paix, ce sera à désespérer, mais ce ne sera pas la guerre qui tuera l'impérialisme.

LUQUET. — Nous sommes d'accord. Je n'espère plus que ce sont les armées qui auront raison de l'impérialisme. Si cela paraît une nouveauté pour vous, tant mieux, mais ce n'en est pas une. Pour réaliser cette condition, il ne faut pas que l'impérialisme allemand soit victorieux.

MERRHEIM. — Nous sommes d'accord. Lisez la déclaration que j'ai lue au Comité Confédéral pour la Conférence de Londres en 1915. Vous la lirez la guerre terminée et vous verrez que déjà là nous demandons que l'impérialisme allemand, comme tous les autres, soit vaincu. Nous avons ce sentiment que les impérialismes, militairement et dans la paix même, seront d'autant mieux vaincus que nous aurons été capables, nous, peuple, d'affirmer nos sentiments. Je sais que l'on reproche au peuple allemand les sentiments qu'il peut avoir. Je n'ai pas été le dernier à condamner l'attitude d'un Legien, je l'ai déjà dit dans d'autres Conférences ; quand nous avons eu à Zimmerwald l'occasion de rencontrer nos camarades allemands, personne peut-être ne fut plus dur que Bourderon et moi, mais Legien n'est pas le peuple. Au-dessus des hommes, je ne veux voir que la classe ouvrière et faire appel à la classe ouvrière. Voilà sur quel terrain nous nous sommes placés. Là encore nous étions avec Wilson qui était pour la guerre sans vainqueurs ni vaincus ; on nous l'a reproché constamment.

J'arrive à la question de l'action commune qui a augmenté les effectifs de toutes les organisations. Je prie sur ce point les camarades de lire l'article de fond du dernier numéro de l'*Union des Métaux*. Ils verront combien nous avons été peu grisés par les 160 à 180.000 membres qui ont adhéré en 1917 à la Fédération des Métaux. Nous leur disons la vérité. Nous disons qu'il n'y a qu'une petite partie de la tâche qui est accomplie, et, en réalité, nous reconnaissons qu'il y a dans le peuple, parmi nos camarades qui viennent à l'organisation, des sentiments multiples qui les agitent, qui sont confus, imprécis, que nous n'arrivons pas encore à canaliser, à analyser. Dans l'existence de plus en plus pénible et difficile qui est faite, qui est une des grandes causes du recrutement, nous devons loyalement le reconnaître. On va à toutes les organisations quand on sait que cette organisation peut obtenir des résultats. (*Très bien.*) Je n'ai pas, moi particulièrement, le mérite de ce qui s'est passé, et le mérite de la force de la Fédération des Métaux en revient non pas à Merrheim, croyez-le, mais à tous les militants de la Métallurgie qui, par milliers, se sont sacrifiés et ont été renvoyés au front pour avoir défendu leurs droits syndicaux. Mais je dis qu'à un certain moment tout de même, quand le gouvernement interdisait à la Fédération des Métaux le droit de réunion dans une région tout entière, d'autres y allaient, alors qu'ils auraient dû s'associer avec nous dans une protestation.

MERRHEIM. — J'arrive maintenant à cette simple déclaration que je fais dans l'intérêt de tous : disons que quelles que soient nos attitudes, s'il n'y avait pas de simples militants qui sont à côté de nous, tous nos efforts seraient impuissants et nous n'arriverions à rien.

Péricat. — Sur la question du recrutement syndical, mon sentiment est celui-ci : c'est que cette force de recrutement, elle ne vient pas même de nos efforts, elle vient de la misère que subit la classe ouvrière, c'est ni des uns, ni des autres qu'en revient le mérite.

Merrheim. — Je vous demande de réfléchir. Péricat a toujours le tort dans des Assemblées comme celle-ci de donner une forme outrancière à sa pensée et quand il vous parle de la misère du peuple, il ne veut pas peut-être vous dire tout à fait misère matérielle, mais il veut parler des deux éléments dont j'ai causé tout à l'heure et qui ont fait la force du mouvement syndical. Il y a dans certaines régions des misères matérielles incontestables, mais il y a des misères morales qui viennent peser de plus en plus lourdement sur la classe ouvrière, cela entraîne des éléments vers les organisations parce qu'on espère que d'elles sortira une atténuation à ces misères morales, et disons-le aussi la fin du cauchemar que nous subissons. Il y a ces divers sentiments qui s'agitent. Et quand on disait que si Caillaux prenait nettement position, il aurait eu tout le pays avec lui, j'ai la conviction intime que c'est exact ; il se serait formé un courant que personne n'aurait pu dominer. C'est ce que nous avons toujours essayé de faire ressortir au sein de la C. G. T.

Nous arrivons maintenant aux délégués d'atelier ; nous sommes de l'avis de Luquet, nous ne l'avons jamais caché mais quand nous réclamions non pas des délégués d'atelier en 1915, mais les commissions d'atelier, c'est écrit tout au long.

Luquet. — C'est pareil !

Merrheim. — La meilleure preuve que ce n'est pas pareil, c'est que Thomas lui-même, dans une circulaire du 24 juillet, se garde bien d'aller jusqu'à la Commission exécutive des délégués qui se rattacherait à l'organisation. On nous a dépassé, on nous a apporté la formule des délégués d'ateliers. Nous avons apporté notre effort pour que tous les délégués d'atelier soient au moins syndiqués afin que ces délégués ne se retournent pas contre les organisations ouvrières. Je regrette d'avoir à aborder ce point. On nous dit que c'est contre Jouhaux personnellement que nous avons pris notre attitude. Je ne veux même pas, Luquet, rappeler la question qui fut posée à la C. G. T. alors qu'on devait aller prendre la parole à la Sorbonne avec Deschanel, Barrès, tous ceux qui forment la réaction qui, depuis trois ans, a été maîtresse de ce pays, qui a déversé la calomnie, la boue sur ce pays ; nous avons été heureux à ce moment-là de voir que grâce à nos objurgations on n'y alla pas, à cette réunion, mais on pouvait y aller sans que nous le sachions.

Je veux parler d'un fait qui pouvait avoir de l'importance pour nous classe ouvrière et C. G. T. Nous nous sommes réunis au Comité Confédéral ; il y a eu une délégation importante des secrétaires de la C. G. T., accomplie au groupe socialiste parlementaire. Voici les communiqués que nous lisons dans la presse, c'est dans l'*Humanité* :

(Humanité du 17 novembre 1917, n° 4.962).

COMMISSION MIXTE DES ETUDES ECONOMIQUES

(Extrait 3e alinéa).

Jouhaux pose une question au sujet de la situation politique actuelle et de sa répercussion dans la classe ouvrière. Après un échange de vues auquel prennent part Jouhaux, Sembat, Bedouce, Lafont, Prété, Cachin, Constans, Thé Bretin est chargé de rapporter la discussion à la réunion plénière du groupe socialiste.

LE GROUPE SOCIALISTE EXAMINE LA SITUATION POLITIQUE

(Extrait 1er alinéa en italique).

Le groupe socialiste, réuni hier matin au Palais-Bourbon, a envisagé la situation politique. Le citoyen Jouhaux, Secrétaire général de la C. G. T., assistait à la séance.

Le groupe a invité ses membres à s'abstenir de toute campagne de couloir destinée à favoriser l'accès au pouvoir d'une combinaison ministérielle qui apparaîtrait comme un défi à la classe ouvrière et un danger pour la défense nationale.

Eh bien ! le soir, nous étions réunis au Comité Confédéral, on ne nous a pas tenu au courant, je dis même que cette question devait être discutée au Comité Confédéral, on devait avoir confiance en nous pour examiner cette situation politique. Jouhaux vous dira peut-être qu'il y a été surtout pour détruire les bruits qu'il y avait des militants influents de la C. G. T. qui étaient pour un ministère Clemenceau. Eh bien, c'était moi qui avait fait cette déclaration, et voici dans quelles conditions : Nous causions un jour avec le camarade administrateur de l'*Humanité*, Landrieu, de la situation politique. Je disais : Mais vous ne saisissez donc pas combien il y a de la lâcheté de la part du Parti de laisser accabler un homme comme Paix-Séailles, de laisser répandre les mensonges qu'on dit sur lui ; vous ne sentez donc pas que dans cette campagne perfide de mensonges entreprise par la presse, tout le monde va y passer, après Paix-Séailles, d'autres, puis nous. Mais plutôt que de voir se continuer une pareille campagne de perfidies, je préférerais Clemenceau parce que nous aurions quelqu'un devant nous ; s'il faut se battre, alors nous pourrons engager la bataille aussi bien contre Clemenceau que contre Daudet ; pendant trois ans on a muselé la classe ouvrière, on lui a empêché d'exprimer sa pensée, pendant que les coups de calomnie et de mensonge étaient portés contre la classe ouvrière et contre le pays, et les défaitistes ce n'est pas nous, ce sont ceux qui ont fait cette campagne, ce sont ceux qui n'ont rien fait pour dire la vérité au pays.

Eh bien ! ce que nous demandions c'est qu'il y ait chez nous, au sein de ce Comité Confédéral, une action d'ensemble, qu'on se rapproche, qu'on ne fasse pas de ces actes qui engagent constamment la classe ouvrière, qui nous engagent, nous militants, sans qu'il y ait de discussion entre nous, sans qu'on examine la situation, sans qu'on prenne de décisions.

JOUHAUX. — Je demande à dire un mot sur cet incident personnel où

Merrheim se trompe du tout au tout, sur les intentions qui m'ont amené à intervenir au Comité d'action, car je ne savais même pas ce que tu viens de dire, ou plutôt pas avant que tu me l'aies répété personnellement.

THOMSEN. — Nous avons été appelés au lendemain de la grève du 20 septembre. A ce moment-là, ma Fédération m'avait mandaté ainsi que Bled et j'ai dû renoncer à faire accompagner une délégation chez Loucheur où nous avons été vingt-cinq fois ensemble. A ce moment-là, on avait le pouvoir d'imposer sa volonté à condition que nous soyions bien unis ; nous aurions peut-être eu des avantages plus rapides et plus importants. Je regrette pour ma part profondément qu'il y ait eu de l'ostracisme contre Jouhaux et Bled.

MERRHEIM. — Thomsen aura la loyauté de reconnaître que j'ai soumis la lettre qui me fut envoyée par Jouhaux à tous les secrétaires d'organisation. Nous avons toujours été partisans, aux Métaux, avant la guerre, que les Fédérations fassent d'abord leur besogne elles-mêmes quand il y a conflit, et que si le conflit vient à se généraliser, je suis le premier à reconnaître que le concours de la C. G. T. doit être apporté. Si une grève éclate, on fait aussitôt appel à la C. G. T. et si la grève aboutit à un échec, c'est la C. G. T. qui en sort diminuée. Aussi nous demandons que les organisations agissent par elles-mêmes, qu'elles prennent leurs responsabilités. Croyez-vous que quand le conflit de la Loire s'est déclenché, je n'ai pas examiné la situation. Voici ce que j'ai dit à Lafont qui était venu me voir : Vous me demandez mon sentiment, il faudrait que Merrheim aille dans la Loire, Merrheim n'ira pas ; si le gouvernement l'appelle il lui dira ce qu'il pense : Comment, il y a deux ans qu'on m'interdit toute réunion dans la Loire et aujourd'hui qu'une grève éclate il faudrait que j'y aille pieds et poings liés ? Non. Que le gouvernement m'appelle, je poserai mes conditions ; à ce moment-là nous en aurions posé des conditions. Voilà ce que j'ai dit à Lafont. Dans ces conditions, la C. G. T. n'aurait pas été exclue pour les examiner et les préciser. Nous n'avons pas dit, Thomsen, que nous ferions appel à la C. G. T. si le conflit se généralisait.

THOMSEN. — Avec 52.000 ouvriers en grève, le conflit était assez grave ; il fallait immédiatement s'entendre avec toutes les organisations intéressées dans la question ; devant l'ostracisme des camarades de la Fédération des Métaux et de la Voiture je n'ai pas insisté. Quoi qu'on dise, si on est d'accord on a de la volonté et de la force pour agir sur les pouvoirs publics ; pour cela, il ne faut pas creuser le fossé comme tu l'as fait.

RÉAULT. — Je veux dire à Merrheim ceci : lorsqu'un conflit se généralise, que la solution intervienne avec ou sans la C. G. T. vous n'empêcherez pas que cet échec rejaillisse sur la C. G. T. Dans le cas particulier, comme vous n'étiez pas sans être informé, comme vous aviez la quasi-certitude que vous obtiendriez des améliorations, j'estime que l'intervention de la C. G. T. ne pouvait pas lui nuire.

MERRHEIM. — Ah ! pardon, nous n'étions pas du tout sûrs d'avoir un succès ; il n'y avait pas du tout un mouvement général dans la métallurgie, il y avait un mouvement général dans l'aviation, c'est-à-dire une faible partie de la métallurgie. A ce moment-là, et sur les sept secré-taires il n'y avait que Thomsen qui fut de son avis.

THOMSEN. — Il y en avait deux sur sept.

BLED. — Quand vous parlez de la C. G. T., Merrheim, dans les termes d'intervention générale, cela ne s'applique plus pour l'Union départe-mentale. Vous avez évincé les uns et les autres. Je ne veux pas savoir pourquoi, je dis que c'est une faute. Espérons seulement que dans l'ave-nir il y aura plus d'accord dans les organisations.

MERRHEIM. — Bled déplace la question ; j'ai expliqué comment nous comprenons notre attitude en tant qu'organisme central et cette attitude-là nous ne nous en départirons pas. Maintenant, un dernier point : Luquet nous dit : Avez-vous le sentiment que vous avez abrégé la guerre ne fut-ce qu'un jour par l'action que vous avez menée ? J'ai l'impression au contraire, que vous l'avez prolongée. Eh bien, camarades, il y a tout de même eu des propositions de paix qui ont été faites à la France, et c'est un sénateur, M. de Las-Cazes, qui déclarait dans une réunion de catholiques que l'Allemagne avait fait des propositions de paix accep-tables ; ce fut reproduit par la presse étrangère ; c'est là que j'ai trouvé le compte rendu d'une réunion tenue à Paris, au cours de laquelle ce sénateur avait fait cette déclaration. Si nous avions connu cette situation, est-ce que nous n'aurions pas pu abréger la guerre. Et il n'y a pas que celle-là, il y en a eu d'autres, on l'avoue aujourd'hui ; il y a eu des offres faites ; c'est toute la base des scandales que nous rencontrons, de cette pourriture que nous voyons. Si, à ce moment, le gouvernement avait senti la classe ouvrière organisée, il aurait peut-être tenu compte de cette situation. J'en reviens pour conclure à ce que je disais hier : Etes-vous d'avis d'aller à Stockholm, puisque c'est le point de la dis-cussion? Etes-vous d'avis de discuter avec les représentants du peuple russe, quels qu'ils soient ? Je ne fais pas d'exclusion. Je dis que nous avons le devoir, nous, classe ouvrière, chaque fois qu'une lueur de paix apparaît, de la réaliser. Si on suivait certains camarades qui ont prononcé hier des allocutions, il n'y aurait qu'un moyen de terminer la guerre, ce serait de tuer jusqu'au dernier des Allemands, car s'il en reste un, ce sentiment-là nous empêcherait de faire la paix. Nous voulons le rap-prochement des peuples ; si les capitalistes veulent encore dominer sur les divisions de la classe ouvrière, quand vous viendrez parler des condi-tions de travail on vous répondra que la concurrence des autres empêche de vous donner satisfaction. Je dis donc que, comme classe ouvrière, nous devons nous détacher complètement de l'action gouvernementale, de sa diplomatie, et que nous devons rester, nous, fidèles à notre Internatio-nale ; je déclare que sans elle il ne peut y avoir ni bonté, ni justice, ni humanité.

DRET. — Je veux demander à Merrheim, qui a toujours protesté contre les insinuations calomnieuses et surtout sur une qui l'atteignait tout particulièrement, parce qu'elle avait paru dans un journal ouvrier, je veux demander s'il ne trouve pas regrettable qu'on aille chercher des insinuations tout aussi calomnieuses dans le Bulletin de la Fédération des Industriels et Commerçants ; cela a paru dans l'*Ouvrier des Métaux*, de décembre. Lorsqu'on insère cela dans un journal qui va un peu partout, la calomnie fait son chemin et il me semble qu'ici, en plein Congrès, j'ai le droit de demander qui on suppose avoir accompli cet acte.

MERRHEIM. — Si nous avions connu qui a pu tenir ce langage, nous l'aurions dit. Nous avons le droit de rapporter ce que publie l'organe de ceux chez qui on est allé prononcer un discours ; c'est étaler tout le danger que signale Luquet, à propos des délégués d'atelier. Vous prenez cela comme une calomnie, c'est une demande d'explications. Quand il y a calomnie, c'est supposer qu'un homme puisse avoir touché de l'argent. On nous a dit que nous touchions de l'argent.

BLED. — Pas nous.

MERRHEIM.— En plein Comité Confédéral, on l'a dit. (*Cris : Qui ? Qui ?*)

CHANVIN. — Vous avez dit que Jouhaux était vendu au gouvernement. (*Agitation prolongée ; Dumas veut parler dans le bruit.*)

DUMAS. — Je n'ai jamais dit à aucun moment que l'Union des Métaux était payée par le gouvernement allemand. Nous avons dit, une fois, avec Bled : Vous dites que nous sommes des agents du gouvernement, nous pourrions riposter que vous avez touché de l'argent.

MERRHEIM. — C'est exact ; une fois, Bled et Dumas ont dit cela.

LE PRÉSIDENT. — Je consulte l'assemblée ; il est midi. Nous renvoyons la séance à 2 heures, avec le même bureau.

La séance est levée à 11 h. 50.

SÉANCE DE LA TROISIÈME JOURNÉE
- Après-midi -

La séance est ouverte à 2 h. 25.

BIDEGARAY préside.

Je viens d'apprendre pendant le déjeuner que la Place militaire de Clermont-Ferrand a cru devoir consigner une certaine partie de ses troupes à cause de la tenue de notre Congrès. (*Rires.*) Je crois être l'interprète de la Conférence en déclarant aux camarades soldats, aux pères de famille ainsi internés que nous n'y sommes pour rien. Notre Conférence s'est déroulée et elle continuera à se dérouler dans le calme aussi absolu que possible, qui n'exige pas l'intervention des troupes.

Il y a un camarade qui m'a posé une question à propos des votes. Il demande si un délégué partant avant la fin des débats peut céder son mandat à un autre pour voter à sa place. Cela ne souffre pas de discús-

sion ; chacun prend ses responsabilités vis-à-vis de son organisation.
Je donne la parole à Jouhaux.

JOUHAUX. — Camarades, Je voudrais être bref, mais je tiens en même
temps à être précis. Pour ma part, je regrette profondément que ce soit
seulement cet après-midi que nous puissions terminer un débat qui aurait
pu avoir sa conclusion bien avant ce terme, ce qui nous eut permis ainsi
d'aborder l'autre partie de l'ordre du jour, au moins aussi intéressante
que la question que nous avons discutée jusqu'à maintenant. (*Très bien !*)
Je le dis, parce que demain nous nous retrouverons au sein du Comité
Confédéral avec une absence complète d'indications précises pour prendre
position sur les problèmes que les nécessités des circonstances, et non la
volonté des individus, nous posent à l'heure actuelle. Il faudra que nous
y répondions, et je regrette pour ma part que les réponses que nous aurons à formuler ne puissent s'inspirer d'une façon précise des directives
que la Conférence aurait pu donner aujourd'hui.

Ceci dit, je veux, comme je le disais tout à l'heure, répondre brièvement aux conceptions qui ont été formulées à cette tribune et on me
permettra, une fois de plus, de me tenir en dehors des personnalités et
de ne considérer que l'intérêt général du mouvement que, tous ici, nous
représentons, et d'essayer de dégager ce qui peut être conciliable dans les
thèses qui ont été ici exposées et ce qui peut, par conséquent, déterminer
l'action commune, plus nécessaire à l'heure présente pour le prolétariat de ce pays qu'il ne le fut à aucun autre moment.

Pendant une certaine partie de la discussion, il a semblé que les
conceptions divergentes, que les opinions contradictoires même qui
s'affirmaient ici n'excluaient pas cependant la possibilité d'une rencontre
dans une attitude commune pour un but commun. Je dois regretter la
lecture du factum de la Fédération des Métaux, je dois regretter la lecture de la déclaration de la Commission exécutive des Métaux qui, reprenant des protestations déjà faites dans les Conférences antérieures aux
Comités Confédéraux qui se sont suivis au cours de ces dernières années,
vient à nouveau réserver l'avenir, dégager sa responsabilité, quelle que
soit la décision qui sera prise et l'action décidée par la Conférence. Je
dis, en me tenant en dehors des considérations personnelles et on me
permettra d'être un de ceux qui, dans le mouvement ouvrier, peuvent
déclarer qu'à aucun moment ils n'ont porté sur qui que ce soit une
insinuation quelconque, une appréciation quelconque. Cependant, re-
connaissez-le en toute logique, je fut souvent le point de mire de certaines insinuations qui ne se limitaient pas au Comité Confédéral, qui
faisaient leur chemin à travers les organisations de province, dont j'eus
les échos au cours de mes tournées de propagande, et j'invoque ici le
témoignage de tous ceux, amis ou ennemis de conception, militants
d'organisations que j'ai pu visiter, de venir déclarer qu'à un moment
donné je me suis abaissé à discuter ces insinuations. J'ai considéré, et
je considère encore à l'heure présente, que la besogne syndicale comme
le disait Merrheim ce matin, est au-dessus des personnalités et que nous
devons, par conséquent, les uns et les autres, négliger les attaques qui

9

peuvent être lancées, mais que les uns et les autres, et surtout les militants de Fédérations, les membres du Comité Confédéral, nous devons
nous abstenir de porter des interprétations, toujours défigurées lorsqu'elles
parviennent dans les milieux et qui portent beaucoup plus atteinte à
l'unité ouvrière qu'aux personnalités qu'elles visent. (*Très bien !*) Oui,
je sais et j'accepte les critiques formulées, la position que j'ai prise, les
responsabilités que j'ai assumées et dont je n'essaie pas de me dégager,
que les critiques peuvent s'exercer, font que mon attitude puisse appeler
plus particulièrement le jugement de camarades qui ne pensent pas
comme moi, qui ne se placent pas de la même situation, qui n'envi-
sagent pas les événements de la même façon, qui ne regardent pas les
conséquences de ces événements sur le même plan ; ils ont le droit de
m'adresser leurs critiques, ils ont le droit de les formuler, mais il y a
une limite, la critique doit s'arrêter où commence la calomnie. (*Applaudissements.*) Et moi, vous le reconnaîtrez encore, qui au Comité Confédéral ou dans les réunions de propagande, n'ai jamais exprimé un sentiment de haine à l'égard du peuple allemand, et me suis abstenu de
toute considération portée sur l'attitude des uns et des autres, moi que
vous n'avez jamais entendu prononcer le nom de Boche, ni dans une
conversation particulière, ni dans une discussion publique, vous me
permettrez bien de déclarer que je respecte les sentiments qui étaient
les nôtres hier et que moi aussi je n'ai jamais épousé les haines idiotes,
imbéciles et puériles que la presse de ce pays, comme la presse des
autres pays essaie d'inculquer dans les cerveaux ouvriers, pour maintenir
après la guerre l'état de rivalités actuellement existant. Mais est-ce à dire
que parce que nous ne voulons pas épouser des sentiments de haine,
est-ce à dire que parce que nous nous refusons à laisser entrer chez nous
le moindre sentiment qui puisse détruire les principes pour lesquels
nous nous sommes affirmés hier, nous n'ayions pas le droit de nous
placer dans la nation où nous sommes et d'envisager les événements
d'abord sous l'angle des conséquences qu'ils peuvent avoir pour cette
nation, pour ensuite être mieux armé pour les envisager quant à leurs
conséquences internationales.

Il y a une différence qui, de prime abord, s'affirme entre les thèses
opposées, interprétation de formules confédérales, interprétation de décisions de nos Congrès ouvriers. Non, non, les uns et les autres, nous
avons apporté, dans le passé comme aujourd'hui, une interprétation particulière, individuelle à ces décisions. Nous les considérions comme abso-
lues dans leurs principes, mais comme devant être déterminées pour leur
application par nos interprétations individuelles, ou plus par nos interprétations corporatives, et je pourrais ici rappeler bien des décisions que
les uns ou les autres, organisations minoritaires ou majoritaires, nous
avons appliquées, non suivant la lettre, comme je le disais au début de
ces assises, mais selon l'esprit ; et l'esprit reste toujours suceptible
d'être influencé par les déterminations de chacun, par l'état intérieur de
chacun. Ce n'est donc pas dans l'interprétation des décisions confédérales
qu'est la différence qui existe entre nos deux conceptions. La nôtre s'est

placée et continue à se placer au sein de la nation, de ce pays ; la vôtre, lui est extérieure ; nous, nous voulons agir de l'intérieur ; vous, vous voulez agir de l'extérieur ; là est la différence entre nos deux points de vue. Et il faut que nous nous expliquions clairement. Vous avez dit : Vous supportez une lourde responsabilité. Vous savez que ces respon-sabilités, je ne les ai jamais esquivées et je ne chercherai pas à les esqui-ver ; je les conserve toutes. Péricat rappelait ce matin une déclaration que je faisais au cours du Congrès extraordinaire, du Congrès de la C. G. T. contre la guerre lorsqu'on me disait sur un ton d'ironie : On accepte un peu trop de responsabilités. C'est dans mon tempérament d'accepter des responsabilités ; lorsqu'elles ne viennent pas à moi, je vais les chercher, c'est un défaut, soit, je vous le concède, mais ce n'est pas un manque de sincérité. Non, je sens trop bien, et vous sentez bien les uns et les autres que, dans les circonstances comme celles que nous traversons, il faut des initiatives individuelles, vous les avez prises à certains moments, il faut des volontés individuelles pour assumer une somme de responsabilité que la collectivité ouvrière ne fera qu'endosser après, et quand déjà vous lui en aurez montré la nécessité. Vous le savez, vous le comprenez, et cependant c'est encore un argument dont vous voulez vous servir. Ce matin, ne disait-on pas que j'avais l'habitude de prendre des responsabilités en dehors des décisions du Comité Confé-déral, et ainsi de lier l'action confédérale contre ses principes à une politique ou à une action qu'il ne voulait pas accepter ; et ceux qui disaient cela savent bien comment se passent nos Comités Confédéraux depuis trois ans ; ils savent que le Comité Confédéral appelé à discuter sur une question ne peut très souvent aborder son ordre du jour qu'à 10 heures ou 10 heures et demie, quand il est impossible de discuter ; les questions subsidiaires sont constamment soulevées... Et il faut y répondre, et elles constituent le plus clair de nos discussions. Et c'est de cela que nous souffrons le plus, c'est qu'il n'est pas possible, dans l'état actuel des esprits de se livrer à un examen impartial, à une discussion sans passion, de toutes les questions que le Comité Confédéral a à ré-soudre. C'est le mal, et c'est là où il faut porter le remède.

Eh bien ! permettez-moi de vous dire que la discussion et le ton qu'elle a pris au cours de ces deux jours ne sont pas pour moi, ni pour beaucoup, la preuve que nous puissions arriver à cette situation qui nous permettrait d'examiner les uns et les autres avec toute impartialité les problèmes qui se posent à nous. Non, demain, la Conférence terminée, les situations resteront les mêmes, et nous continuerons à nous invectiver, nous conti-nuerons à nous déchirer, à ignorer les intérêts supérieurs de ceux que nous prétendons représenter pour ne défendre, en réalité, que nos concep-tions personnelles dans la bataille actuelle. (Applaudissements.)

J'ai dit cela parce que je crois qu'il était nécessaire de le dire et qu'il vaut mieux connaître le mal dont on souffre que de vouloir l'ignorer Il ne suffit pas de dire : Les uns sont partisans d'une Conférence inter-nationale, les autres n'en sont partisans qu'à demi ; il faut encore que dans l'esprit de chacun toute possibilité de suspicion puisse être extirpée.

Quelle action voulez-vous faire ? Quels résultats voulez-vous obtenir, quand chaque parole, quand chaque acte, quand chaque minute de votre existence sont contrôlés et interprétés, quand vous ne pouvez faire un geste, quand vous ne pouvez dire un mot, quand vous ne pouvez écrire une phrase qui ne soient matière à contestations ? Quelle confiance voulez-vous donc que ceux qui doivent assumer la responsabilité et la direction des événements puissent avoir, et quelle confiance voulez-vous qu'ils fassent rayonner autour d'eux, si le doute est en eux-mêmes, et s'ils arrivent avant chaque action à se demander s'ils ne seront pas méprisés, s'ils ne seront pas méconnus, s'ils ne seront pas calomniés.

Je vous assure que, pour ma part, je voudrais que dans cette Conférence se dégage un sentiment en dehors de toute considération personnelle, je voudrais que les délégués des organisations ouvrières, que les mandataires des Unions départementales, des Bourses du Travail et des Fédérations examinent la situation, non pas par rapport à tel sentiment de sympathie ou à tel sentiment d'antipathie, mais par rapport à la nécessité de telle attitude et à l'indispensabilité de telle action. Et je vous donne l'assurance la plus formelle que si l'action menée jusqu'à aujourd'hui, si l'attitude prise n'est pas celle qui aurait dû être suivie, je ne dis pas seulement la vérité historique, cela c'est une chose que nous dégagerons demain, je dis, selon l'interprétation des organisations, si l'attitude, si l'action ne correspondent pas aux sentiments intimes de la volonté des travailleurs, ah ! dites-le, déchargez-nous du fardeau, nous reprendrons notre rang dans la masse, nous accomplirons comme unité combattante l'action que vous aurez décidée, nous n'aurons aucune parole d'amertume, aucune parole de regret ; nous marcherons comme vous l'aurez indiqué, laissant à d'autres le soin de conduire l'organisation confédérale vers le salut et vers le développement de l'avenir, mais faites-le, faites-le, car, sachez-le, les récriminations, les protestations après coup ne vaudront que par l'action qui aura été engagée. Merrheim a dit : Nous sommes à une période critique. Oui, toutes les périodes de ces dernières années ont été des périodes critiques. Il s'agit de savoir, et au fond la question est là, si nous allons divorcer avec les intérêts de la nation, ou si, au contraire, nous essaierons, comme dans le passé, de faire que l'intérêt supérieur de la nation soit l'expression de notre volonté et ainsi aboutir à une action qui entraîne derrière nous le pays tout entier. Oui, vous pouvez reprocher l'action engagée ; vous pouvez nous dire : Quels sont les résultats que vous avez obtenus avec votre collaboration ? Avez-vous apporté à la classe ouvrière le Droit nouveau dont vous lui avez parlé ? Que non pas ! Vous êtes responsables des lois liberticides qui vont naître demain, vous êtes responsables que le pays soit acculé à la situation dangereuse dans laquelle il se trouve actuellement, vous êtes responsables qu'il y ait eu dans cette guerre des gens qui s'enrichissent alors que d'autres s'appauvrissent, vous êtes responsables de tous les maux, et vous n'avez pas à nous apporter la moindre réalisation ! Cela c'est facile. Oui, si vous nous prouvez que notre action a été confondue avec celle des gouvernements passés et celle des gouvernements pré-

sents ou à venir, vous avez raison ; si vous nous prouvez que notre collaboration a été une collaboration de dupes pour laquelle nous avons agi
en aveugles, sans prendre nos garanties, sans poser nos principes, vous
avez raison. Nous avons alors, comme le disait Bourderon hier, lié la
classe ouvrière au char embourbé de l'Etat. Mais vous ne pouvez pas
apporter ces preuves ; elles n'existent pas. Notre action, et puis celle des
militants représentant la classe ouvrière est en opposition constante
aux théories de nos adversaires, la théorie de l'intérêt général dans
lequel se confond l'intérêt de la classe ouvrière tout entière. Et le travail
que nous avons accompli, s'il est un travail obscur, s'il est un travail
sur lequel ou à propos duquel les tambours et les réclames n'ont pas
battu, il n'en reste pas moins un travail profond et effectif. Au début
de cette guerre — et je ne veux pas revenir sur les déclarations déjà
faites l'année dernière à une même Conférence confédérale, — au début
de cette guerre, dans le doute, dans le désarroi, je fus obligé de prendre
position, et je la pris. Et j'avais, cette position prise, un sentiment d'hésitation de moi-même ; ce furent ceux qui m'entouraient à ce moment
qui le dissipèrent ; et j'ai cru à l'aurore de cette tourmente sanglante,
que nous allions, liés indissolublement les uns aux autres, pouvoir à la
fois protéger les libertés acquises et prendre possession, par des sauve-
gardes nécessaires, de la part de droits nouveaux. Je m'étais trompé,
comme déjà une fois au cours de mon secrétariat confédéral, je m'étais
trompé. Il y a dans la nature humaine des sentiments qui sont presque
inappréciables, mais qui n'en existent pas moins, et ce sont ces sentiments qui, souvent, dictent la conduite des hommes, et alors, ils ont
l'impression de rester fidèles à la parole donnée, ils s'en éloignent chaque jour par des actes de plus en plus en contradiction avec la foi jurée.
Je l'ai vu à ce moment, et cela m'a fait redescendre en moi encore plus
profondément que je l'étais avant la tourmente actuelle.

Oui, j'ai un défaut, je le reconnais. Je me livre peu, je ne suis pas
expansif, je ne dis pas tout ce que je pense, je n'ose pas formuler même
avec les amis les plus sincères ce qui est, quelquefois, en moi, je le
conserve pour moi. Mais est-ce une raison pour me traiter d'autocrate ?
Est-ce une raison pour me dire vouloir agir en dehors de la volonté des
organisations ouvrières et contre elles ? Ce n'est pas suffisant. J'ai
souvent pris position dans cette guerre sans que mes amis personnels
même en aient été prévenus ; j'ai souvent refusé de prendre position sans
que mes amis personnels en aient été prévenus, mais cela, si c'est un
défaut, il existait chez moi antérieurement à la guerre. J'ai toujours
voulu méconnaître les hésitations individuelles, et c'est peut-être un
argument qui vaut, mais, je vous en prie, il vaut contre la personnalité,
il ne vaut pas contre l'action.

Vous avez dit que chaque fois qu'une question de reprise internationale avait été posée, que chaque fois qu'il avait été question d'une action
en faveur de la limitation de la tourmente présente, vous nous avez trouvés opposés à vous, que nous nous étions refusés de faire quoi que ce
soit, et que chaque fois que nous avons pris position, nous l'avons prise

pour défendre la politique de nos gouvernants, et que si, à l'heure présente, nous semblions partisans d'une Conférence internationale, c'est parce qu'elle était dans l'esprit de nos gouvernants et voulue par eux. Et pour appuyer vos déclarations, vous avez ici fait état de textes incomplets dont vous n'avez cité qu'une partie. Vous avez dit : La Conférence de Londres de février 1915, Conférence pour laquelle, je le répète cette année encore, je n'ai aucune part de responsabilités puisque je n'étais pas là, conférence que j'ai acceptée, à laquelle j'ai participé en dehors et contre les indications que j'avais moi-même données, vous avez dit que cette conférence avait reconnu que la guerre avait comme conséquences tous les impérialismes et que, par conséquent, à ce moment, c'était votre conception qui triomphait. Eh bien ! relisez donc un peu la motion de Londres. Que dit-elle ?

La Conférence ne songe pas à méconnaître les causes générales et profondes du conflit européen, produit monstrueux des antagonismes qui déchirent la société capitaliste et d'une politique de colonialisme et d'impérialisme agressifs, que le socialisme international n'a cessé de combattre et dans laquelle tous les gouvernements ont une part de responsabilité.

Mais l'invasion de la Belgique et de la France par les armées allemandes menace l'existence des nationalités et porte atteinte à la foi des traités.

Dans ces conditions, la victoire de l'impérialisme germanique serait la défaite et l'écrasement de la démocratie et de la liberté en Europe.

Les socialistes d'Angleterre, de Belgique, de France, de Russie, ne poursuivent pas l'écrasement politique et économique de l'Allemagne. Ils ne font pas la guerre aux peuples, mais aux gouvernements qui les oppriment. Ils veulent que la Belgique soit libérée et indemnisée. Ils veulent que la question de la Pologne soit résolue, conformément à la volonté du peuple polonais, dans le sens de l'autonomie au sein d'un autre Etat, ou de l'indépendance complète. Ils veulent que, dans toute l'Europe, de l'Alsace-Lorraine aux Balkans, les populations annexées par la force recouvrent le droit de disposer d'elles-mêmes.

Inflexiblement décidés à lutter jusqu'à la victoire pour accomplir cette tâche de libération, ils ne sont pas moins résolus à combattre toute tentative de transformer cette guerre de défense en une guerre de conquêtes, qui préparerait de nouveaux conflits, créerait de nouveaux griefs, livrerait les peuples, plus que jamais, au double fléau des armements et de la guerre.

Convaincus d'être restés fidèles aux principes de l'Internationale, ils expriment l'espoir que bientôt, reconnaissant l'identité de leurs intérêts fondamentaux, les prolétaires de tous les pays se retrouveront unis contre le militarisme et l'impérialisme capitaliste.

La victoire des Alliés doit être la victoire de la liberté des peuples, de l'unité, de l'indépendance et de l'autonomie des nations, dans la Fédération pacifique des Etats-Unis de l'Europe et du monde.

Or, qui nous demandait d'insérer cette phrase dans la résolution ? Qui a fait pression pour qu'elle soit apportée ? Ramsay Mac Donald lui-même. C'est lui qui, à la Conférence de Londres, dans la Commission, a déclaré que la victoire de l'impérialisme germanique serait la défaite de la démocratie et de la liberté. Et vous vous souvenez de la véhémente émotion qui étreignait Vaillant lorsqu'il vous formulait, au cours de la Conférence, une opinion qui semblait quelque peu opposée à la phrase insérée. Il n'en restait pas moins acquis qu'en février 1915, si nous considérions, ce qui est l'exacte vérité, que l'état de concurrence économique, que la lutte pour les débouchés commerciaux et industriels étaient une cause permanente de conflit et qu'elle devait être considérée comme une des raisons de la guerre actuelle, il n'en existait pas moins une responsabilité plus immédiate, celle de l'agression et celle de l'invasion. Et en 1915, à cette même Conférence, la résolution déclarait : « Les socialistes d'Angleterre, de Belgique, de France, etc., et de la guerre. »

Eh bien ! est-ce que cette résolution ne définit pas des buts de paix ? Est-ce qu'elle ne dit pas que la conclusion de la tourmente que nous subissons, malgré nos protestations, doit avoir pour conclusion l'affirmation, et non pas seulement l'affirmation théorique, mais l'application pratique, de l'indépendance et de la liberté des peuples ? Elle s'élève contre les annexions ; elle aborde, par conséquent, d'une façon plus concrète, moins explicative, la formule que le président Wilson devait jeter dans la circulation, et à laquelle les uns et les autres, nous nous sommes ralliés. Mais à partir de ce moment, on savait dans le monde socialiste et dans le monde ouvrier les buts que les peuples des pays de l'Entente s'étaient donnés. Cherchez la réponse ? Où se trouve-t-elle ? A quel moment avez-vous, de la part des organisations ouvrières ou du Parti socialiste démocratique des empires centraux une réponse à cette déclaration ? Nous la cherchons en vain. Et aujourd'hui encore, à part l'affirmation courageuse de quelques-uns, qui peut être l'expression profonde des masses, je ne veux pas en douter, je veux le croire, je veux l'espérer, aujourd'hui encore, à part cette protestation, rien n'est venu souligner l'accord qui aurait dû exister entre nous. Et c'est ce que nous demandions dans une rencontre, que l'on s'affirme sur ce point, qu'il sorte une résolution qui puisse nous permettre, tout en restant à l'intérieur de la nation, d'exprimer telles idées, de formuler une action qui puisse aboutir à faire abréger la guerre. Au lieu de cela, nous avons trouvé dans le *Correspondenz Platz*, organe officiel de la C. G. T. allemande, un article qui disait textuellement : « La conquête de la Serbie ouvre les portes de l'Orient au commerce et à l'industrie allemands... »

Pensées de liberté et d'indépendance, mais d'impossible hégémonie, qui n'étaient pas, je veux le croire encore une fois, je veux le déclarer, qui n'étaient pas, qui ne peuvent pas être la pensée profonde des masses populaires allemandes, mais qui n'en devaient pas moins être interprétées comme cela à la fois dans les pays neutres et dans les pays de l'Entente et qui constituaient comme un obstacle à l'action que les uns et les autres avions souci d'engager. Et cependant, malgré ces rebuffades, si je peux employer ce mot, malgré ces absences de réponse, est-ce que nous avons failli dans la ligne de conduite que nous nous étions donnée ? Vous nous avez reproché Leeds, et vous avez dit : Vous êtes allés à Leeds défendre le point de vue des gouvernements alliés. Nous sommes allés à Leeds, vous le savez très bien, pour y discuter des conditions ouvrières à insérer dans le traité de paix, et dépassant ce but purement corporatif, nous

avons voulu faire accepter à nos camarades anglais les conditions générales de paix que déjà nous avions acceptées nous-mêmes au Comité
Confédéral. Et la discussion terminée nous avons demandé que ces
résolutions fussent envoyées à tous les prolétariats organisés, y compris
ceux des Empires centraux. Besogne de défense de gouvernements que
celle qui consiste à exprimer une pensée qui nous est commune dans le
fond, contre laquelle vous ne pouvez rien apporter, pensée qui voit la
nécessité de limiter les armements, pensée qui s'affirme pour l'indépendance et l'autonomie des peuples, pensée qui déclare indispensable la
constitution de la Société des Nations, pensée qui déclare comme garantie
de toutes ces mesures la nécessité d'une Internationale fortifiée moralement et matériellement, çà, pensée de défense de gouvernements, allons
donc ! Arguties, et arguties spécieuses, mais arguties dangereuses qui
peuvent se retourner aussi bien contre vous que contre nous. Prenez garde,
en exprimant l'idée que ces conditions générales sont celles du gouvernement, que vous ne favorisiez certaines propagandes réactionnaires opposées à la réalisation de ces conditions.

Pour ma part, qu'il me suffise d'avoir entendu hier notre camarade
Riser, délégué des organisations syndicales suisses, vous dire qu'à la
Conférence de Berne, on avait été obligé d'accepter les clauses générales
discutées et acceptées à Leeds, et qu'à l'heure actuelle elles constituaient
la base même de l'action internationale, et Riser ajoutait, dans une
conversation particulière dont il me permettra de faire usage ici que,
moralement, par notre attitude à Leeds, nous sommes, en réalité, ceux
qui dominons l'Internationale ouvrière. C'est l'impression des camarades
suisses et c'est aussi l'impression de beaucoup de ceux qui, comme
Bario Vicente, n'ont pu venir ici exprimer leur opinion ; et je suis
certain que c'est aussi l'opinion de notre ami Regola, qui déjà, bien
avant Leeds, était d'accord avec nous sur les principes énoncés, ce que
vous ne pouvez nier, puisque vous l'avez vu vous-même à la réunion du
Comité Confédéral du 1er mai 1915. Oui, l'attitude que nous avons eue,
l'action dans laquelle nous persévèrons, nous l'estimons indispensable,
nous l'estimons nécessaire à la fois pour sauvegarder le patrimoine moral
de la classe ouvrière de ce pays et pour assurer son développement. Je
dis qu'il n'y a pas d'autre attitude pour moi et ce n'est pas parce que
vous essayez de nous rendre responsables des actes des gouvernements
passés ou présents, que vous pouvez nous atteindre. Il reste une responsabilité, c'est notre action, et notre action nous vous défions d'apporter
contre elle la moindre suspicion. Présence au banquet de capitalistes,
présidé par Lebon ! J'en ai déjà fait justice l'année dernière, mais je
répète encore une fois, et malgré les affirmations de Luquet, que cela
était nécessaire, et que quand un patron, un groupe de patrons vient
vous demander d'exprimer l'opinion de la classe ouvrière, vous n'avez
pas le droit de refuser ou alors vous apparaissez comme ceux dont les
théories et dont l'action sont inférioriées par avance. Est-ce que vous
vous figurez que j'avais l'illusion de convertir les patrons qui se trouvaient à cette réunion ? Est-ce que vous vous figurez que j'avais la

naïveté de croire qu'ils allaient accepter notre programme et nos revendications ? Non, mais tout de même, je peux être bien naïf, je peux être bien confiant, mais je n'ai encore ni cette naïveté ni cette confiance. Je savais bien que je n'allais là que dans un milieu hostile apporter des idées contraires, mais j'y suis allé pour amener les gens à réfléchir et à se pénétrer que nous n'étions pas décidés à nous laisser étrangler. Vous pouvez, c'est votre droit, considérer que cet acte du secrétaire général est un acte antistatutaire, mais alors, je vous demande de n'avoir, les uns et les autres, ni dans le public ni dans le privé, de conversations avec des gens qui n'appartiennent pas à notre milieu. L'opinion que j'ai exprimée a été rendue publique, vous avez pu la juger, vous avez pu considérer si elle était contraire aux principes qui nous animent et aux revendications qui sont nôtres. Et à la dernière Conférence, ou plutôt, plus exactement au Comité Confédéral, est-ce que Bourderon ne disait pas que ces déclarations auraient gagné à être faites devant des milliers de travailleurs ?

Or donc, si elles avaient pu être faites en public, elles n'étaient donc pas contraires aux principes ouvriers et elles ne constituaient donc pas une atteinte aux principes prolétariens. Est-ce que vous avez le droit de faire découler de cette intervention toute une machination ténébreuse au cours de laquelle j'essaierais de remplacer la lutte de classes par la collaboration des classes ? Est-ce que vous avez ce droit ? Est-ce que j'ai dit que c'était la collaboration des classes qui allait succéder à notre opposition d'autrefois ? J'ai dit, je répète, j'ai écrit et je répèterai, parce c'est ma conviction intime, que l'organisation des classes est absolument indispensable, qu'il n'y a pas de progrès sans l'organisation des classes, et que c'est parce que nous avons vécu dans un milieu d'individualisme où les intérêts particuliers s'opposaient à l'intérêt général que nous en sommes actuellement dans la situation désastreuse dans laquelle nous nous trouvons. Est-ce que l'organisation des classes suppose une constante violence dans les rapports ? Et vous dites cela, vous déclarez par avance fausser toute l'action syndicale que vous avez, les uns et les autres, entreprise. Depuis que vous êtes dans le mouvement, il y eut des moments où les chocs étaient violents, où la bataille était rude, il y eut des moments où les accords étaient possibles, où des conventions préalables étaient acceptées de part et d'autre, et tout cela constitue l'ensemble de l'action syndicale, et tout cela, c'est la lutte des classes, et tout cela, c'est l'opposition organisée des revendications corporatives aux intérêts particuliers des capitalistes. Et jamais, je n'ai dit autre chose, jamais je n'ai fait autre chose, jamais je n'accomplirai un autre acte. On a, au cours de ces années, bien souvent sollicité mon appui ou mon concours ; on m'a demandé souvent d'accomplir telle ou telle action que l'on déclarait conforme à l'intérêt général. Je m'y suis toujours refusé, considérant que je devais rester sur le terrain corporatif, sur le terrain de la défense ouvrière, et que là seulement, je pouvais utilement remplir la mission qui m'avait été confiée, et ce travail, je l'ai fait dans la Commission, au Comité d'Action, à la Commission des Etudes économiques. Et je vous dis encore une fois, au Comité d'Action créé alors que je n'étais pas là, j'ai continué ma collaboration, éprouvant bien des déceptions devant l'inertie, et quelquefois, très souvent même, l'indifférence de ceux qui en faisaient partie ; souventes fois, j'ai eu des moments de mauvaise humeur où je déclarais : A partir de maintenant, je ne collabore plus, il n'y a rien à faire, on ne se préoccupe que des intérêts particuliers, l'intérêt général n'existe pas ; et puis le lendemain, placé devant les nécessités de la situation, je retournais malgré tout à cette collaboration, et j'essayais, une fois de plus, de secouer l'indifférence, et avec mes camarades, de ramener un peu de travail utile dans cet organisme qui eut pu être, si chacun avait pu y apporter la somme de confiance et de foi indispensable, le réveil de toutes les transformations que vous appelez aujourd'hui. Est-ce notre faute si le travail qui devait être accompli ne l'a pas été ? Est-ce notre faute si on n'a pas abouti aux résultats que l'on s'était donnés ? Vous le savez, ou tout au moins certains d'entre vous le savent, toutes les questions qui intéressent le monde ouvrier y ont été discutées ; toutes ces questions ont fait l'objet de nos délibérations ; sur toutes, nous avons, sinon apporté des solutions complètes, tout au moins esquissé des solutions, et si nous sommes obligés de reconnaître que peu de ces solutions ont été appliquées, nous devons tout de même dire que ce qui a été réalisé dans ce sens l'a été sous notre inspiration et en raison de nos décisions. Et à la Commission des Etudes économiques, nous avons abordé d'autres problèmes, le problème du renouvellement de privilèges capitalistes, et là encore nous avons apporté l'expression de principes qui étaient les nôtres et nous en avons demandé l'incorporation dans l'action des parlementaires. Vous dites : Les résultats que vous avez obtenus ne sont pas considérables. A cela, je réponds : Fussent-ils moins considérables encore, est-ce que c'est une raison pour déclarer que cet acte était en opposition avec les intérêts de la classe ouvrière et avec les principes syndicalistes ? Non, nous avons fait ce que nous avons pu, comme vous dans vos luttes corporatives, bataillant chaque jour, essayant parcelle par parcelle de retirer les avantages matériels et moraux que la classe ouvrière réclame ; comme vous, nous avons quelquefois abouti, comme vous nous avons essuyé bien des fois des insuccès, mais ces insuccès, s'ils ne constituaient pas une condamnation pour vous ne peuvent pas en constituer une pour nous. Nous avons, je le répète, fait ce qu'il était indispensable de faire en ce domaine, comme dans le domaine des Commissions, et si nous n'avons pas abouti, nous ne supportons pas la responsabilité.

L'action du gouvernement ne fut jamais dominée par notre volonté. Nous avons apporté en des moments critiques des indications, pris des responsabilités, sauvé peut-être des situations, mais jamais déterminé la politique générale, et c'est là notre faiblesse aujourd'hui, faiblesse d'hier et faiblesse d'aujourd'hui. C'est parce que nous n'arrivons pas à dominer ces événements, et non pas les dominer de l'extérieur, mais les dominer de l'intérieur, c'est parce que nous n'arrivons pas à dominer les événements que nous sommes impuissants, qu'il y a entre nous les rivalités et les chicanes ; si, au contraire, par notre action, par la position prise, le gouvernement eut été obligé de compter avec nous, si devant la nécessité des mesures à prendre, tant au point de vue du ravitaillement qu'au point de vue de la conduite diplomatique de la guerre, il eut compris le danger de se dresser en face de nous, nous serions les vainqueurs et la guerre serait finie. Mais, malheureusement, je ne dis pas, car je ne me fais pas d'illusion, je ne dis pas que même notre cohésion eut pu aboutir à ce résultat. En face de nous, nous avions des parlementaires qui, trop souvent, ont ignoré la gravité des circonstances que le pays traverse, des parlementaires qui n'ont pas eu le courage de prendre leurs responsabilités ; nous ne pouvions pas nous substituer à eux, mais si tout de même de ce pays, de cette classe ouvrière, de ses formules d'expression, sa pensée s'était exprimée, peut-être aurait-elle pu percer le mur d'indifférence qui partage les parlementaires et l'opinion publique. Est-ce que c'est nous qui sommes responsables de cette situation ? Est-ce que c'est nous qui avons empêché la classe ouvrière d'être unie pour formuler son opinion, pour l'exprimer avec force dans la mesure où elle était susceptible d'être recevable par la nation et par le Parlement ? Non, ce n'est pas nous, ce sont ceux qui ont essayé ou plutôt qui ont réussi à créer dans la classe ouvrière deux fractions, l'une minoritaire, et l'autre majoritaire, et le gouvernement a pu, il pourra demain continuer à se rire de nos déclarations, si violentes, si pathétiques, si sentimentales qu'elles puissent être ; elles n'auront pas la puissance de réalisation dont nous avons besoin pour les imposer. Et vous pourrez demain, camarades, demain nous pourrons aller dans une Conférence internationale nous mettre d'accord sur les conditions générales de la paix, si nous n'avons pas ici d'abord créé la puissance dont nous avons besoin, si nous n'avons pas fait accepter par la nation elle-même les pensées qui sont les nôtres, notre action, même au retour de la Conférence internationale restera impuissante et lettre morte. (*Très bien !*) Et c'est pourquoi il convient d'une façon précise que nous sachions ce que nous voulons. Vous avez dit qu'à tout moment nous avons traité en suspects à la fois vos pensées et les hommes qui acceptaient vos conceptions ; et on osait dire, ce matin, qu'il y avait eu une suspicion au Comité Confédéral contre les délégués du Soviet, que nous ne les avions pas reçus comme il convenait de les recevoir, alors que nous nous sommes expliqués, que nous avons fourni toutes les explications nécessaires, alors que Goldenberg lui-même, en présence de Calveyrach et de Lafont, député de la Loire, reconnaissait ne pas nous avoir fait prévenir de la date de leur arrivée à Paris, et il ajoutait que s'il avait su se trouver dans la Maison des Syndicats le jour où il rendait visite à la Fédération des Métaux, il se serait arrêté au siège de la C. G. T.

Quelle suspicion à leur égard ? Suspicion, nous les avons considérés comme des camarades, reçus comme des camarades, auxquels, comme c'était notre droit, nous avons posé des questions. Quelles sont les questions que nous leur avons posées ? Injurieuses, tendancieuses ? Pas le moins du monde. Après avoir accepté le principe, nous disions aux camarades russes quelles étaient les garanties qui nous permettraient d'accepter les décisions prises à la Conférence de Stockholm et de les appliquer. Injurieuses de telles demandes, mais c'est le principe élémentaire des garanties qui nous étaient nécessaires, et nos camarades russes ne les ont pas du tout trouvé injurieuses. Ils ont répondu, ils nous ont donné là-dessus toute satisfaction, et on avait raison de rappeler ce matin que Goldenberg dans sa réponse avait déclaré que la Russie ne pouvait pas songer à une paix séparée, parce qu'elle serait ainsi peut-être placée dans l'obligation de devenir l'adversaire du pays auquel elle était alliée, mais oui, il l'a déclaré, oui, il l'a fait...

BLANCHARD. — Il a dit autre chose ; il a dit que la contre-révolution était victorieuse.

JOUHAUX. — Nous n'avons pas à discuter sur les mots employés dans cette réponse ; et Blanchard, tu reconnaîtras que jamais je n'ai essayé d'interpréter faussement les déclarations qui m'étaient faites ; à aucun moment, je n'ai essayé de pervertir les pensées de ceux qui s'adressaient à moi. Je te dis que Goldenberg a répondu que la Russie ne pouvait pas penser à une paix séparée, car elle pourrait après se trouver obligée d'être l'alliée des pays adversaires.

CÉZAN. — Et il a ajouté : Et pour chasser les Anglais de la Mésopotamie.

JOUHAUX. — Il y a tout de même des convenances ; je n'ai pas voulu l'ajouter. Nous n'avons aucune suspicion contre nos camarades russes, je le répète ; nous leur demandions des garanties pour l'application, pour la réalisation d'une proposition qu'ils étaient venus nous faire, et nous sommes restés dans cet état d'esprit. Et si ce matin, on a pu dire être en rapport avec le délégué des Soviets russes à Paris, je puis dire, moi aussi, qu'à son départ, la délégation russe m'a mis en contact avec un camarade qui, à Paris, est son représentant, et que très souvent...

MERRHEIM. — Moi, tout de suite, j'ai dit que je tenais à ce qu'ils aillent à la C. G. T.

JOUHAUX. — Je ne dis pas que tu ne l'aies pas fait. Je dis que quoique en relations avec ce camarade, nous ne pouvons pas avoir sur la situation intérieure russe des renseignements précis qui nous permettraient de nous faire une opinion également précise, et tout dernièrement encore ce camarade venait me trouver en disant : Il faudrait constituer à Paris un bureau de correspondance socialiste et ouvrier qui recevrait de Russie les renseignements et qui enverrait en Russie la correspondance de France. Et pour appuyer cette proposition, il disait : Pas plus en Russie qu'en France, on ne connaît rien de la situation, tout est travesti, tout est équivoque, et cela peut nous amener à des conséquences désastreuses pour les uns et pour les autres. J'ai accepté, et j'attends que la proposition me soit formulée de façon précise pour l'apporter devant le Comité Confédéral et la faire accepter. Je pense bien qu'au Comité Confédéral il n'y aura aucune opposition pour accepter cette formule de rapports. Eh bien ! par conséquent, quelles suspicions avons-nous, majorité du Comité Confédéral, à l'égard de nos camarades russes ? Quoi, vous reprochez à Dumas d'avoir formulé des opinions que je ne partage pas et

vous en inférez que le Comité Confédéral ou la majorité confédérale est
de cet avis, mais alors, je vais dire, moi, que chaque fois que d'un autre
côté une opinion sera exprimée, elle sera l'opinion, non pas de celui
qui l'exprime, mais l'opinion de l'ensemble de ceux qui sont associés
avec lui. Nous conservons à l'égard des Russes, ou plus exactement, je
conserve pour ma part, une indépendance complète d'appréciation, car
je n'en ai encore apporté aucune jusqu'ici publiquement et je me garderai
bien de le faire, ni dans un sens, ni dans l'autre.

Je considère que nous ne pouvons apporter d'appréciation que si elle
est basée sur des renseignements précis, sur des faits concrets, qui ne
supportent à aucun moment la contestation. Ce n'est pas mon cas ; par
conséquent, je me garderai, je le répète, de formuler une opinion, ni
dans un sens, ni dans un autre, mais je ne veux pas que vous infériez de
cela que nous avons une suspicion à l'égard de nos camarades russes.
Nous ne disons rien, nous examinons, nous regardons et nous prenons
position en raison même de la situation dans laquelle nous nous trouvons.

Loriot. — Et la guerre continue.

Jouhaux. — Oui, elle continue, et vous ne la faites pas arrêter. De tous
les moyens employés jusqu'ici, non seulement vous n'arrêterez pas la
guerre, mais vous ne ferez rien qui puisse augmenter votre autorité
morale pour la restauration de ce peuple qui a tant souffert. Vous êtes à
l'heure actuelle, et c'est là le point dangereux de votre situation, je vous
demande d'y réfléchir, vous êtes en divorce avec la nation.

Merrheim. — Ah ! non !

Jouhaux. — Et votre action est extérieure à elle.

Un Délégué. — Dis-le aux mères de famille, tu verras !

Dret. — Clemenceau en est une preuve.

Jouhaux. — Il faut que la classe organisée se place à l'intérieur même
de la nation pour acquérir de la force. Oui, les gouvernants peuvent avoir
fauté, oui, ils ont des défaillances coupables, oui, ils ont commis des
crimes impardonnables en ce pays, mais le pays reste quand même, et
ce n'est pas parce que les fautes ont été commises que nous ne devons
pas penser en même temps au salut du pays qui reste. C'est là où nos
opinions diffèrent, et c'est là où je vous demande moi, comme je le disais
à Lenoir dans une conversation particulière : le moyen d'abréger la
guerre, c'est d'obliger le gouvernement à préciser ses buts de paix.

Permettez-moi alors de vous dire, si nous sommes d'accord, qu'il y a
un moyen bien simple de le prouver : c'est tout à l'heure dans la déclaration sur laquelle la Conférence aura à se prononcer de nous en tenir
exclusivement à cette formule, et de batailler, et d'œuvrer chaque jour
plus fort...

Mayoux. — Par des réunions publiques ?

Jouhaux. — Oui, pour la faire entrer dans l'esprit des masses.
(Tumulte.) Je vous demande de ne pas porter attention aux interpellations
qui peuvent se produire. Je disais que si nous étions d'accord, il y avait
un moyen de le prouver immédiatement : c'était de s'en tenir à ce point
particulier et de travailler pour la réalisation de ce point. Le camarade

Mayoux m'a dit : En réunion publique ? j'ai répondu : Oui, parce que depuis la guerre je n'ai pas fait autre chose dans les réunions publiques que j'ai pu faire, parce que, et il y a ici de nombreux camarades, adversaires ou amis de tendances qui peuvent le dire : toujours j'ai exprimé ce point de vue, et toujours j'ai demandé à la classe ouvrière de le formuler avec netteté, et non seulement dans les réunions organisées mais par des circulaires, et malheureusement, la classe ouvrière, les organisations syndicales, n'ont pas encore compris toute la valeur qui s'attachait à cette affirmation, ou alors elles ont posé le débat à côté, et ainsi elles n'ont pas été comprises de l'opinion publique, et par conséquent on a pu jouer, une fois de plus, dans l'équivoque, et le Parlement a pu accepter, une fois de plus, des déclarations qui ne sont pas des déclarations nettes et précises, et l'opinion publique les a acceptées lorsqu'elles lui ont été transmises par la presse. Eh bien ! que de la Conférence sorte une résolution disant : la guerre doit avoir pour conclusion l'indépendance et l'autonomie des nations, pas de conquêtes, pas d'annexions, la liberté de se développer librement, économiquement, constitution de la Société des Nations, et comme conclusion pratique, la Conférence, au nom de la classe ouvrière organisée, réclame impérieusement que le gouvernement fasse publiquement connaître ses buts de paix, et si ces buts sont les nôtres, et que de l'autre côté des adversaires, la voix populaire s'élève pour les accepter, alors action commune pour la paix. Voilà ce qui doit sortir de cette Conférence, et ainsi, en terminant je le déclare, nous aurons associé l'intérêt de la nation et l'intérêt de la classe ouvrière, sauvegardé le développement de ce pays et assuré le développement de notre prolétariat et du prolétariat de l'Internationale.

BIDEGARAY. — Comme il avait été décidé hier d'un commun accord, il a été désigné des membres pour la Commission de résolution. Je demande aux deux fractions quels sont les noms qu'elles ont désignés ?

On crie pour la minorité : Merrheim, Bourderon, Lenoir, Péricat, Mayoux.

MERRHEIM. — J'ai demandé à Lenoir de me remplacer.

BIDEGARAY. — J'insiste, Merrheim, personnellement, pour que tu y assistes, et je me permets de te rappeler qu'à la dernière résolution à laquelle nous avons participé, faire ce que nous avons fait, ce que tu as fait comme moi de mon côté, une résolution qui ne soit pas du verbiage, mais une résolution qui conduise à bien notre action syndicale.

PÉRICAT. — Mais c'est Merrheim que nous avons désigné hier soir.

BIDEGARAY. — Bien, et pour la majorité ?

PLUSIEURS DÉLÉGUÉS. — Pourquoi a-t-on cité le nom de Mayoux ?

BOURDERON. — Mayoux a été régulièrement désigné. (Cris : Non ! Non !)

BIDEGARAY. — Non, il n'a pas été désigné ; il serait en surnombre. Pour la majorité, on indique : Savoie, Luquet, Bled, Dooghe, et en plus Rougerie.

Il est indéniable, et je crois que tout le monde sera d'accord que Jouhaux, en tant que secrétaire confédéral, assistera à la délibération. Donc, les camarades désignés vont se réunir immédiatement.

Un Délégué. — Il faudrait suspendre la séance un moment jusqu'à ce que la Commission revienne en séance. (*Cris : Aux voix ! Non !*)

Bidegaray. — La Conférence n'est pas terminée ; il y a encore d'autres questions à l'ordre du jour et nous avons ici des militants qui ont des mandats à remplir. Nous allons donc continuer la séance sur les questions portées ensuite à l'ordre du jour.

Bardy. — J'estime qu'il est absolument indispensable de continuer nos discussions pendant que la Commission travaille ; il faut laisser les Unions départementales mandatées s'expliquer. C'est pour cette raison, voyant que le temps passe, que je suis monté à la tribune et pour vous soumettre, au nom de l'Union départementale de la Gironde, une proposition. J'estime, pour ma part, et l'Union que je représente estime aussi, que la discussion qui s'était engagée sur les questions de la paix était absolument indispensable, mais néanmoins cette question aurait pu prendre deux séances, par exemple et les questions qui ont une importance capitale, comme les questions économiques de l'heure présente et de l'après-guerre auraient pu être discutées plus longuement.

Le Président. — La Conférence n'est pas terminée encore. Les travaux doivent continuer ; nous avons ici des militants qui ont des mandats.

Bardy. — J'estime, pendant que la Commission de Résolution travaille, qu'il est absolument indispensable que les Unions départementales expliquent leur point de vue. Ce n'est pas dans un sens péjoratif des mots que je vais formuler la proposition suivante. J'estime, avec l'Union départementale de la Gironde, que la discussion qui s'est faite en ce qui concerne la paix était absolument nécessaire, mais cette question aurait pu prendre deux séances, par exemple, et les questions qui ont une importance capitale, les questions économiques de l'heure présente et de l'après-guerre auraient pu être discutées aujourd'hui.

Permettez-moi de vous donner une esquisse de ce que nous pensons du mouvement syndical dans la période présente et après-guerre. Beaucoup de camarades ont parlé à satiété des camarades du front, des poilus dans les tranchées. Il est tout naturel que les questions importantes, ainsi que les décisions que nous avons discutées et prises, iront au cœur de ces camarades, mais il y a d'autres questions en dehors, il y a ce qu'on appelle le recrutement syndical, les directives de l'heure présente et de l'après-guerre. Nous estimons que la charte économique et revendicative est d'une importance capitale. Je n'énumérerai pas les questions qui auraient pu permettre une ample discussion ; malheureusement le temps ne le permet pas. Nous avons des problèmes qui, après la guerre, doivent attirer l'attention d'une façon entière. Il faudra descendre du verbalisme purement révolutionnaire aux réalités pratiques ; cela c'est l'avenir. Nous ferions faillite si nous n'étions pas capables de maintenir les positions acquises et d'obtenir une meilleure situation pour le moment où les poilus reviendront.

Le Président. — L'article 2 de l'ordre du jour concerne l'organisation économique du travail. Quelqu'un demande-t-il la parole ?

Dret. — J'ai reçu un mandat de notre Fédération à propos de l'organisation économique du temps de travail. Devrons-nous tolérer qu'après la guerre les conditions de travail soient les mêmes pour les ouvriers qu'elles étaient avant et qu'elles ont été pendant la guerre. Alors que de plus en plus dans les usines se généralise l'emploi de la femme et de l'enfant, resterons-nous indifférents comme par le passé aux problèmes de la production économique et laisserons-nous toujours les patrons être les maîtres de cette production? Devrons-nous nous contenter de poser la question au point de vue des salaires ouvriers et de dire : ils sont insuffisants, nous devons réclamer des augmentations. Je ne le crois pas pour ma part ; si nous nous en tenions là, nous tournerions dans un cercle vicieux dont nous ne pourrions sortir. La question du contrat de travail exige un examen complet et total de la transformation sociale. Nous ne sommes pas partisans du tout ou rien, mais nous constatons qu'il est indispensable, même au milieu des difficultés de la lutte, d'arracher de partielles améliorations dans nos conditions de travail. Mais cela suffira-t-il demain? Devrons-nous, en face d'une situation mauvaise faite par l'exploitation patronale, nous contenter, comme par le passé, d'enregistrer l'infériorité de nos industries vis-à-vis de nos voisins, de constater qu'au point de vue industriel, les patrons français ne veulent pas suivre le progrès et qu'au lieu de se servir de tout ce que la science moderne met au service de l'industrie pour améliorer la production, l'augmenter, et par cela même augmenter la capacité de consommation de l'individu, ils se serviront toujours, quand même, et davantage chaque jour, de ce que nous sommes, c'est-à-dire du rouage de la mécanique moderne en subissant la machine au lieu de la diriger? Non, il faut que la classe ouvrière puisse s'affirmer maîtresse demain, dans l'après-guerre de ses destinées et imposer ses volontés. Il faut qu'elle puisse établir réellement son cahier de revendications générales qui sera en même temps un cahier de transformation sociale. Je sais qu'il est impossible ce soir de pouvoir mettre debout quelque chose qui tienne, mais je vous demanderai de faire que de cette Conférence sorte une Commission de délégués appartenant à différentes Fédérations qui pourraient, à une date que vous fixeriez vous-mêmes, se réunir pour dresser ce cahier de revendications générales, le soumettre au Comité Confédéral, afin qu'à la prochaine Conférence ou Congrès, ce soit sur un plan nettement établi qu'on puisse se prononcer et qu'on puisse passer du verbiage trop souvent facile aux réalisations pratiques, des choses qu'on peut obtenir.

CLAVERIE. — Je suis de ceux pui pensaient qu'à cette Conférence une large part serait accordée à la réorganisation économique du pays. Malheureusement le temps de la Conférence a été pris par des questions certainement très intéressantes, mais nous n'avons eu ici que l'écho des querelles qui, pendant des mois et des mois, se sont poursuivies rue de la Grange-aux-Belles. Il y a eu en définitive plus de querelles personnelles que d'idées d'ordre général. J'ai donc eu personnellement une déception. Néanmoins, nous pouvons essayer d'échanger des idées d'ordre général et une première question qui se pose pour nous est la suivante : Est-ce que oui ou non la classe ouvrière considère que son sort particulier est intimement lié à la question de la prospérité nationale? Il est indéniable que malgré sa prospérité apparente avant la guerre, la France glisse tout doucement à la décadence économique. Si j'en avais le temps, je vous en ferais la démonstration complète. Ce qui est un signe de la prospérité d'un pays, ce ne sont pas les échanges dans le pays même, mais les exportations. Or, la France, en 1880 exportait environ trois milliards de produits quand l'Allemagne n'en exportait que cinq milliards ; vingt ans après l'Allemagne dépassait terriblement la France, elle avait passé du simple au double, elle était arrivée à avoir treize milliards d'exportations, suivant à deux milliards près l'exportation de l'Angleterre qui est maîtresse en matière d'exportation. Si on voulait creuser le problème, on pourrait précisément trouver là les causes économiques de la guerre. On a beaucoup discuté sur le point de savoir qui était responsable de la guerre ; on a accusé d'une façon générale le capitalisme, c'est vrai parce que l'Allemagne en était arrivée à une surproduction telle, qu'il lui était impossible d'arriver à écouler ses produits et elle a envisagé de mettre sa force militaire au service de sa force économique. Il est certain que la guerre lui a causé un préjudice considérable, peut-être pas aussi considérable qu'à nous-mêmes. La France, vis-à-vis de l'Allemagne, comme de ses alliés, se trouve dans une situation manifeste d'infériorité, parce que d'abord c'est elle qui a supporté le plus grand poids de la guerre. Tous les travailleurs, tous nos producteurs, sont passés sur le front au début et il a fallu, pour les besoins de la guerre, au fur et à mesure de ces besoins, les faire retourner en arrière. Peut-on dire qu'il en était de même pour l'Angleterre, pour l'Italie? En aucune manière. Nous avons assisté à ce spectacle qui écœurait bien des gens, qui les surprenait, c'est que pendant que les Italiens ne mobilisaient que de 19 à 35 ans, la France envoyait en Italie des hommes de 45 et 46 ans. Je me demande si au lendemain de la guerre la France ne se retrouvera pas plus particulièrement éprouvée en hommes et, par conséquent, en moyens de production. On peut dire, malgré les Américains qui vont nous apporter, je l'espère, un concours précieux, malgré les Anglais dont le secours nous est non moins précieux, ainsi que celui des Italiens, que la France trouvera dans ces pays des adversaires économiques importants et si nous n'avons pas pris, comme eux, des mesures pour jouer notre rôle économique, comme l'a dit Bismark, il ne nous restera plus que les yeux pour pleurer.

Si c'est vrai que l'on peut dire que pour nous, France, cette guerre est une question de vie ou de mort, de mort économique, la question qui se pose est de savoir dans quelle mesure le prolétariat entend concourir à la réorganisation économique, à ce problème national dans lequel toutes les classes auront un rôle à jouer. Le prolétariat y aura un rôle de premier ordre à remplir et tout dépendra de lui, de sa moralité, de sa mentalité. Nous avons, les uns et les autres, des reproches particuliers à nous adresser ; le gouvernement a des responsabilités, il a contre lui l'indifférence qu'il a manifestée dans le passé ; les patrons ont contre eux cet individualisme qui les a caractérisés, la peur des initiatives, des

changements d'outillage, et ce besoin qui les a toujours poussés, lorsqu'ils voulaient en quelque sorte équilibrer leur budget, de chercher à
faire des économies sur les salaires au lieu de modifier leur outillage.
Cela s'explique ; il y avait de la part des patrons un effort particulier
à faire, des capitaux nouveaux à engager, et ils n'osaient pas les engager. C'est de là qu'est né cet antagonisme qui a séparé les deux éléments
de la production, les patrons d'un côté, les travailleurs de l'autre. Mais
est-ce que j'aurai le courage de le dire, est-ce que les travailleurs, abusés
par des apparences, n'apercevant pas tout l'ensemble du problème, n'ont
pas eux aussi à certaines heures commis certaines fautes. Je crois pouvoir
dire avec Pierre Hamp, et chacun peut dire qu'il est un des représentants
les plus qualifiés pour les études sincères...

Pierre Hamp est inspecteur du travail du Nord ; je n'ignore pas que
certains articles qu'il a écrits, dans l'*Humanité*, lui ont valu des répliques
assez vives des ouvriers mécaniciens. Mais personne n'est parfait, la classe
ouvrière n'est pas plus parfaite que les autres, elle a ses défauts, ses torts,
et nous sommes ici pour dire la vérité, pour lui dire : Tu as eu peur
d'aller dans cette voie, voilà où tu dois aller, où se trouve ton intérêt.
C'est rendre à la classe ouvrière un grand service que de lui dire qu'elle
se trompe. Je ne tromperai personne en disant que souvent les uns et les
autres nous nous sommes en quelque sorte causés de petits inconvénients
qui peuvent arriver à certains patrons. Lorsque, par exemple, ainsi que
le disait Pierre Hamp, dans une usine une machine se casse, on dit :
Tant pis ou tant mieux, le patron a assez gagné. Cela est vrai.

BLANCHARD. — Quel est l'ouvrier qui dira cela, quand une machine se
casse, c'est pour lui du chômage. Il n'y a qu'à regarder ce qui se passe
dans les usines de munitions. Tu n'es pas qualifié pour dire cela.

CLAVERIE. — Voulez-vous affirmer ici que les ouvriers n'ont jamais
commis de fautes au point de vue de la production générale ; ils en ont
commis involontairement, inconsciemment. Je veux arriver à cette conclusion : Il doit y avoir entre les diverses classes qui concourent à la prospérité nationale, je ne dis pas une subordination, mais tout simplement
une collaboration loyale et franche dans l'intérêt commun.

Vous allez voir que nous allons être d'accord. Puisque la question de
l'organisation économique se pose, il faut que la classe ouvrière dise dans
quelle mesure elle entend y collaborer, quels sont les devoirs qu'elle
entend s'imposer afin de pouvoir avoir des compensations et obtenir des
droits. Faisons d'abord tout notre devoir et après nous pourrons réclamer tous nos droits. Je considère que sur ce point nous pouvons être
complètement d'accord. Nous n'entendons pas être les ennemis systéma-
tiques du patron, et que si nous avons conscience de nos droits, nous
entendons aussi accomplir nos devoirs de façon complète, sans réti-
cences, sans arrière-pensée. Si nous arrivons ici à trouver cette formule
particulière, nous aurons rendu à notre pays un service très important.
Je crois que c'est là la base véritable de l'organisation et de la réorganisation du pays. Tout ne dépend pas du travailleur ; il est un des facteurs
de la production ; il y a aussi des devoirs qui s'imposent à l'Etat. Eh

bien ! camarades, nous avons eu peut-être un tort, c'est de considérer que le syndicalisme peut résoudre toutes les questions sociales ; je crois que c'est une erreur. Etant donné notre organisme social, il y a des moyens pratiques d'arriver à certains résultats. Vous ne pouvez pas le nier, vous êtes en général socialistes, que l'action parlementaire peut jouer un rôle utile, elle est indispensable dans l'organisation économique du pays. Si vous continuez, je serai obligé de retourner à Paris et dire à ma Fédération que cette question qui la préoccupe de façon particulière, qu'elle considère comme étant subsidiaire à la question de la paix elle-même, n'a pu être examinée ici ; je dirai alors que vous avez consacré le plus clair de votre temps à entendre des ragots, des histoires, à savoir si Merrheim aurait fait ceci ou pas fait cela. Je considère que la question doit être examinée. Il ne s'agit pas de savoir quel salaire vous aurez dans la production nouvelle, mais quelle sera la production, et quand la production de la France sera prospère, les salaires pourront être bons.

JULIEN. — Il faut d'abord savoir si nous aurons à manger !

CLAVERIE. — Si vous ne voulez rien faire au point de vue de la prospérité nationale, vous mangerez d'abord de la vache enragée.

DUMAS. — Il n'est pas possible qu'on continue à discuter dans de telles conditions. J'ai un mandat précis sur une question qui a une importance capitale : le travail féminin. Nous passons des heures à entendre des discours !

KEUFER. — Tous les orateurs ont pu se faire entendre et moi on m'a coupé la chique ! Voilà au fond une conséquence de la tolérance dans un Congrès. J'étais un peu de la minorité dans les questions qui passionnaient le Congrès ces deux jours, on ne m'a pas permis de dire ce que je pensais ; je le regrette. J'exprime tous mes regrets pour la question présentée, c'est une des plus graves que le prolétariat français aura à examiner ; il est impossible à la fin de ce Congrès où on est fatigué, où nous ne sommes pas préparés à envisager l'ensemble de questions aussi graves, de traiter cela ce soir. Dret a proposé la nomination d'une Commission ; j'en suis d'avis, mais si nous avions eu le temps, il aurait été très bon que nous eûmes une discussion générale pour permettre à la Commission de s'inspirer de l'opinion générale exprimée au Congrès. Je considère qu'il faut nous borner à la nomination de cette Commission ; il sera de notre devoir d'examiner ultérieurement les conditions de réorganisation économique. Une des premières conditions sera de voir comment nous pourrons faire prospérer l'agriculture française. Il faudra avoir des produits agricoles en assez grande abondance pour réduire les conditions de la vie et permettre à la population française de ne pas souffrir. La question de réorganisation économique n'est pas seulement théorique ; il y a la question de la population, on sera même obligé de recourir à la main-d'œuvre étrangère ; il faudrait que notre population ne diminue plus, mais qu'elle reprenne une certaine importance pour assurer la production nationale. Il y a la question du travail féminin, il y a aussi celle des délégués ouvriers dans les ateliers. Vous avez pensé qu'elle était dangereuse pour l'organisation syndicale. Il y a sur ce point des idées à formuler ; il faut voir comment on pourrait régler cette question. Il y a encore la question de la loi Chéron qui a provoqué déjà des protestations. Je vous propose de nommer la Commission pour examiner ces questions.

RÉAUD. — La proposition Dret doit être immédiatement abordée et examinée. Il y a Commission et Commission. Toutes les Fédérations doivent y être représentées, sans cela vous ne pourrez pas aboutir. Je demande que la proposition Dret soit mise aux voix, que cette Commission se réunisse immédiatement pour nommer un rapporteur.

MOUSSARD. — Je demande qu'on suspende la séance jusqu'au moment où Jouhaux sera présent et que lui-même prenne ses responsabilités.

DRET. — Il faut se rendre compte qu'il était impossible de discuter point par point toutes les questions. J'ai proposé la nomination d'une Commission, mais je tiens à dissiper une équivoque : il ne faut pas que cette Commission soit nommée à l'aveuglette et qu'on se figure qu'elle pourra faire un travail définitif. Je dis que s'il n'appartient pas au Congrès dans son ensemble de régler la question, il n'appartient pas davantage à quelques camarades réunis en Commission. Voici ma proposition :

La Section Confédérale des Fédérations étudiera les différents points du programme économique ; enverra aux Fédérations, sous forme de brochure, le travail qu'elle aura fait et une Conférence, qui aura lieu prochainement, établira les conditions définitives de l'action à accomplir.

BARDY. — Tu pourrais ajouter à ta proposition que si des Unions locales ne peuvent pas envoyer de délégués à Paris, elles enverront un rapport dont les Fédérations s'inspireront.

DUMAS. — Si nous voulons faire un travail utile, nous sommes obligés de nous entourer de renseignements de toutes les organisations, parce qu'il y a dans certains pays des métiers qui sont régis par des liens qui n'existent pas dans d'autres pays. La méthode la meilleure serait de renvoyer cela à la section des Fédérations.

RAMBAUD. — La proposition Dret ne tient pas debout. Certes, la section des Fédérations est désignée pour faire ce travail ; je suis d'accord en partie avec Dumas, mais ce travail ne peut être examiné que lorsqu'il aura déjà été fait par les différentes Fédérations, et lorsque les différentes Fédérations elles-mêmes auront demandé à leurs Syndicats ce qu'ils pensent de la question. Ces Syndicats pourront établir les conditions des salaires, les conditions de vie des régions où ils habitent. La section des Fédérations pourra ensuite fournir un travail d'ensemble.

RÉAUD. — Je suis partisan de la proposition Dret ; je crois qu'elle ne se contredit pas avec celle de Dumas. Je suis partisan de la formule de Dret à condition que la solution à intervenir ne soit pas renvoyée à un prochain Congrès. Si la guerre n'est pas terminée au prochain Congrès, nous ne savons pas quand elle se terminera. Vous n'éviterez pas que la question qui nous a tenus pendant deux jours se reproduise à nouveau et ce sera un nouvel enterrement de la question économique. C'est la troisième fois que nous ne pouvons aborder cette question. Faudra-t-il dire que notre syndicalisme, que notre mouvement ouvrier en France est incapable de s'intéresser à la question économique. Dans la période tragique que nous traversons, il y a une quantité de questions économiques qu'il faut examiner : la question du développement des transports fluviaux et maritimes, la question de l'agriculture, celle de la métallurgie, il y a toute une situation nouvelle qu'il faut examiner. Si vous ne les examinez pas demain, la bourgeoisie aura raison de dire que le mouvement ouvrier aura fait faillite.

DRET. — Je reconnais avec toi qu'il vaudrait mieux ne pas renvoyer ces questions, mais ce soir ce n'est pas possible. Je termine ainsi ma proposition :

« Ce travail sera soumis à l'examen du Comité Confédéral et devra, sous forme de brochure, etc... »

En faisant cette proposition, je ne veux pas exclure la proposition que faisait Keufer de se prononcer immédiatement sur un péril qui nous menaçait tout de suite, du moins aux yeux de quelques-uns, c'est-à-dire le projet de loi Chéron ; je n'exclus pas du tout cette proposition. Tout à l'heure je n'ai pas parlé des Unions, parce que j'estime que non seulement la Commission aura le devoir de se renseigner auprès des membres de la Fédération, mais aussi auprès des Unions départementales. D'un autre côté, je vous demande si vous entendez faire que la prochaine Conférence soit identique à celle-ci, c'est-à-dire Bourses, Unions, Fédérations, ou simplement si les Fédérations seront convoquées. Il s'agit de se prononcer.

UN DÉLÉGUÉ. — Est-ce que cette Conférence sera indépendante du Congrès.

DUTERON (Union des Hautes-Pyrénées). — Il faudrait que cette Commission travaille dans le sens de la transformation sociale que nous entrevoyons. Qu'aurons-nous préparé sans cela? Absolument rien.

LE PRÉSIDENT. — Je vais relire l'ordre du jour pour qu'il n'y ait pas de confusion.

MOUSSARD. — Vous avez voté la tenue d'un Congrès dans le temps le plus rapproché. Vous avez déjà envoyé un referendum aux Syndicats ; vous allez en envoyer un autre ; on ne fera rien du tout. Si vous voulez faire quelque chose de sérieux, il faut que vous donniez le temps aux organisations de pouvoir le discuter. Il faut espérer que ces luttes passionnées que nous avons vues ici ne recommenceront pas, et que le Congrès abordera sérieusement ces questions. Il faut reporter cela au prochain Congrès ; ce n'est pas dans une journée que l'on pourra discuter cela ; il faudra deux ou trois jours.

LE PRÉSIDENT. — Il aurait fallu que tu m'écoutes. Voici la dernière proposition de Dret :

« Ce travail sera soumis à l'examen du Comité Confédéral et devra... etc. »

MOUSSARD. — C'est à cette date très rapprochée que je m'oppose, car il ne sera pas possible d'avoir le temps de faire quelque chose.

RÉAUD. — Il n'est pas question d'un referendum. Est-ce que vous attendez que les Syndicats vous apportent des solutions nationales? Est-ce que les Fédérations ne sont pas qualifiées pour cela? Est-ce qu'elles ne sont pas l'émanation de la classe ouvrière industriellement groupée? C'est stupide, l'histoire du referendum, pour des questions comme celle-là. Il s'agit de dresser des rapports pour établir quelle sera la situation industrielle et commerciale en ce moment et après la guerre, et les Fédérations sont qualifiées pour cela.

LABE. — Le Comité recommence à fonctionner comme avant, c'est-à-dire que la section des Fédérations et des Bourses recommence à fonctionner. Tout à l'heure Jouhaux disait, avec juste raison, que dans les séances du Comité Confédéral notre temps était pris par des questions en somme d'actualité. Or, avant la guerre, le Comité Confédéral se réunissait en section de Bourses, en section des Fédérations, on discutait des questions corporatives et régionales: A ce moment-là il y avait des réunions générales du Comité pour prendre les questions d'actualité. J'estime qu'actuellement, si on recommençait à fonctionner de cette façon, on pourrait étudier toutes ces questions et les sections de Fédérations et de Bourses pourraient établir un rapport qui serait discuté au prochain Congrès. Je demande que ma proposition soit mise aux voix.

DUMAS. — Il ne faut pas se faire d'illusion ; nous n'aurons pas beaucoup de réponses des Syndicats. Nous aurons des réponses des Unions départementales qui sont en contact avec les Syndicats. Je suis d'accord avec Labe ; il faudrait qu'on apporte devant le Congrès quelque chose de condensé, de sérieux, qui sera établi de telle sorte que les discussions seront closes d'avance et que nous serons bien vite tous d'accord.

BERLIER. — Je demande que cette question soit inscrite en tête de l'ordre du jour du Congrès ; dans chaque Congrès il y a une question primordiale.

KEUFER. — Je demande qu'on ajoute « pour l'étude de l'organisation économique » car il ne s'agit pas seulement de revendications.

LABE. — On propose de nommer une Commission ; il y en a une. On a nommé au Comité Confédéral une Commission pour étudier la réorganisation économique, où il y a les Fédérations les plus particulièrement intéressées ; or, cette Commission ne donne pas de résultats. J'estime que les Unions départementales sont qualifiées, elles aussi, pour donner des renseignements sur leur région. C'est pourquoi, par le canal des deux sections qui existaient avant la guerre, on peut faire un travail utile pour le prochain Congrès.

LE PRÉSIDENT. — Je résume. Nous sommes tous animés du sentiment de travailler suivant nos moyens pour la réorganisation économique ; actuellement, il s'agit d'aller vite et bien. Pour aller vite, il ne faut pas d'abord attendre le prochain Congrès Confédéral ; dans les Unions départementales, il y a des compétences, dans les Syndicats il n'y en a pas moins, et quoiqu'il y ait une Commission économique au Comité Confédéral elle n'a pas toutes les compétences pour faire ce travail. Pour faire quelque chose d'immédiat, de pratique, nous demandons des opinions et nous faisons prendre à nos Syndicats, à nos Fédérations, leurs responsabilités. Il faut que chacun apporte sa pierre à l'édifice.

Labe. — Ce que je demande, c'est que tout de suite les délégués des Unions départementales et des Fédérations se réunissent pour discuter les questions corporatives économiques, et on ne discutera pas d'autres questions, comme celles d'actualité qui prennent tout le temps. Cela n'empêchera pas le Comité Confédéral de se réunir pour ces questions-là. Ce que je demande, c'est le fonctionnement normal de la C. G. T.

Dret. — Il y a dans ma proposition quelque chose qui n'est pas contenu dans la proposition Labe, c'est qu'il y a une besogne à accomplir dans un délai déterminé.

Bordères. — Il n'y a qu'à changer le mot « Commission » par les mots « section de Fédérations ».

Réaud. — Je voudrais qu'on prenne une attitude très nette et qu'au prochain Congrès ces questions viennent en tête de l'ordre du jour.

Le Président. — Je mets aux voix la proposition Dret.

(Adopté à l'unanimité moins trois voix).

La séance est suspendue à 5 h. 45.

Pendant la suspension de séance, Keufer présente quelques explications sur le projet de loi Chéron.

A 7 h. 25 la séance est reprise officiellement.

Jouhaux. — Un certain nombre de délégués demandent d'envisager la possibilité d'une séance de nuit. Le travail auquel votre Commission se livre est, vous le comprendrez, un travail délicat et long. Je ne désespère pas, quant à moi, que nous nous mettions d'accord, mais il faut tenir compte des difficultés qui sont inhérentes à ce travail. Je ne pense pas que nous puissions rapporter ce texte avant 8 h. 1/2. Il serait peut-être possible de se réunir à nouveau à 9 heures précises (*Approbations.*)

Bourderon. — Nous vous demandons d'être là présents à 9 heures très exactement. Nous croyons qu'un rapprochement sera fait sans difficultés entre minoritaires et majoritaires. Soyons à l'heure.

La séance est levée à 7 h. 30.

LA SÉANCE DE NUIT

La séance est ouverte à 9 h. 45.

Le Président. — On est en train de copier au net la résolution ; en l'attendant nous allons clôturer la question de la loi Chéron.

Gonzalès. — Je désire appuyer le droit syndical des fonctionnaires. Il y a nécessité pour la Conférence de se prononcer sur cette importante question. A côté des Sous-Agents des P. T. T., il y a d'autres groupements de fonctionnaires de l'Etat, des départements et des communes auxquels on ne donne pas le droit syndical. Ces travailleurs ont peut-être été un peu trop timides pour se constituer en Syndicats. Il y a dans le même cas les travailleurs municipaux des différentes communes de France et de Paris en particulier ; il y a également tous les fonctionnaires de l'Etat qui ne sont pas parmi nous parce que pas syndiqués. Or, dans le passé et aujourd'hui encore nous faisons la chasse à ces travailleurs qui se sont constitués sous forme d'amicales ; vous avez fait cette chasse avec nous, vous avez bien fait, néanmoins la Conférence a quelque chose à faire aujourd'hui pour ne pas permettre à ces gens que nous avons jusqu'ici qualifié de jaunes de pouvoir persévérer dans leur attitude ; s'ils ne se sont pas déclarés en Syndicats, c'est que le gouvernement leur a refusé le droit syndical jusqu'ici. Je ne parle pas en leur nom, car je n'ai pas à me prévaloir d'un mandat à ce sujet, puisque ce sont des gens, selon nous, complètement inorganisés. Il est nécessaire que la Conférence émette ce jour une motion pour inviter le gouvernement à donner à tous ces fonctionnaires le droit syndical. Bordères a dit que Jouhaux, quoique bien avec les ministres, n'a pas pu réussir ; cette parole m'a été personnellement droit au cœur, car cela prouve de façon surabondante que Jouhaux n'est pas si bien que cela avec les ministres puisqu'il n'a pas pu décrocher le droit syndical pour les fonctionnaires. C'est ce qui prouve qu'il est nécessaire que la Conférence se prononce de façon toute particulière à ce sujet.

Réaud. — Il n'y a pas que les fonctionnaires qui sont privés du droit syndical ; il y a aussi les inscrits maritimes. Jamais l'exercice du droit syndical n'a été contesté aux marins du commerce en particulier ; les marins du commerce sont un peu méconnus des militants du syndicalisme et il faudrait indiquer quelle est leur situation. Des décrets, des lois disciplinaires et pénales les régissent pour leur discipline lorsqu'ils sont en voyage en mer, non seulement en mer, mais aussi lorsqu'ils sont dans des ports qui ne sont pas leur port d'attache. On conçoit très bien qu'il y ait une discipline particulière pour les équipages lorsque ceux-ci sont en mer ; les marins du commerce n'ont jamais protesté contre la discipline particulière, mais où nous ne sommes plus d'accord c'est lorsque prétextant de ce décret pénal de 1852 qui permet aux états-majors d'obtenir des équipages une discipline stricte en mer, on veut faire application de ce décret lorsque le navire, rentré au port et amarré, peut être considéré comme une véritable usine. Et, chose intéressante à signaler, c'est précisément l'auteur de la loi que nous discutons ce soir qui, pour la première fois, a entendu de façon arbitraire l'application de ce décret aux inscrits maritimes ; alors qu'il était sous-secrétaire d'Etat, poussé par le Comité central des armateurs, il a fait une application abusive de ce décret. Eh bien ! si nous ne spécifions pas d'une façon très nette que la loi de 1884 doit être appliquée de façon intégrale aux marins du commerce, lorsque ceux-ci sont dans leur port d'attache, cette convention pourra toujours permettre aux armateurs de tenir les marins du commerce sous leur joug et ceux-ci n'auront aucun moyen de se défendre contre les prétentions quelquefois exagérées des armateurs. Nous demandons donc que la loi de 1884 soit reconnue applicable aux marins du commerce. Il n'y a pas plus de risque, en effet, à abandonner un navire dans le port qu'il y en a à abandonner une usine dont les feux sont allumés.

LESCALIER. — Nous considérons que la femme mariée doit avoir le droit de faire partie d'un Syndicat sans autorisation de son mari.

LE PRÉSIDENT met aux voix l'ordre du jour sur l'extension du droit syndical.

(Adopté à l'unanimité.)

LE PRÉSIDENT. — Les camarades ont terminé la rédaction de leur résolution ; je demande aux camarades de la minorité de se réunir tout de suite dans la petite salle à côté pour approuver la rédaction à laquelle ont participé leurs délégués.

JOUHAUX. — Je demande à la presse de ne pas prendre communication du débat qui va s'ouvrir ici, car nous ne sommes qu'une partie du Congrès.

A 10 h. 35 les délégués minoritaires reviennent en séance ; celle-ci est reprise officiellement.

MERRHEIM. — Camarades, je vous demande quelques minutes d'attention, car, avant ce vote que je voudrais unanime, j'ai une déclaration assez pénible à faire au nom de la minorité qui, à l'unanimité moins deux voix, a accepté la résolution sous certaines conditions ; elle a trouvé dans la résolution des choses qu'elle ne pouvait pas accepter, surtout au point de vue de ce qui manque concernant la révolution russe, et la minorité demande à la Conférence que dans la brochure de celle-ci figure la motion qu'elle avait déposée à la Commission. A cette condition, elle se rallie à la résolution rédigée par la Commission. Je vous avoue que pour nous si nous accomplissons ce geste, c'est que nous pensons par-dessus tout à la situation pénible, difficile, de nos camarades russes qui ont tendu la main vers nous et nous ont demandé d'agir pour faire connaître les buts de guerre de nos gouvernants et de tous les gouvernants. Nous estimons que sur ce point la majorité nous a donné satisfaction comme au point de vue de la Conférence internationale ; ayant satisfaction sur ces points, dans un geste de conciliation, nous voulons aller jusqu'au vote de la résolution avec la réserve que je viens d'indiquer, car il y a des choses dans la résolution qu'il ne nous est pas permis d'accepter.

Voilà la déclaration pénible que j'avais à vous faire. Je vous demande maintenant d'accepter ce que demandent les minoritaires, c'est-à-dire l'introduction dans la brochure de la Conférence de la résolution que nous avions lue à la Commission.

MOTION DE LA MINORITE

La Conférence donne mandat à la C. G. T. d'agir de toutes ses forces et par tous les moyens en faveur d'une paix proche et acceptable pour tous les belligérants.

Elle estime que les récentes révélations des buts de conquête indiquent à la C. G. T. le devoir de se dégager de responsabilités inacceptables en reprenant son entière personnalité, son entière indépendance.

La formule d'*Union sacrée* ne peut être qu'une dérision, puisque l'antagonisme des classes est aussi patent en temps de guerre que pendant la paix. Elle ne saurait plus longtemps suffire à justifier l'abandon par le prolétariat de sa mission et de sa liberté d'action.

La Conférence, indique la Révolution russe, a soumis à tous les Gouvernements des pays en guerre des propositions qu'elle approuve : paix générale sans annexion, sans contribution, droit absolu pour les peuples de disposer d'eux-mêmes. Ces offres constituent pour toutes les nations engagées dans le conflit des bases sur lesquelles les peuples doivent préconiser et au besoin imposer une politique de paix à leurs Gouvernements respectifs.

Elle affirme sa profonde sympathie, son respect pour tous les révolutionnaires russes et regrette que sur les suggestions de la première révolution comme de la deuxième, les Gouvernements de l'Entente n'aient pas consenti à la révision des buts de guerre établis dans l'ombre par la diplomatie secrète, complice du tsarisme.

Elle regrette avec la même force la hautaine attitude de ces mêmes Gouvernements se concertant pour s'opposer à toutes concessions aux exigences légitimes des Soviets : opposition à Stockholm, dédaigneux refus de reconnaître les pouvoirs des divers gouvernements provisoires, qui furent des manifestations d'hostilité inspirées avec les lesquelles la C. G. T. ne saurait confondre ses sentiments, ni même son action.

La Conférence, avec l'abandon de toute prétention territoriale et de domination politique, demande l'abandon de toute menace de guerre économique qui continuerait sur le terrain industriel, commercial et douanier, la rivalité armée.

La Conférence, convaincue qu'une paix d'entente et de réconciliation ne peut être que la paix des peuples par les peuples, donne mandat également au Comité Confédéral de renouer les relations internationales et de susciter une réunion de la classe ouvrière mondiale, non pour établir la responsabilité historique de telle ou telle nation mais pour travailler à l'œuvre urgente de paix et de concorde.

ROUGERIE. — Camarades, la Commission m'a désigné pour vous rapporter la motion qui a été adoptée. Je ne ferai pas de commentaires sur cette motion, mais je tiens tout de même à dire combien je suis heureux d'avoir pu constater l'unanimité sur cette motion. J'ai constaté de la part de nos camarades des deux tendances le plus louable et le plus sérieux effort pour nous mettre d'accord ; s'élevant au-dessus des questions de personnalités, s'élevant au-dessus des quelques amertumes qu'ont pu laisser dans leur cœur les luttes passées, ils n'ont eu en vue, tous unanimement que les intérêts de la classe ouvrière dans la situation actuelle. C'est avec la conscience et la conviction de la servir qu'ils ont fait l'unanimité sur la motion dont je vais vous donner lecture. Je crois que tout autre commentaire affaiblirait la portée du geste que chacun a voulu accomplir ; voici donc cette motion :

La Conférence Confédérale, devant la situation actuelle de la guerre et le trouble des esprits causé par les campagnes d'une presse sans conscience, qui favorise les entreprises de la réaction, devant les fautes de notre diplomatie et l'absence de toute précision sur les buts de guerre poursuivis par notre Gouvernement, condamne toute continuation de la diplomatie secrète, réprouve les transactions qui ont été faites à l'insu de la nation, réclame que celle-ci ait connaissance des conditions auxquelles la paix générale, juste et durable, la seule possible, pourrait être conclue.

La Conférence rappelle les formules suivantes, qui sont celles du Président Wilson et de la Révolution russe, et qui furent toujours et sont restées celles de la classe ouvrière française :

Pas d'annexion ; droit des peuples à disposer d'eux-mêmes ; reconstitution dans leur indépendance et dans leur intégrité territoriale des pays actuellement occupés ; réparation des dommages causés ; pas de contributions de guerre ; pas de guerre économique succédant aux hostilités ; liberté des détroits et des mers ; institution de l'arbitrage obligatoire pour régler les différends internationaux ; constitution de la Société des Nations.

La Conférence, interprète des sentiments des travailleurs de ce pays, donne mandat à la C. G. T. d'agir de toutes ses forces pour obtenir du Gouvernement français l'énoncé précis et public des conditions de paix. Elle demande instamment aux classes ouvrières de tous les pays en guerre d'exiger de leurs Gouvernements respectifs la publication, avec les mêmes précisions, de leurs conditions de paix.

Cette action générale, déjà demandée par la Révolution russe à ses débuts et à laquelle nous souscrivons, apparaît à l'heure actuelle comme la seule qui soit de nature à éviter toute paix séparée.

Pour ces raisons, la Conférence affirme le droit pour la classe ouvrière de tous les pays et pour celle de la France en particulier, de participer à une Conférence internationale et de la susciter au besoin.

Je vous demande, camarades, de suivre la Commission que vous avez nommée et de voter cette motion, dans l'intérêt de la classe ouvrière, à l'unanimité.

BIDEGARAY. — J'espère que cet ordre du jour peut être adopté à mains levées. (Cris : Non ! — Bruit.)

MAYOUX demande la parole.

LE PRÉSIDENT. — Mayoux dit que contrairement à ce qui a été dit il n'y a pas eu unanimité à la Commission, mais deux voix contre.

MAYOUX. — Nous avons le droit à une motion.

LE PRÉSIDENT. — Nous allons procéder au vote par mandats.

MERRHEIM. — Je vous demande dans l'intérêt même de l'action que nous voulons engager à la suite du vote de cette résolution (*Bruit*) de déclarer avant le vote que la condition que nous avons posée est acceptée par vous.

Jouhaux. — Il est certain que nous acceptons la proposition de Merrheim ; il n'y a pas là-dessus de contestation possible..

Mayoux veut parler. (*Protestations.*)

Jouhaux. — Je vous demande de le laisser parler ; ce sera fini.

Mayoux. — Au nom de la Fédération des Instituteurs, nous avions l'intention de reprendre pour notre compte la motion que la minorité avait adoptée ; nous nous sommes concertés et renonçons à déposer cette motion ; mais nous n'avons pas satisfaction de la motion adoptée, d'abord parce que la formule de l'union sacrée n'a pas été dénoncée. (*Bruit.*) Nous demandons que les Unions et Fédérations qui pensent comme nous veuillent bien voter comme la Fédération des Instituteurs, c'est-à-dire s'abstenir.

Le Président. — Alors, nous votons par mandats.

Keufer. — Tout à l'heure, pendant que la minorité était dans la salle à côté, j'avais fait une déclaration devant les membres de la majorité ; je leur avais dit que ma Fédération n'ayant pas été consultée sur cette question si grave, il me paraissait de la plus élémentaire probité de ne pas prendre position, d'autant plus que la résolution ne me donne pas complètement satisfaction. Je déclare que quoique ayant dit tout à l'heure que je m'abstiendrais, devant la déclaration de Mayoux, je déclare pour mon compte voter pour. Je fais ces deux réserves, je tiens à ce qu'elles figurent au procès-verbal : d'abord, je regrette que la motion qui vous est soumise ne comporte pas la restitution de l'Alsace-Lorraine à la France. Je crains bien que la Société des Nations ne se constitue que dans un temps très éloigné, mais en dehors de cela, je dois dire que je n'ai pas mandat de demander une nouvelle réunion de la Conférence internationale. Avec ces deux réserves, je déclare voter pour, avec les camarades de la majorité. (*Quelques applaudissements.*)

Le Président. — La résolution est votée par 161 voix et 2 abstentions. Se sont abstenus : la Fédération des Instituteurs et la Bourse du Travail d'Angoulême.

Camarades, devant le résultat du vote, devant l'effort accompli de part et d'autre pour y arriver, je vous demande à tous, sans que pour cela vous abdiquiez quoi que ce soit de vos conceptions, soit même de vos tendances, je vous demande de faire abstraction de vos luttes personnelles ; luttons tous sur les principes, sur des conceptions, mais n'entachons jamais l'honorabilité de ceux que les organisations syndicales se sont elles-mêmes choisis et ont mis à leur tête. Le résultat alors ne se fera pas attendre. Nous poursuivrons tous non pas la transformation, mais la révolution sociale que nous attendons tous. Je lève la séance en criant : Vive l'Internationale ! (*Applaudissements. On crie : Vive la paix ! A bas la guerre ! Vive l'Internationale !*)

La séance est levée à 11 heures.

La Conférence est close.

Extraits des Statuts Confédéraux

STATUTS

de la Confédération Générale du Travail

modifiés par le

Comité Confédéral National des 15 au 17 décembre 1918

CHAPITRE PREMIER

But et Constitution

ARTICLE PREMIER

La Confédération Générale du Travail, régie par les présents Statuts, a pour but :

1° Le groupement des salariés pour la défense de leurs intérêts moraux et matériels, économiques et professionnels ;

2° Elle groupe, en dehors de toute école politique, tous les travailleurs conscients de la lutte à mener pour la disparition du Salariat et du Patronat.

Nul ne peut se servir de son titre de Confédéré ou d'une fonction de la Confédération dans un acte électoral politique quelconque.

ARTICLE 2

La Confédération Générale du Travail est constituée par :

1° Les Fédérations nationales d'industrie ;

2° Les Unions départementales de Syndicats divers.

ARTICLE 3

Nul Syndicat ne pourra faire partie de la Confédération Générale du Travail s'il n'est fédéré nationalement et adhérent à l'Union départementale de Syndicats divers de son département.

L'abonnement à la revue confédérale *La Voix du Peuple* est obligatoire pour les Unions, les Fédérations et les Syndicats.

www.ingramcontent.com/pod-product-compliance
Lightning Source LLC
Chambersburg PA
CBHW071852200326
41519CB00016B/4347